Gunter Weidlich · Meine Wahrheit über die
Deutsche Demokratische Republik

Gunter Weidlich

*Meine Wahrheit über die
Deutsche Demokratische Republik*

Lebensbericht

FOUQUÉ PUBLISHERS NEW YORK

Copyright ©2011 by Fouqué Publishers New York
Originally published as *Meine Wahrheit über die Deutsche Demokratische Republik, 2010*
by Weimarer Schiller-Presse

All rights reserved,
including the right of reproduction,
in whole or in part,
in any form

First American Edition
Printed on acid-free paper

Library of Congress Cataloging-in-Publication Data
Weidlich, Gunter
[Meine Wahrheit ueber die Deutsche Demokratische Republik / Gunter Weidlich]
1st American ed.

ISBN 978-0-578-09468-7

Das Originalmanuskript aus dem Jahre 1984
Bericht über die Lebensabschnitte in den Jahren 1946 bis 1970

Inhalt

Vorbemerkung 9
Kindheit 10
Lehrjahre 25
Hauer 41
Studium 94
Steiger 108
Parteisekretär 160

Vorbemerkung

Oft dachte ich daran, aufzuschreiben, was ich tagtäglich erlebe. Das Leben, wie es bei mir abläuft, ist schön. Schön in seiner Regelmäßigkeit und Widersprüchlichkeit, in seiner Weichheit und Härte, in seinem Leid und in Freude, in Niederlagen und Siegen, in Besinnlichkeit und Hektik, in Liebe und ein bißchen Haß, in Wissen, Erfahrung und ständigem Lernen müssen, in Enttäuschung und freudiger Überraschung, in Ernst und manchmal viel Mut, in klarer Parteilichkeit, dabei nicht unkritisch.
Da habe ich Bücher gelesen, die Seiten im Innern spannen, mitunter ganz drinnen im Inneren, und dann klingen sie manchmal nur ganz leise, aber die Töne, sie haben Gewicht, sie haben Wirkung, geben Profil, entwickeln Kräfte zum Glück, zum Wohl der Menschen, für den Frieden, den Frieden, der ständigen Kampf bedeutet gegen die, für die er tödlich ist.
Selten habe ich geschrieben, was über 40 Seiten hinausging. In der Regel genügten mir 10 bis 15 Seiten, um zu sagen, was wichtig ist, worum es geht, wofür, für wen und gegen wen. 30 Minuten wird auch nach acht Stunden schwerer Arbeit, wenn vier Uhr früh der Wecker klingelt und fünf Uhr dreißig die Schicht beginnt, aufmerksam zugehört. Die Kumpel sind kampferfahren. Es sind die, die das Brot für die Industrie, Steinkohle, 30 Jahre und länger gebrochen haben. Es bedarf keiner großen Worte. Klare Sprache ist gefragt. Kein drum herum um die Probleme. Ein Begriff aus der Bergbauzeit ersetzt viele Worte.

Kindheit

Ich bin Jahrgang 39. Ein Jahrgang, der vom zweiten Weltkrieg noch einige persönliche Erinnerungen, verbunden mit der Urangst, der Angst um das Leben, mitbekommen hat.
Es ist der Jahrgang, dem all die Lebensmittel teilweise oder ganz gefehlt haben, die die Mediziner heute aufzählen als wichtig für Kinder, damit sie wachsen und gedeihen, der Jahrgang, der besonders zäh ist, der Jahrgang, der beim Aufbau unseres Landes viel geleistet hat und leistet, der Jahrgang, der heute über reiche Berufserfahrung verfügt und manch wichtiges Ritzel in unserem Getriebe ist, kein Sand.
Es ist der Jahrgang, dem ständig durch Rias Berlin, dem Freien aller Freien, dem Deutschlandsender, Radio Luxemburg und anderen, garniert mit den Stimmen von Peter Alexander, Silvio Franczesko, Catharina Valente suggeriert werden sollte, daß wir am Ende sind, daß es uns eigentlich nicht gibt. Der Klassenfeind schickte Diversanten und Saboteure. Uns wollten sie hindern, die Steinkohlenvorräte auszubeuten. Kumpel haben es nicht zugelassen. Unsere junge Staatsmacht brachte die hinter Gitter, die sich von den ehemaligen Zechenbaronen bestechen ließen. Die Zechenbarone selbst hatten sich zur rechten Zeit nach dem Westen abgesetzt.
Es ist der Jahrgang, der mit acht Klassen Grundschule auskommen mußte, der in der Arbeiter- und Bauernfakultät getrimmt wurde, an der Volkshochschule nach Feierabend versuchte, noch einen Gedanken zu fassen, denn die Schicht mit hoher Normerfüllung lag hinter einem.
Es ist der Jahrgang, der die Planerfüllung organisierte und sich im Fernstudium einen Abschluß abrang, um irgend etwas „staatlich geprüftes" zu sein. Oftmals sind die Lehrenden den Lernenden in ihrem eigenen Fernstudium nur ein bis zwei Semester voraus. Bescheiden möchte ich daran erinnern, daß während dieser Warmlaufstrecke der Sonnabend noch gesetzlicher Arbeitstag war.
Es ist der Jahrgang, an dem sozialpolitische Maßnahmen vorbei-

gerauscht sind. Aber da wir keine Pillen hatten, sind wir junge Mütter und Väter und noch jüngere Großmütter und Großväter, und so packen wir es mit unseren Kindern und Enkeln – also kein Grund zum Nörgeln.

Also, 1939 geboren.
Bis zum Ende des zweiten Weltkrieges habe ich nur wenige Erinnerungen. Wir wohnten damals im Vogtland.
Abends mußte ich zu einer bestimmten Zeit aus dem Zimmer und mich im Hausflur herumtreiben. Als mir das zu dumm wurde, legte ich laut schreiend Protest ein. Da ich die besseren Nerven durch ausdauerndes Schreien bewies, dufte ich bleiben. Mutter setzte sich ganz nahe an das Radio, Marke „Blaupunkt", hängte eine Wolldecke über und steckte sich und das Radio darunter. Wir drehten das Radio sonst nicht auf, da es unwahrscheinlich pfiepte und wimmerte. Immer wenn Mutter wieder unter der Decke hervorkam und sie sorgfältig zusammenlegte, sah ich sie aufmerksam an. Anfangs blickte sie nur ernst. So, wie die Wochen und Monate vergingen, trat immer mehr Ernst in ihre Augen. Einmal nach einer Radiosendung glitt ihr die Wolldecke aus der Hand. Sie kam auf mich zu, drückte mich fest an sich und weinte. Ihre Angst übertrug sich auf mich. Ich weinte mit. Abend für Abend beschwor sie mich, niemandem zu sagen, daß sie Radio hört, auch meinen besten Freunden nicht. Das letztere fiel mir sehr schwer. Zu gerne hätte ich gewußt, ob die Mütter meiner Freunde auch eine Decke über den Kopf zogen, wenn sie Radio hören wollten. Später erzählte mir meine Mutter, daß sie den Sender London gehört hatte, wenn auch sehr schlecht. Aber so wußte sie Bescheid, wie die Lage an der Front wirklich verlief und wie das „Tausendjährige Reich" bereits nach wenigen Jahren sein Leben aushauchte.

Die Rote Armee besetzte am 8. Mai 1945 Berlin und befreite die Völker Europas von der Geißel des deutschen Faschismus.

Was eine deutsche Hausfrau Anfang 1945 über die ‚Russen' zu wissen hatte, wußte Mutter dank der Propaganda des Reichsministers Goebbels. So ungefähr alles Unmenschliche, Widerwärtige, der Abschaum der Menschheit, Untermenschen – das hatten die Goebbels-Ideologen in die Hirne des größten Teiles des deutschen Volkes gehämmert. Es konzentrierte sich in den Begriffen ‚Russen' und ‚Bolschewismus'. Und nun? Die Russen – sie kommen.

Einmal sagte Mutter: „Wenn die Russen das mit uns machen, was wir mit ihnen gemacht haben, dann Gnade uns Gott." Ich wußte damals noch nicht, was sie meinte. Als ich durch Filme und Bücher zu begreifen begann, was wir Deutschen den Sowjetmenschen und vielen anderen angetan hatten, fragte ich mich, ob es in der Geschichte noch ein Beispiel gibt, wo ein Sieger seinen erbarmungslosen Feind so großmütig behandelt, ja sogar Getreide und Maschinen gegeben hat, damit er überleben konnte. Es gibt viele Beispiele, wo Sieger ihre Feinde ausrotteten. Ganze Völker sind von unserer Erde verschwunden. Es ist notwendig, an unsere jüngste Geschichte erinnert zu werden. Wie leicht geht es doch über die Lippen, daß die Freundschaft zur Sowjetunion uns allen eine Herzenssache ist. Wirklich allen? Manch einer geht den antisowjetischen und antikommunistischen Ideologen doch auf den Leim. Umsonst geben die das viele Geld, dem sie so gut sind, nicht aus.

Klingenthal wurde während des Krieges einmal bombardiert. Der Bahnhof sollte getroffen werden. Aber die Bombe verfehlte ihr Ziel und beschädigte in der Nähe stehende Wohnhäuser. Das Flugzeug drehte ab und flog in Richtung Aschberg aus dem klingenden Tal heraus. Zweimal kurz ratterte die Bordkanone, dann wurde das Brummen leiser, bis es ganz verstummt war. Mutter und ich waren gerade auf dem Aschberg unterwegs. Hinter uns liefen noch zwei Leute. Als wir das laute Brummen des Flugzeuges hörten, drehten wir uns um und blieben stehen. Die Detonation rollte vom Tal die Berghänge empor und schon ratterte die Bordkanone, kurz darauf ein zweites Mal. Die hinter uns laufenden Passanten stießen uns mit in den Straßengraben. Hätte der Bordschütze besser gezielt, wäre die Stolperei in den Graben sowieso zu spät gewesen. Warum hat der überhaupt auf uns geschossen? Wir waren wahrscheinlich das einzige, was er vor sein Schießeisen bekommen konnte. Verfluchter Ami!

Eines Nachts, es war die Nacht vom 9. zum 10. April 1945, wachte ich auf, da ich im Hause Schritte und Stimmen hörte. Ich lief in den Flur, die Tür zum Treppenhaus stand auf. Mutter und alle anderen Hausbewohner standen vor dem Haus und schauten zum Himmel. Er sah blutrot aus und leuchtete. Es war ganz still. Ich fing an zu frösteln. Jemand sagte: „Die Amis haben Plauen bombardiert, die ganze Stadt scheint zu brennen." Plauen sollte sterben. 75 Prozent der Bausubstanz wurden zerstört. Die Stadt glich einem Trümmerfeld. 2.000 Todesopfer belegt eine spätere Statistik. Dieser Mord war aus militärischer Sicht völlig unnötig. Aber die smarten Boys aus Übersee sollten sich auch im Vogtland etwas austoben können.

Ein scheußlicher Ton, sicher für viele Menschen, die es mitgemacht haben, ist das Heulen einer Sirene. Da ändert sich auch nichts, wenn sie mittwochs um 13 Uhr zur Probe läuft. Wenn Fliegeralarm gegeben wurde, lief bei uns folgendes Programm ab: Alles stehen und liegen lassen. Anziehen, die Wintersachen – auch im Hochsommer. Sie hingen immer griffbereit. Im Flur standen die Koffer, für mich ein kleiner Koffer und ein kleiner Rucksack und ein zusammengeschnürtes Kopfkissen. Im Schuppen stand ein Handwägelchen startklar, beladen unter anderem mit Federbett, einer Denke und Eingekochtem. Wohin wir fahren wollten, wenn wir lebend aus den Trümmern gekommen waren, wußten wir nicht. Bei Fliegeralarm saßen wir im Flur auf unserem Gepäck. Wir warteten. Das Brummen des Bombengeschwaders begann ganz leise, steigerte sich zum Dröhnen. Das Geschirr im Schrank begann zu klirren, die Wände vibrierten. Die Angst kroch an einem hoch bis ins Herz. Das Atmen wurde wieder leichter, wenn das Dröhnen langsam abebbte. Wir warteten. Manchmal kommen sie in mehreren Staffeln. War längere Zeit nichts mehr zu hören, heulten die Sirenen wieder zur Entwarnung. Immer wenn wir uns auf das Gepäck im Flur gesetzt hatten, begann Mutter zu beten. Ich sollte auch mitbeten, aber ich wußte nicht was. ER weiß, hört und sieht doch alles – so hatte ich es gelernt.

1945 marschierten die Alliierten auch in Klingenthal ein. Das heißt, marschiert sind sie eigentlich nicht. Die Panzer kamen an dem westlichen Berghang aus dem Wald gefahren und beschossen über das Tal hinweg die anderen Bergkuppen. Bewegt hat sich dort nichts; und zurück schoß auch niemand. Die alten Männer vom Volkssturm, Hitlers letzte der allerletzten Reserven, hatten einige Fichten gefällt und über die Straße fallen lassen. Panzersperren nannten sie das. Sie hatten es Monate vorher üben müssen. Aber auf dieser Straße kam niemand. Aus allen Häusern hingen weiße Tücher oder Kopfkissenbezüge oder ein Bettlaken. Egal was, nur weiß mußte es sein. Auch Mutter hatte ein weißes Tischtuch ins Fenster geklemmt. Auf dem Marktplatz richteten sich die Alliierten ein. Der Marktplatz war groß genug für ihre Einheit und wurde umgrenzt vom Rathaus, der Kirche, der Post und der Handelsbank. Mehr hatte unsere City nicht zu bieten.

Schnell machte bei uns Jungens die Nachricht die Runde, daß die Amis Schokolade und Kekse eintauschten gegen Mundharmonikas und andere Instrumente. Ich hatte zwar keine Mundharmonika aber eine Tute mit Ventilklappen drauf. Wenn man kräftig blies und die Klappen drückte, kamen Töne heraus. ‚Hänschen klein' und ‚Summ, summ, summ, Bienchen summ herum' konnte ich immerhin darauf spielen. In C-Dur versteht sich. Das könnte die Null-Serie der heutigen ‚Triola' gewesen sein. Beklebt war die Tute mit grün schillerndem Papier. Ich schlich mich von zuhause weg und trabte zum Marktplatz. Dort war ein schwunghaftes Tauschgeschäft im Gange. Die Amis nahmen Musikinstrumente, Schnitzereien, Spitzendeckchen, eigentlich alles, was sich in einem Panzer verstauen ließ und boten dafür

Zigaretten, Kekse und Schokolade in kleinen Rationen. Es war die Geburtsstunde des schwarzen Marktes in Klingenthal. Wie sollte ich es nur anstellen und meine Tute an den Mann bringen? Jemand tippte mir auf die Schulter. Ich fuhr herum, blickte hoch und sah in ein schwarzes Gesicht. Der Schreck war groß, ich konnte weder etwas sagen noch mich bewegen. Einen Neger hatte ich noch nie gesehen, zumindest keinen, der so groß war. In meinem Bilderbuch über die sieben kleinen Negerlein sahen sie ganz anders aus, waren klein und niedlich, hatten runde, dicke Gesichter und wulstige Lippen, trugen Strohröcke, und viele kleine Kinderlein tummelten sich zur Freude aller. Und nun das hier. Irgendwie wurde dem richtigen Neger meine Stiererei zu lange. Er griff langsam nach meiner Tute, die ich sofort fallen ließ, sah sie an und blies kräftig hinein, drückte auf die Ventilklappen, die Töne waren laut und hoch. Der Neger strahlte über das ganze Gesicht. Er probierte noch einmal und steckte sie in eine seiner vielen Taschen, die an der Kombination aufgenäht waren. Aus einer anderen Tasche fischte er ein Päckchen mit Keksen und ein Stückchen Schokolade. Da ich mich noch immer nicht rühren konnte, drückte er mir beides in die Hände und schlenderte zu seinem Panzer zurück. Ich machte kehrt und lief wieder nach Hause zurück. Am Abend erzählte ich Mutter von meinem Erlebnis. Sie schimpfte, es hätte nicht viel gefehlt und ich wäre verhauen worden. Da ich noch nie Schokolade gegessen hatte, biß ich in diese genau so hinein wie in einen Keks. Der Biß in die Schokolade kostete mich einen Milchzahn. Er stak in der Schokolade fest. Ich hätte ihn sowieso eines Tages verloren. Wie ich die anderen Milchzähne loswurde, weiß ich nicht mehr.
Nur kurze Zeit hielten sich die Alliierten auf unserem Marktplatz auf. Eines Morgens waren sie verschwunden. Tage später hatten wir eine Kommandantur im Ort. So nannten die Leute ein Haus, vor dem Tag und Nacht ein Rotarmist stand und am Dachgiebel eine rote Fahne wehte.

Der Schulbetrieb lief im Herbst 1945 wieder an. Wir ABC-Schützen wurden fein säuberlich in Jungen- und Mädchenklassen eingeteilt. Direktor unserer Schule wurde Herr Dähn, ein Mitglied der KPD, der wegen seiner Standhaftigkeit von den Faschisten in ein Konzentrationslager verschleppt worden war. Die Rote Armee hatte ihn dort befreit. Genosse Dähn war der erste Mensch in meinem Leben, der mir und meinen Mitschülern die gesellschaftlichen Zusammenhänge erklärte. Er kannte die Gesetzmäßigkeiten der gesellschaftlichen Entwicklung. Er erzählte uns vom Kampf der Genossen Karl Liebknecht und Rosa Luxemburg, von Ernst Thälmann und Wilhelm Pieck, von Lenin und Stalin. Er haßte den Kapitalismus und die Faschisten aus tiefstem Herzen. Von ihm hörte ich zum ersten Mal Begriffe wie Ausbeutung, Revolution, Bourgeoisie, usw. Über Marx, Engels, Lenin und Stalin besaß er kleine Broschüren, aus denen er uns manchmal vorlas. Vieles verstand ich damals noch nicht. Obwohl Genosse Dähn nicht mehr der Jüngste war und seine Gesundheit durch die Mißhandlung im Konzentrationslager sehr gelitten hatte, arbeitete er von früh bis spät. Jahre später besuchte ich ihn. Da war er erster Sekretär der SED-Kreisleitung in Klingenthal.

Damals, also 1946, erklärte Genosse Dähn unseren Eltern mitunter bis spät abends die Notwendigkeit der demokratischen Schulreform. Sie wurde auf Initiative der kommunistischen Partei Deutschlands durchgeführt und ist eine tiefgründige Maßnahme zur geistigen und kulturellen Erneuerung. Genosse Dähn sagte auch, daß unter anderem das Bildungsprivileg beseitigt und eine demokratische staatliche Einheitsschule geschaffen werden soll. Damit wurde eine Grundforderung der revolutionären Arbeiterbewegung erfüllt.

Nachdem Nazi-Lehrer entlassen worden waren, kamen Neu-Lehrer an unsere Schule. Es waren vorwiegend junge Arbeiter. Unser neuer Klassenlehrer, Herr Dahms, zeigte uns in den ersten Unterrichtsstunden stolz Schwielen an seinen Händen, die von seiner Arbeit als Schlosser herrührten. Natürlich, die Schwielen vergingen nach einiger Zeit. Aber er konnte etwas Gitarre spielen und brachte uns die ersten FDJ-Lieder bei. Fast jeden Nachmittag war er mit uns zusammen. Er wollte aus uns ordentliche Pioniere machen. Freie Zeit für sich hatte er nie.

In der Schule fiel mir besonders das ruhige Sitzen schwer. Regelmäßig bekam ich wegen Störung des Unterrichts Strafarbeiten auf. Zum Beispiel mußte ich zwanzigmal schreiben: „Ich soll während des Unterrichts nicht sprechen." Seiten habe ich mit diesen blöden Sätzen vollgeschrieben. Fingen wir im Unterricht plötzlich an zu raufen, ohne daß der Verursacher festgestellt war, so mußten mitunter mehrere zur gleichen Zeit nachsitzen, ‚brummen' wie das Fachwort hieß. Besonders bei schönem Wetter ärgerte mich das, denn im Waldbad war es wirklich schöner als in der Schule. Auch Genosse Dähn konnte sich einmal nicht beherrschen und sagte: „So, du sitzt heute zwei Stunden nach."

Das hat mich wirklich gekränkt, denn Genossen Dähn verehrte ich. Als die anderen nach Hause gegangen waren und ich allein im Klassenzimmer war, nichts passierte, öffnete ich das Fenster und schaute in den Schulhof hinab. Kein Mensch weit und breit. Nach etwa einer viertel Stunde sah ich vom Fenster aus, wie Genosse Dähn die Schule verließ und, wie es ihm als Direktor zustand, das große Eingangstor abschloß. „Herr Dähn! Herr Dähn!" rief ich. Er schaute nach oben. „Was machst du denn dort oben?" „Sie haben gesagt, ich soll brummen!" „Was?" „Nachbrummen!" rief ich wieder. Er kratzte sich den Kopf, dann sagte er: „Komm runter, ich schließ wieder auf." Genosse Dähn und ich gingen friedlich nach Hause. Ab und zu legte er die Hand auf meine Schulter. Es tat mir richtig gut. Bei ihm störte ich nicht ein einziges Mal mehr. Ich riß mich echt zusammen.

Die ersten zehn Jahre nach Beendigung des zweiten Weltkrieges waren harte und entbehrungsreiche Jahre. Für Schieber und Spekulanten anfangs nicht. Aber mit der Festigung der Macht der Arbeiter und Bauern wurden sie nach und nach dingfest gemacht, ihre Hamsterlager ausgehoben und die beschlagnahmten

Lebensmittel und Waren an Kinderheime verteilt und dem staatlichen Handel zugeführt. Zucker, Brot, Fleisch und Wurst gab es auf Lebensmittelmarken. Wir hatten manches Mal nichts mehr zu essen. Beim Bäcker kauften wir auf Vorgriff. Wenn wir die Lebensmittelmarken für den neuen Monat bekamen, schickte mich Mutter mit den Brotmarken zum Bäcker. Sie reichten gerade aus, um den Vorgriff aus dem alten Monat abzudecken. Das Brot, das ich mit nach Hause brachte, war bereits wieder der erste Vorgriff auf den nächsten Monat.

Not macht erfinderisch, heißt es. Meine Kameraden und ich unternahmen regelrechte Beutezüge. Wir klauten von den Feldern Möhren und Kartoffeln und nahmen mit, was in unseren Hosentaschen Platz fand. Wenn ich abends vier oder fünf Kartoffeln mit nach Hause brachte, war ich stolz wie ein König. Mutter machte ein trauriges Gesicht, sagte aber nichts. Wir aßen die Kartoffeln gemeinsam.

Wenn im Herbst die Kartoffelfelder abgeerntet waren, gingen wir stoppeln. Wir gruben die Erde wieder und wieder um. Wurde eine Kartoffel gefunden, war die Freude groß. Auch Ähren nachlesen war eine wichtige Arbeit im Kampf gegen den Hunger. Wir suchten zwischen den Stoppeln nach Ähren. Sie wurden zuhause ausgeklopft, das Spreu vom Korn getrennt, das Korn in der Schrotmühle gemahlen und Kornbrei gekocht. Wer Hunger am eigenen Leib verspürt hat, bekommt Achtung vor dem Brot. Wegen Brot wurden Kriege geführt, wurden, um politische Ziele zu erreichen, Embargos ausgelöst. Brot wurde und wird in den USA verbrannt, denn Hunger ist eine Waffe der Ausbeuter, dient der Unterdrückung und sichert Maximalprofite. Mit Brot können wir junge Nationalstaaten und Völker unterstützen, die sich vom Joch der Ausbeuter befreien wollen.

Es brennt mir im Herzen, wenn ich sehe, wie gewissenlos mancherorts auf Feldern bei der Ernte gearbeitet wird, welche Verluste wir wie selbstverständlich hinnehmen. Natürlich hungern wir schon lange nicht mehr. Unser Staat schützt die Preise für Brot, Milch, Eier und andere Grundnahrungsmittel. Die Ärzte tun alles, damit sich die Menschen bei uns nicht durch zu viel Essen selbst krank machen. Aber ist das alles ein Grund, zum Beispiel Brot wegzuwerfen? Man kann die Menschen nicht erst hungern lassen, um sie zu Einsichten und damit zum richtigen Handeln zu bringen. Wir, wir alle, sind dafür verantwortlich, daß in unserer Gesellschaftsordnung dem Brot im weitesten Sinne Achtung entgegengebracht wird, daß wir mit dem, was wir geschaffen haben, sorgfältig und verantwortungsbewußt umgehen.

Eines Tages gingen wir wieder einmal Ähren lesen. Da schönes Wetter war, wollten meine Freunde und ich so schnell wie möglich ins Freibad. Ähren gab es aber keine aufzulesen. Das Feld war wie gekehrt. Was tun? Das Korn stand sorgfältig in Garben gebunden zu Puppen aufgestellt. Wir begannen von den Puppen die Ähren abzureißen und in die Hosentasche zu stecken. Plötzlich rief einer: „Achtung, Flurschutz!" Wir liefen, was die Beine hergaben. Da ich der Kleinste war und viel mehr Schritte machen mußte als meine Freunde, lag ich bei diesem Rennen bald hinten. Kurz und gut – mich hat der Flurschutz erwischt. Zwei Männer nahmen mich in die Mitte und ab ging's ins Rathaus auf die Polizeiwache.

„Taschen ausleeren", sagte einer. Ich legte 18 Ähren auf die Barriere und drehte meine Hosentaschen um. Der Mann in Uniform schaute die Männer vom Flurschutz an und sagte grinsend: „Das wird kaum der sein, den wir suchen." Wie ich heiße und wo ich wohne, wollten sie wissen. Brav sagte ich alles auf. Der Mann in Uniform schickte jemanden meine Mutter holen. Als sie kam und erfuhr, was los ist, gab sie mir vor versammelter Mannschaft eine gewaltige Ohrfeige. Ich brüllte los, was die Stimmbänder hergaben. „Hauen Sie schon ab mit dem Bengel", sagte der mit der Uniform. Mutter nahm mich an die Hand. Wir gingen. Bis heute weiß ich nicht, was sie mit meinen 18 Ähren gemacht hat. Da ich noch keine Kaderakte hatte, fehlt hierzu bis heute jeder Beleg.
Hamsterfahrten waren damals an der Tagesordnung. Wer den

Hunger nicht auf Dauer aushielt, versuchte bei den Bauern Kartoffeln und Mehl einzutauschen. Auch Mutter versuchte es einmal. Eines Tages nahm sie mich mit.

Wir gingen zum Bahnhof, fuhren etwa zwei Stunden mit dem Zug, stiegen aus und liefen über Land, bis wir auf Bauerngehöfte stießen.

Mutter klopfte ans Tor. Ein Hund bellte und riß wütend an seiner Kette. Mutter klopfte noch einige Male. Außer dem verrückten Hund gab niemand Antwort. „Vielleicht niemand zu Hause", sagte meine Mutter. Wir gingen weiter. Der nächste Hof. Der Bauer sagte, bevor Mutter ihr Anliegen überhaupt andeuten konnte, daß er nichts abgibt, und das so freundlich, daß wir beide schweigend und mit hängenden Köpfen weiterliefen. Auf dem vierten oder fünften Hof, bei dem wir anklopften, fragte eine Bäuerin die Mutter, was sie zum Tauschen mithätte. Mutter zeigte ihr Bettwäsche – es war unsere gute. Sie hatte im Wäscheschrank einen Ehrenplatz und wurde nie benutzt, auch wenn die andere schon mehrfach ausgebessert war. Wir bekamen 15 Kilo Kartoffeln dafür.

Mutter wurde 1949 Kandidat der SED. Ich kann mich noch genau erinnern, daß sie an vielen Abenden über Broschüren saß und sich auf die nächste Parteiversammlung vorbereitete. Manchmal seufzte sie und sagte ganz verzweifelt: „Das werde ich nie begreifen, so viele Fremdwörter." Mutter bereitete sich immer gewissenhaft auf ihre Parteiversammlung vor. Da sie in der Regel immer nur abends zum Lesen kam, geschah das bei Kerzenschein. ‚Inzeltlichter' nannten wir die kleinen Flammen. In den ersten Jahren nach Kriegsende gab es regelmäßig Stromsperren. Die Genossen gaben Mutter den Auftrag, im Ort den DFD mit aufbauen zu helfen und die Arbeit der Ortsgruppe aktiv zu unterstützen. Das hat sie dann auch Jahrzehnte gewissenhaft getan. Sie tat es fleißig und ehrenamtlich, war immer und stets zu sprechen, kannte die Nöte und Sorgen der anderen, half, fand meistens ein tröstendes Wort. Wieviel Stunden nach Feierabend, wie viele Sonntage das waren, niemand hat sie gezählt. Es war ihr Parteiauftrag. Er wurde ein Teil ihres Lebens.

Mit dem Zusammenbruch des Hitlerfaschismus war keinesfalls eine Ideologie vernichtet. Viele Menschen hatten den Lügen der Nazi-Clique bis zuletzt Glauben geschenkt. Jetzt waren sie verzweifelt und hoffnungslos. Nun ging es darum, den Frauen begreiflich zu machen, daß es notwendig war, eine neue, eine bessere Welt aufzubauen, eine friedliche Zukunft für sie und ihre Kinder zu sichern.

Auch die Kulturarbeit wurde im Ort auf Schwung gebracht. Die Lehrer führten mit uns Gespräche darüber, das kulturelle Erbe zu pflegen. Für uns als Klingenthaler sei Volksmusik besonders wichtig. Ein Instrument erlernen könne jetzt jeder. Der Musikunterricht ist kostenlos, und wer kein Instrument zuhause hat, kann sich an der Musikschule eines ausleihen. Ich meldete mich sofort und lieh mir eine Trompete aus. Der Musiklehrer sagte, daß Trompetenspielen sich besser für Menschen mit schmalen Lippen eigne. Ich hatte eher etwas dicke Lippen. Was versteht der schon von meinen Lippen, dachte ich. Zwei Tage übte ich Trompete. Am dritten Tag war meine Trompete weg. Ich ahnte Furchtbares. Und wirklich – meine Mutter hatte die Trompete der Musikschule zurückgegeben. Ich schnappte ein und trotzte mindestens zwei Tage lang.
Mutter besorgte mir eine Geige. Fideln lernen wollte ich eigentlich nicht. Aber was half's. Die ersten Übungsstunden – sie waren grauenvoll. Nachdem ich aber die ersten Weihnachtslieder spielen konnte, dachten einige im Haus: Jetzt kann er es. Ich übte wenig und ohne Begeisterung, meistens kurz bevor ich zur Musikstunde mußte.

Unmittelbar vor den Musiktagen, sie wurden alljährlich in Klingenthal abgehalten, übte die ganze Musikschule. Wir Klingenthaler wollten denen von Markneukirchen wieder mal zeigen, was spielen heißt. Es wurde ein Schulorchester aufgestellt von etwa 80 Musikern. Und bald übertrug Radio DDR unsere Volksmusikstücke. Echte, vogtländische Volksmusik – wie der Ansager ankündigte.

Ich wurde außerdem noch in ein Streichquartett eingeteilt. Die zweite Geige war ich. Mein Musiklehrer wußte, wenn ich einmal spielte, war ich auch zu hören. Unser Musiklehrer war auch ein ‚Fuchs'. Er kundschaftete aus, wer alles zur Jury gehörte. Und wie das so ist, haben passionierte Musiker auch schon mal komponiert, was die übrige Welt meistens nicht weiß. Wir spielten zwei klassische Streichquartette. Das dritte Stück, das wir spielten, hatte der Jury-Vorsitzende irgendwann einmal komponiert. Obwohl der Vorsitzende der Jury Markneukirchner war, gewann das Streichquartett aus Klingenthal. Eine Urkunde bescheinigte unseren Sieg.

Im Jahre 1948 wurde auch an unserer Schule die Pionierorganisation gegründet. Alle in unserer Klasse wollten Pioniere werden. Als es konkret wurde, war das fünf Schulfreunden nicht möglich. Sie durften von ihren Eltern aus nicht. Drei sagten, sie wären besonders christlich. Ich hatte bis dahin davon noch nichts bemerkt. Sie waren genauso ‚brav' wie wir anderen. Und zwei waren Kinder von Geschäftsleuten. Hier lag der Unterschied zu uns anderen in Qualität und Quantität der Frühstücksschnitten. Sie sagten auch öfter ‚bitte' und ‚danke' und ihr Diener, wie sie die Verbeugung nannten, war perfekt.

Ich wurde zum Freundschaftsratmitglied der Schule gewählt, und ich durfte mir zwei rote Balken auf den linken Ärmel meines weißen Hemdes nähen. Mächtig stolz auf meinen Dienstgrad war ich auf Pioniertreffen im Kreis und Bezirk. Kein Treffen ließ ich aus. Wir begannen Arbeitsgemeinschaften zu gründen; unter anderem Zeichnen, Turnen, Volkstanz und junge Naturforscher. Materielle Voraussetzungen waren die, die jeder selbst hatte bzw. in einer Grundschule eben da waren. An Pioniernachmittagen sprachen wir über das Pionierstatut.

Besonders gern und oft gingen wir ins Kino. „Timur und sein

Trupp" war ein Film nach unserem Geschmack. Der Timur hatte es gut. Sein prima Hund läßt ihn nie im Stich. Auf seine hübsche Freundin ist Verlaß. Zum Schluß bezieht er keine Prügel, sondern erntet Anerkennung. Positive Streiche sind seine und seiner Truppe Erfolgsrezept. Die Timurbewegung ist bis heute aktuell geblieben und sollte es auch weiterhin sein. Als mir meine Kinder eines Tages von der Timurbewegung an ihrer Schule erzählten, konnte ich über Timur, seinen Trupp, seinen Hund und ihre Taten bis ins Detail aufwarten. Meine Kinder staunten nicht schlecht, wie ihr Vater Bescheid wußte. Richtig ins Schwärmen kam ich.
Im Kino liefen vorwiegend sowjetische Filme mit deutschen Untertiteln. Das schnelle Lesen habe ich im Kino gelernt. Filme über die Oktoberrevolution, über Lenin, über Tschapajew, über die Interventionskriege und das zaristische Rußland, über das Heldentum der Kommunisten und das Leid der einfachen Menschen, über die Kraft der vereinten Arbeiterklasse und der Sieghaftigkeit der Ideen von Marx, Engels, Lenin und Stalin waren für meine persönliche weltanschauliche Entwicklung und die vieler anderer junger Menschen entscheidend.

1953 ging meine Grundschulzeit von acht Jahren zu Ende. Mutter und ich mußten an meine berufliche Entwicklung denken. Auf keinen Fall wollte ich in die Musikindustrie. Geige spielen ging noch. Aber welche bauen? Nein, danke.
Seit einigen Wochen hingen im Rathaus Plakate aus mit dem Slogan: „Meldet euch zur Handelsschiffahrt!". Der junge Matrose, der auf dem Plakat abgebildet war, lachte über das ganze Gesicht. Und er trug eine schicke Uniform. Ich redete mit meiner Mutter darüber. Matrose wollte ich werden. Sie bestärkte mich nicht in meiner Absicht, zur Handelsmarine zu gehen, legte aber auch kein Veto ein, als ich die erste schriftliche Bewerbung meines Lebens auf Papier zurechtzimmerte und abschickte. Täglich schloß ich erwartungsvoll den Briefkasten auf – sechs Wochen lang. Endlich. Die Deutsche Seereederei teilte mir mit, daß sie sich über meine Bewerbung freue, da aber das Internat

noch nicht fertig ist, können sie keine Lehrlinge von außerhalb einstellen. Sie merken mich vor – in zwei Jahren vielleicht – soll ich wieder schreiben. Mein erster ernsthafter Tiefschlag. Ich war sauer. Aber warum hängen die dann ihre Plakate jetzt schon aus und nicht erst in zwei Jahren? Mein Schwager ist heute Offizier der Deutschen Seereederei und jünger als ich. Das Internat war wirklich 1955 fertig. Er war mit bei den ersten, die dort einzogen.
Eines Tages wurden die Eltern zu einer Abendveranstaltung in die Schule gebeten. Unser Schuldirektor stellte drei Genossen des Steinkohlebergbaus aus Zwickau vor. Einer war ein Kaderinstrukteur vom VEB Steinkohlenwerk Martin Hoop, die beiden anderen waren Mitglieder der Leitung der Betriebsberufsschule des gleichen Betriebes. Sie sprachen über die Notwendigkeit des Ausbaus der Industrie. Und Voraussetzung hierfür sei, mehr Steinkohle zu fördern. Alle müßten begreifen, daß die Kohle das Brot der Industrie ist, daß der erste Fünfjahresplan nur mit Hilfe der Steinkohlekumpel erfüllt werden kann. Unser erster Arbeiterpräsident, Wilhelm Pieck, hat gesagt: „Ich bin Bergmann – wer ist mehr?" Na bitte.
Eine große Anzahl Fachberufe bildet der Steinkohlebergbau aus: Hauer, Zimmerleute, Reparaturschlosser, Grubenelektriker und so weiter. Eine große Berufsschule wird gebaut. Sechs Internatshäuser werden errichtet. Zwei können im Herbst bezogen werden. Beweise forderten die Eltern. Die Genossen aus Zwickau reichten Fotografien herum. Das Lehrlingsgeld war auch höher als anderswo. Bergbauverpflegung gab es. Bereits die Berglehrlinge dürfen ein Ehrenkleid tragen. Als mir Mutter zuhause davon berichtete, überlegte ich nicht lange. Wenn schon aus dem Befahren der Weltmeere nichts wird – aber fort von Zuhause wollte ich auf jeden Fall. Und wenn es nach Zwickau ist. Ich bin Bergmann – wer ist mehr? Klingt nicht schlecht. Ich schrieb meine zweite Bewerbung.
Diesmal klappte es. Ich konnte den Beruf des Hauers erlernen, konnte Bergmann werden. Glück auf!
Lehrjahre

„Name?" „Herold." „Vorname?" „Günter." „Geboren am 25.10.1939 in Klingenthal?" „Ja." „Gut. Sie wohnen im Haus sechs, Zimmer 26. Hier, quittieren Sie den Empfang des Betriebsausweises." Ich unterschrieb, nahm mein Gepäck auf und suchte das Haus sechs.
Im Zimmer 26 standen vier Betten, vier Spinde, vier Stühle, zwei Tische. Es gab noch ein Zimmer im Haus, da steigerte sich das auf sechs Betten, sechs Spinde, usw.
Ich suchte mir ein Bett am Fenster aus, öffnete meinen Spind und begann, meine Habseligkeiten auszupacken und einzuräumen. Als das geschafft war, setzte ich mich auf meinen Stuhl, er stand neben meinem Bett. Irgendwie wollte keine richtige Begeisterung in mir aufkommen. Hier soll ich während meiner dreijährigen Lehrzeit wohnen? Müde war ich auch. 2 Uhr nachts war ich aufgestanden. 02:30 Uhr lief ich von zuhause los. Kurz vor 3 Uhr war ich am Bahnhof. 03:15 Uhr fuhr der Zug ab. Da in Falkenstein ausgestiegen werden mußte, blieb ich hellwach, um das nicht zu verpassen. Im Zug nach Zwickau dann schlief ich ein und wäre bestimmt wieder nach Falkenstein zurückgefahren, wenn mich nicht jemand ausdauernd gerüttelt hätte. „Hier geht es nicht mehr weiter. Wir müssen hier alle raus", sagte der.
Vom Bahnhof zur Betriebsberufsschule Martin Hoop lief ich ungefähr eine Stunde.
Und nun saß ich hier. Die Aufregung legt sich. War ich auf dem Stuhl eingenickt? Plötzlich ging die Tür auf. „Ist hier die 26?" „Ja, steht doch an der Tür", sagte ich. Der Neue sah sich um. „Wenn du einverstanden bist, nehme ich das Bett neben dir, auch den Spind daneben." Mir war das gleich. „Kurt heiße ich. Kurt Sommer. Ich komme aus Sehma im Erzgebirge, ist in der Nähe vom Fichtelberg." Er begann, wie ich vorher, seine Sachen auszupacken und im Spind zu verstauen. Kurt war ein großer, kräftiger Junge, hatte Hände wie Pranken und ein gutmütiges Gesicht. Er sprach einen komischen Dialekt. Kaum hatte ich diesen Gedanken zu Ende gedacht, sagte Kurt: „Du hast aber einen sonderbaren Dialekt. Du singst immer ein bißchen. Bist wohl aus

dem Vogtland?" „Aus Klingenthal", sagte ich. „Klingt gut", meinte Kurt. Die Tür ging wieder auf. Zwei Neue kamen. Peter Ludwig aus Ellefeld und Dieter Schönfeld aus Plauen. Na, da haben ja die Werber das Vogtland ganz schön heimgesucht, dachte ich. Unser Zimmer war voll. Erneut klopfte es. Die Tür ging auf. Mehr passen hier nicht rein, ging es mir durch den Kopf. „Glück auf", sagte der Mann. „Ich bin euer Erzieher und heiße Erich Thiele." Er gab jedem von uns die Hand. Er wollte unsere Namen wissen, wo wir zuhause waren und was die Eltern arbeiteten. Er erläuterte uns die Hausordnung, die Brandschutzordnung und wollte wissen, wer der Zimmerälteste war. Wir schlugen einstimmig Kurt Sommer vor. Er war, ohne es ausprobiert zu haben, bestimmt der Stärkste von uns. Herr Thiele nickte und machte sich eine Notiz. Dann sah er sich unsere Betten und die Spinde an. „Passen Sie auf. Ich zeige Ihnen jetzt, wie ein gemachtes Bett aussieht und wie ein Spind einzuräumen ist." Bei ihm saß jeder Griff, das sahen wir sofort. „Sie machen das jetzt immer so. Des weiteren war täglich das Zimmer sauberzumachen. Sie lösen sich dabei ab. Der Zimmerälteste teilt die Rangfolge ein. In unserem Haus sowie im ganzen Internat wird ein Wettbewerb gestartet um das sauberste Zimmer und das sauberste Haus. Kurt Sommer, Sie berufe ich hiermit in die Wettbewerbskommission unseres Hauses." Er drehte sich um und verließ das Zimmer. Im Hinausgehen sagte er schmunzelnd: „Glück auf, sagen wir immer, wenn wir uns grüßen, ob früh, mittags oder nachmittags, immer ‚Glück auf'." „Hier geht's streng zu", sagte Peter. „Mein lieber Mann", war Dieters Kommentar. Kurt und ich – wir sagten nichts. Am nächsten Tag saßen wir in der Klasse. Wir waren 28 Mann. Unser Klassenlehrer hieß Schwalbe und war im Bergbau groß geworden. „Sie müssen eins begreifen", sagte er, „der Bergbau hat seine eigenen Gesetze. In tausend Meter Tiefe, im Schacht, in der Erde, unter Tage, werden Menschen gebraucht, auf die Verlaß ist, die Disziplin haben und Mut, die bei allem, was sie tun, daran denken, daß sie Verantwortung tragen für alle Kumpel unter Tage. Sie müssen eigenständig handeln können und Fachleute sein. Eben ganze Kerle. Oft schon führte menschliches Versagen zu Unfällen oder gar zu

Katastrophen. Sie werden Bergleute mit hoher Disziplin, proletarischer Disziplin; Bergleute mit einem fundierten Fachwissen; Bergleute in einem Arbeiter- und Bauernstaat, die frei sind von Ausbeutung und Unterdrückung, und die wissen, daß sie für sich und alle Menschen in unserem Lande hohe Leistungen bringen müssen."
Herr Schwalbe war mittelgroß, eher klein, hatte aber unheimliche Kräfte. Einmal bog er vor unser aller Augen ein Hufeisen auf. Mir fiel vor Staunen das Kinn herunter. Herr Schwalbe hatte Stand bei uns. Was er sagte, wurde gemacht.
Der Unterricht begann mit der Anwesenheitsmeldung des Klassenvertreters an den Lehrer. Der Wechsel des Fachkabinetts beziehungsweise der Weg vom Fachkabinett zum Speisesaal folgte in Dreierreihen. Vor der Speisesaaltür kam das Kommando: „Reihe rechts!" Jede Klasse hatte im Speisesaal ihre bestimmten Plätze. Vor der Mittagspause hatten zwei Mann Tischdienst und mußten den Unterricht fünf Minuten früher verlassen. Sie bekamen weiße Jacken übergezogen und hatten für ihre Klassenkameraden den Tisch zu decken. Elf Stunden Sport wöchentlich sollten uns körperlich fit machen, ebenso die reichhaltige Kost. Schließlich sollten wir im dritten Lehrjahr unter Tage Steinkohle gewinnen und andere körperlich anstrengende Arbeiten verrichten.
Die erste Woche war schnell um. Sonnabends 15 Uhr war Schluß. Wir durften das Objekt verlassen. Wir fuhren alle nach Hause mit der Ermahnung, am Montag 07 Uhr pünktlich wieder hier zu sein.
Meine Berufsschulzeit Mitte der fünfziger Jahre war die Zeit, in der unsere Republik eine eigene metallurgische Basis schaffen mußte. Es galt, schwerwiegende Disproportionen in der Industrie zu überwinden, ein Erbe des Kapitalismus. In unseren FDJ-Versammlungen diskutierten wir viel über diese Aufgaben, die Ursachen und Gesetzmäßigkeiten. Uns Jungen ging das alles zu langsam. Sehen denn nicht alle ein, wie richtig das ist? Warum tun viele, als gehe sie das nichts an? Kommunisten, die die Zeit des Faschismus überlebten, die zum Teil aus den Konzentrationslagern durch die Rote Armee befreit wurden, kamen fast jede Woche zu

uns. „Ihr müßt begreifen", sagte Genosse Paul Schindhelm, ein Kommunist, der auch in der Zeit des Faschismus den revolutionären Kampf der Bergarbeiter mitorganisieren half, „Ihr müßt begreifen, daß mit dem Zusammenbruch des Faschismus keineswegs eine Ideologie vernichtet wurde. Millionen Menschen hatten den Lügen der Naziclique geglaubt. Und die alten Kräfte, jetzt im Westen vereint, tun alles, um unseren jungen Staat, um die Arbeiter- und Bauernmacht auf deutschem Boden zu vernichten. Doch, wenn ich euch so ansehe, Jungs, ihr als zukünftige Bergarbeiter – wir müssen gemeinsam alles tun, um so stark zu werden, damit der Imperialismus es nie wieder wagt, die Welt in einen neuen Krieg zu stürzen."
Wöchentlich zweimal, manchmal auch öfter, wurden Arbeitseinsätze organisiert. Das Ziel bestand darin, innerhalb des Schulgeländes einen Sportplatz zu bauen. Das Nationale Aufbauwerk war beschlossen worden, und so leisteten wir freiwillige unbezahlte Arbeit.
Zwickauer Bergarbeiter legten den Delegierten der zweiten Parteikonferenz der SED im Jahre 1952 den Zwickauer Plan vor. Dieser Zwickauer Plan wurde zur Geburtsurkunde des Nationalen Aufbauwerks. Es entwickelte sich in kurzer Zeit zu einer sozialistischen Massenbewegung für den Neuaufbau Berlins und anderer im Kriege zerstörter Städte, an der sich Menschen aus allen Schichten unentgeltlich und freiwillig beteiligten.
Natürlich wollte unsere Zimmerbesatzung möglichst gut im Wettbewerb liegen. Kurt arbeitete mit seiner Schaufel wie ein Bagger. Wir drei anderen hatten Not, einigermaßen mitzuhalten. Wir schufteten wie wild. Für die erbrachten Leistungen gab es NAWMarken, die auf eine vorgedruckte A5-Karte aufgeklebt wurden, ähnlich wie beim Konsum, aber ohne Rabatt. Die Zimmermannschaft beziehungsweise das Klassenkollektiv mit den meisten Marken wurde Wettbewerbssieger. Kurt war unerbittlich. Wir gewannen fast jede Woche.
In der Nähe unseres Sportplatzes wurde auch ein Küchenanbau errichtet. Warum die eigentliche Küche zu klein war, weiß ich nicht. Zum ersten Mal in meinem Leben sah ich praktischen

Blödsinn. Der Küchenbau war fertig, schön geputzt, gemalt, alles neu. Eines Tages wurden Küchengeräte abgeladen. Kochkessel, Kippbratpfannen und so weiter. Wir sahen uns das Zeug aus der Nähe an. Alles neu. „Hallo", sagte Emil, „kann mir einer sagen, wie die Kochkessel in die neue Küche kommen?" Wir sahen gemeinsam genauer hin. Natürlich waren die Kessel breiter als die Tür. Auch die Fenster gaben das Maß nicht her. „Vielleicht übers Dach? Oder durch den Keller?" meinte Kurt. Überzeugend klang das aber nicht. In der Woche darauf wurde die neue Tür ausgebaut, das Mauerwerk so weit ausgebrochen, daß die Kochkessel in die Küche transportiert werden konnten.
Immerhin zwei Jahre lang ging ich täglich an der verschandelten Fassade des Gebäudes vorbei. Sicherlich kein Weltproblem – ein Gebäude, das schön war, dann immer eine Narbe trug. Ich kann nicht erklären, warum ich ab und an daran denken muß; es hängt eben mit meiner Arbeit zusammen.
Zu Beginn des zweiten Lehrjahres sollte die erste Grubenfahrt sein. Der Betrieb unterhielt einen eigenen Schacht, in dem die Lehrlinge unter Tage zu Bergarbeiten ausgebildet wurden. Um mit der Arbeit unter Tage zurechtzukommen, mußte man die Sprache des Bergmanns verstehen und sprechen. Hierzu einige Beispiele: Der Bergmann hat unter Tage keine Lampe sondern das ‚Geleucht'. Zu seinem Werkzeug Säge, Pickhammer, Kreuzhaue sagt er ‚Gezähe'. Muß ein Förderband demontiert werden, dann sagt er: „Das Förderband wird geraubt." Soll der Förderkorb in die Tiefe fahren, dann sagt er: „Hängen." Zur Leiter sagt er ‚Fahrt' und zum Laufen beziehungsweise Gehen ‚Fahren'. Sein Beil nennt er ‚Kaukamm' und der Sprengmeister ist der ‚Schießer'. Das soll aber erstmal genügen.

Die erste Grubenfahrt war das Ereignis. Wir kamen auf der Schachtanlage an. Der Lehrobersteiger begrüßte uns, belehrte uns noch mal über die Grubensicherheit. Dann wurden wir durch ein Zimmer geschleust und erhielten den Grubenhelm, das Schweißtuch, es saß zwischen Helmrand und Stirn eingeklemmt, eine kurze Hose, ein Hemd, einen Gürtel aus Gummi, Fußlappen,

Grubenschuhe, Lampenriemen und einen Krug, die Butt, er faßte zwei Liter, hatte eine ovale Form. Den Brotsack brachte jeder von uns von zuhause mit. Danach ging es ab in die Waschkaue; es ist das Bad des Bergmanns. Unter dem Schnürboden hing eine große Anzahl von Kleiderbügeln aus Metall. An den Wänden sind an Haken Schnüre befestigt und mit einer Nummer gekennzeichnet. Jeder Bergmann hatte seine Nummer. Löste er nun die Schnur vom Haken und ließ sie durch die Finger gleiten, dann kam an einer bestimmten Stelle sein Kleiderhaken vom Schnürboden herab. Auf den Kleiderhaken wurden die Straßensachen aufgehängt. Danach die Grubensachen angezogen. Die Leine wurde wieder eingeholt und das Bündel verschwand in der Höhe. Natürlich ging das bei uns nicht alles reibungslos. Aber der Lehrobersteiger brüllte bereits am Ausgang der Waschkaue, wir sollten uns beeilen. Die Seilfahrtszeit mußte genau eingehalten werden. Das ist die Zeit, wo keine Kohle im Schacht gefördert wurde, sondern wo Kumpel von über nach unter Tage beziehungsweise umgekehrt gefahren wurden.
Wir liefen in Richtung Ausgang weiter zur Lampenstube. Dort erhielten wir jeder eine Grubenlampe. Es waren noch keine modernen Kopfleuchten, sondern sogenannte ‚Bomben'. Sie wog immerhin neun Kilogramm und mußte an einem Eisenhaken getragen werden.
Die nächste Station war ein gefliestes Stück Wand, an der drei Messinghähne herausragten. Dort füllten wir unsere Butten mit schwarzem Malzkaffee. Weiter ging es in Richtung Förderschacht. Jetzt konnten wir bereits die hellen und tiefen Schläge der Schachtsignale hören.
„Ruhe jetzt!" brüllte der Lehrobersteiger. Eine letzte Tür wurde geöffnet, und wir befanden uns auf der Hängebank, dem Ort also, von dem aus in das Fördergestell ein- beziehungsweise ausgestiegen wurde. In fünf Metern Abstand zum Schacht blieben wir stehen. Der Förderkorb kam in Sicht. Er kam aus einer Tiefe von 800 Metern. Zum ersten Mal sahen die meisten von uns in Natura, was sie im Fachkundeunterricht mehrfach gehört und selbst wiedererzählt hatten. Acht Meter pro Sekunde

darf die Geschwindigkeit des Förderkorbes betragen, wenn Seilfahrt ist, also Menschen im Schacht transportiert wurden. Trotz dieser Geschwindigkeitsbegrenzung drang ein Rauschen aus der Schachtröhre. Es klang ab, wenn sich der Förderkorb der Hängebank näherte. Seine Geschwindigkeit verringerte sich und er kam auf den Zentimeter genau zum Stehen. Der Hauptanschläger – er gibt dem Fördermaschinisten die Signale – schlug Halt. Das Haltesignal wird aus 800 Metern Tiefe quittiert.

„Jetzt einsteigen", kam das Kommando. Mit acht Mann liefen wir in den Förderkorb hinein. Hinter uns wurde die Tür des Förderkorbes geschlossen und verriegelt. In diesem Moment schien jeder Übermut bei uns wie weggeblasen. Selbst Egon, der bekannt dafür war, daß er bei jeder passenden und unpassenden Gelegenheit etwas zum Besten geben konnte, schien am Ende seines Lateins angelangt zu sein. Oder dachte auch er daran, daß er jetzt in einem Eisengestell steckt, das an einem Stahlseil hängt und darunter ein Loch – 800 Meter tief?

Zwölf Jahre habe ich unter Tage gearbeitet, aber eine Beobachtung hat sich tausendfach bestätigt: Irgendwie ist der Bergmann beim Einfahren bedrückt – auch wenn er es sich selbst nicht eingestehen wird, aber ganz innen warnt etwas vor der Gefahr, in die er sich begibt. Wenn er ausfährt, über Tage wieder unversehrt ankommt, dann reagiert sich das ab; Scherzworte, Witze und derbe Laute, Rufe und Lachen, auch ein Gefühl des Erleichtertseins kann es sein.

Wir standen also erst einmal im Förderkorb. Sekunden schienen sich zu dehnen. Dann kamen zwei Signalschläge aus der Grube. Der Hauptanschläger überzeugt sich ein letztes Mal, daß alles in Ordnung war. Dann gab er die zwei Signalschläge an den Fördermaschinisten weiter. Der Förderkorb ruckte kurz an, dann fiel er in die Tiefe. Natürlich – er hing ja am Seil. Aber wenn einem der Boden unter den Füßen abhaut und alles im Finstern in einem Eisengestell, der Magen drückt so schön nach oben – instinktiv möchte man sich irgendwie festhalten. Aber es gab nichts zum Festhalten. Wenn die Beschleunigung aufhörte, ka-

men der Magen und alles andere wieder ins Lot. Nach cirka drei Minuten wurde der Förderkorb abgebremst. Der Druck auf die Beine erhöhte sich. Licht kam in Sicht und der Förderkorb kam langsam zum Stehen. Das Haltesignal ertönte. Die Verriegelung wird gelöst, die Tür geöffnet. „Aussteigen, aber vorsichtig", kam das Kommando. Etwas verkrampft verließen wir das Eisengestell und liefen einige hundert Meter in die einzige Richtung, die möglich war, in die Strecke hinein. Hinter uns ertönte bereits wieder das Signal zum Aufholen. Die nächste Fuhre hatte begonnen.
Unter Tage. Ein Begriff, unter dem wir uns alles Mögliche vorstellen. Natürlich hatten wir viele Bilder gesehen von modernen Schachtanlagen. Unser Lehrschacht hatte aber bereits einige Jahrhunderte auf dem Buckel und sollte in ein bis zwei Jahren die Förderung einstellen. So hatte ich mit meinen bescheidenen 1,78 Meter Größe bereits Schwierigkeiten, in der Hauptstrecke aufrecht zu laufen. Cirka zehn Zentimeter fehlten, so daß ich und meine Leidensgefährten in gebeugter Haltung etwa 30 Minuten laufen mußten, in der einen Hand die Bombe, in der anderen die zwei Liter Butt. Der Brotsack und der Lampenriemen schlingerten an mir herum. Der Helm verrutschte ständig. Entweder hatte der eine falsche Form oder mein Kopf!
Als wir auf der Hauptförderplatte ankamen, war ich geschafft. Der Rücken schmerzte. Unterwegs wurde ich kurz leichtsinnig und beugte mich nicht mehr weit genug nach unten. So lief ich mit dem Kopf gegen eine Kappe. Trotz Grubenhelm – es fehlte nicht viel und es hätte mir die Füße weggezogen. Das war ein Schlag!
Irgendwie waren wir alle nicht recht munter, wie wir so herumstanden.
„So", sagte der Lehrobersteiger, nachdem er sich überzeugt hatte, daß wir noch komplett waren. „Wir fahren jetzt den Berg runter, dann das Förderband entlang. Am Eingang zum Abbau wartet ihr dann wieder."
Wir stolperten weiter. In diesem Teil der Grube gab es keine stationäre Beleuchtung mehr. Wir sahen das, was unsere Bomben an Licht verbreiteten. Und das war nicht viel. Je nä-

her wir dem Abbau kamen, um so niedriger wurde die Strecke. Zum Schluß mußten wir nieder und krochen auf Händen und Knien weiter. Die Bombe warf ich etwa einen Meter voraus und kroch dann hinterher. Neben uns schlurfte und schliff es. Es war das Förderband, das sich bewegte. Und nur übernatürliche Kräfte können das bewegen, dachte ich. Und Kohlen müssen darauf auch bis zur Füllstelle gelangen. Plötzlich stop. Ob wir im Abbau sind? Keiner wußte es; keiner fragte. Wir schwitzten vor Anstrengung. Ich schwitzte, wie ich noch nie im Leben geschwitzt hatte. Wenn ich meine Füße bewegte, schmatzten sie in den Schuhen. Als die Anstrengung etwas nachließ, war die Qual noch lange nicht zu Ende. Natürlich hatte ich noch keine Erfahrung, wie ein Fußlappen gewickelt wurde, damit er saß. Und die Grubenschuhe waren so schön neu und hart. Meine Knöchel waren bereits wund, und noch immer war ich noch nicht dort, wo ich eigentlich arbeiten sollte. Vor mir ging es weiter. Ich kroch hinterher. Wer eigentlich vor mir robbte, erkannte ich nicht. Wer erkennt seinen Klassenkameraden schon aus dieser Perspektive. Wie lange das so ging, weiß ich nicht mehr. Von vorn wurde gerufen: „Los, rankommen! Ihr Männer, nun kommt schon!"
Wenig später waren wir im Abbau; der Ort im Schacht, wo die Kohle gewonnen wird. Es war wieder stationäres Licht vorhanden. Wir konnten uns sehen und waren bereits so schwarz, als wenn wir tagelang Kohle geschaufelt hätten. Der Abbau war cirka 1,60 Meter hoch. Wenn wir auch nicht stehen konnten, so hatte das Kriechen wenigstens ein Ende. Der Lehrobersteiger stellte uns vier Kumpel vor, die ab da unsere Lehrmeister waren und uns die praktische Arbeit des Bergmanns beibringen sollten.
Wir wurden in vier Gruppen aufgeteilt. Damit waren vier Lehrlingsbrigaden gebildet. Unsere Zimmerbesatzung hat es so eingerichtet, daß wir in einer Brigade waren. Wir sahen uns nur kurz an und schon wollten wir Kurt zum Brigadier vorschlagen. Aber wir kamen noch nicht dazu.
„Ich heiße Paul Lässig", sagte unser Meister. Er kauerte wie wir auf der Sohle und lehnte mit dem Rücken gegen einen Holzstempel. „Seit 18 Jahren bin ich Bergmann. Mein Vater war

auch Bergmann. Ich bin Genosse der SED seit ihrer Gründung 1946. Bevor ich euch die Arbeit erkläre, möchte ich euch zwei Grundsätze nennen, die einem Bergmann eigen sein müssen. Sie gelten eigentlich für jeden Menschen, aber für uns Bergleute besonders. Ein Bergmann läßt nie einen anderen Kumpel in der Not im Stich, auch dann nicht, wenn er sein eigenes Leben in Gefahr bringen muß. Unter Tage ist viel öfter als anderswo der eine auf den anderen angewiesen. Denkt darüber nach. Und das zweite Problem. Die Worte ‚es geht nicht' gibt es nicht. Wenn ein Bergmann sagt, es gehe nicht, dann weicht er vor den Schwierigkeiten zurück. Er unterwirft sich dem Berg. Das darf er nicht, sondern er muß eine andere Möglichkeit finden, um ans Ziel zu kommen. Der Bergmann muß die Natur, den Berg, immer und immer wieder bezwingen. Geht nicht, gibt's nicht. Das setzt aber Wissen und Erfahrung voraus. Was ich als Bergmann davon besitze, ich sage es euch, ich zeige es euch. Ihr müßt aber auch mit den Augen mausen und fragen." Meister Lässig machte eine längere Pause. Keiner von uns machte einen Mucks. „Nun wollen wir aber", sagte der Meister.

Kohle – das Brot der Industrie, Reichtum unseres Volkes. Vor Millionen Jahren aus Pflanzen unter großem Druck und hoher Temperatur entstanden. Sie zu gewinnen, in geplanter Menge zu fördern, ist das Werk tausender Bergarbeiter. Ich sah die Kohlenwand, den Stoß, vor mir stehen. Die Länge betrug 70 Meter, die Höhe 1,60 Meter. Die Kohle zeigt glatte Flächen, aber auch Prismen. Sie erscheint matt, mitunter fettig. Kohlebrocken können das Licht aber auch brechen, zurückwerfen, dann glänzt sie. Kohle ist leicht, leichter als Wasser. Sie schmeckt nicht schlecht. Ich und viele andere nahmen dann ein Stück in den Mund, wenn die Butt leer war, nichts mehr zu trinken da war, und die Kehle brannte vor Trockenheit und Staub, dann lockte das kleine Stückchen Kohle den Speichel wieder hervor, und das Atmen und Arbeiten wurde wieder leichter.

Meister Lässig zeigte uns im Kohlenstoß die Schlechten und die Drucklagen. Das sind feine Risse in der Kohle, manchmal kaum mit dem Auge wahrzunehmen. Aber sie haben bei der

Gewinnung der Kohle entscheidende Bedeutung. Wenn man ihren Verlauf erkannt hat und an der richtigen Stelle zu Arbeiten beginnt, dann entspannt sich die Kohle. Die feinen Risse öffnen sich unter dem gewaltigen Druck der Gesteinsmassen und die Kohle läßt sich relativ leicht gewinnen. Beachtet man das nicht. so bleibt die Kohle im Stoß weiter unter Spannung. Man quält sich und das Ergebnis dieser Plackerei ist bescheiden.
„Also, Jungs, nicht nur hier, sondern auch hier." Meister Lässig zeigte bei diesem gewichtigen Satz erst auf seine Bizeps, dann auf seine Stirn. Es war sein Produktionsprogramm. Ein gutes. Es wurde auch unseres.
Danach nahm Meister Lässig den Pickhammer auf. Endlich geht's los, dachten wir. Er säuberte das Sieb am Handgriff, gab einige Tropfen Öl hinein, nahm den Preßluftschlauch, ließ die Preßluft kurz durchblasen, schloß den Schlauch an den Pickhammer an, ging an den Kohlenstoß, setzte den Pickhammer an und drückte auf den Handgriff. Der Pickhammer schlug systematisch und laut los. Wenn das Pickhammerspissel in den Kohlenstoß eingedrungen war, dann drückte Meister Lässig so geschickt, daß bei jedem Ansatz mehr Kohlen vom Stoß fielen.
Als unser Meister einen Einbruch herausgearbeitet hatte, und die Kohlen nun hereinzubrechen begannen, staunten wir, wie leicht das ging. Meister Lässig setzte den Pickhammer ab. „Wer will als nächster?" fragte der Meister. Da sich nicht gleich jemand meldete, zeigte er auf mich. „Komm, probier mal", sagte er.
Der Pickhammer ist 15 Kilo schwer. Ich nahm ihn mit beiden Händen hoch und drückte ihn gegen den Kohlenstoß. Mit aller Kraft stemmte ich mich dagegen. Er ratterte los. Jeden einzelnen Schlag des Kolbens einschließlich des Rückschlages spürte ich. Das Spissel wurde mit jedem Kolbenschlag ein wenig mehr in den Kohlenstoß getrieben. Endlich war er ganz drin. Ich hörte auf mit Pickern und begann wie verrückt, an dem Pickhammer herumzuwürgen. Kein Stück Kohle löste sich. Verdammt! Wie hatte der Meister das nur gemacht? Ich zerrte und schwitzte. So eine Blamage. Erst mal das Spissel wieder aus dem Kohlenstoß herausbekommen! Ich zerrte und zerrte! Endlich – ich bekam

den Pickhammer wieder frei. Ein rundes Loch von cirka 20 Millimeter Durchmesser und 350 Millimeter Tiefe war mein ganzes Werk; aber keine Kohle. Ich setzte den Pickhammer nochmals an, diesmal schräg zum Kohlenstoß. Ein paar Kohlen rollten herab. Ich stemmte den Pickhammer wieder hoch. Ran an den Kohlenstoß mit aller Kraft, mit letzter Kraft. Obwohl ich die Zähne zusammenbiß, die Luft in die Lunge preßte, mein damals bescheidenes Körpergewicht voll mit einsetzte, alles, um das Spissel des Pickhammers in den Kohlenstoß zu jagen und Kohle zu gewinnen. Die Arme begannen zu zittern. Die Muskeln gehorchten dem Willen nicht mehr, der Pickhammer rüttelte mich durch und durch. Jetzt mußt du den Pickhammer fallen lassen, dachte ich. In dem Moment griff eine Hand mit an den Griff des Pickhammers. Sofort hörte der Hammer mit Rütteln auf und jeder Schlag des Kolbens trieb das Spissel in den Kohlenstoß. Meister Lässig hatte am Klang des Hammers gehört, was mit mir los war und mit zugefaßt. Verzweifelt schaute ich ihn an. „Nicht schlecht für das erste Mal", sagte er und nickte mir aufmunternd zu. „Der Nächste", rief er. Und wieder ratterte der Pickhammer. Nach cirka fünf Minuten wieder: „Der Nächste." Langsam erholte ich mich.
„Die, die gepickert haben, beginnen einzusacken", rief der Meister. Wir suchten im Abbau nach Schaufeln. Der Bergmann benutzt zum Kohleschaufeln eine sogenannte Herzschaufel, so steht es im Fachbuch. Der Bergmann sagt zu dieser Herzschaufel ‚Weiberarsch'. Die Schaufel ist überdimensioniert. Sie wird über Tage nicht benutzt. Weiter kann ich dazu nichts sagen. Schließlich bin ich kein Schriftsteller.
Wir schaufelten also die Kohlen weg in eine Schüttelrutsche. Sie wird von einem Druckluftmotor angetrieben und bewegt Förderbleche so, daß in diesen die Kohle rhythmisch in Förderrichtung transportiert wird.
„Stop jetzt!" rief Meister Lässig. „Jetzt wird erstmal der ausgekohlte Raum vor Einsturz gesichert." Wir mußten Holz heranschleppen und die Abbaustempel so zuschneiden, daß das freigelegte Dach, das ist das Gestein, das über der Kohle liegt, vor

Hereinbrechen gesichert und verbaut werden kann. Leichtsinn an dieser Stelle hat schon zu schweren und tödlichen Unfällen geführt. Diese Arbeit bewältigten wir leichter, da wir sie bereits in der Holzwerkstatt geübt hatten.
„Immer senkrecht zum Dach und zur Sohle müssen die Stempel stehen", ermahnte uns unser Meister. „Nur so bringen sie ihre volle Wirkung und können nicht leicht weggeschoben werden." Als die Schicht zu Ende war, schätzte Meister Lässig die Arbeit nochmals ein, machte auf Fehler aufmerksam, verwies immer wieder auf die Sicherheit und versprach uns, daß wir allesamt prächtige Bergmänner werden würden. Wir hatten zu siebt plus Meister noch nicht einmal 50 Prozent der Norm eines Hauers geschafft.
Wir krochen geschlossen mit unserem Meister aus dem Abbau. Als ich das erste Mal wieder aufrecht stehen konnte, wollte das nicht mehr so recht gehen. Der Rücken schmerzte an mehreren Stellen zugleich. Mit seinem geschlagenen Haufen zog Meister Lässig zum Hauptschacht und brachte uns über Tage.
Was soll ich sagen – Meister Lässig hat recht behalten. Wir sind gute Bergleute geworden, denke ich, obwohl es nach der ersten Grubenschicht wirklich nicht so aussah.
Lehrjahre sind keine Herrenjahre, so klingt es aus vergangenen Zeiten, als es darum ging, den Lehrlingen, die eine Lehrstelle gefunden hatten, neben fachlichen Fertigkeiten vor allem Unterordnung, Gehorsam und den deutschen Untertanengeist anzuerziehen.
Wir alle wissen aus persönlicher Erfahrung, daß gerade die Lehrzeit junge Menschen entscheidend beeinflußt in ihrer komplexen Persönlichkeitsentwicklung. Hier werden alle Dinge außerordentlich kritisch bewertet. Wir versuchen, den Menschen, die um uns waren, in das Herz zu schauen. Reden sie nur so, weil sie denken, es zu müssen, oder sind sie überzeugt von dem, was sie sagen? Anhand von persönlichen Erlebnissen werden Einsichten gewonnen, Ableitungen für das eigene Handeln getroffen. In diesem Alter bilden sich Überzeugungen heraus, die sich fest eingraben in die Seelen und noch nach Jahrzehnten be-

wußtes oder unbewußtes Handeln auslösen in diesem Sinne, im Sinne dieser in der Jugend gewonnen Überzeugung.

Nicht umsonst hatte der Faschismus die Herzen junger Menschen mit allen zur Verfügung stehender Mittel zu vergiften versucht. Die bürgerlichen Ideologen geben diesen Kampf bis heute nicht auf.
Gern erinnere ich mich an unsere FDJ-Versammlungen mit bewährten Antifaschisten, unseren Lehrer und Meistern. So wollten wir wissen, wer Martin Hoop war, dessen Name unser Betrieb und andere Einrichtungen der Stadt Zwickau und darüber hinaus trugen. Wir besuchten seine Todeszelle im Schloß Osterstein, legten Blumen nieder und erfuhren, daß Martin Hoop am 14. April 1892 in Legerdorf geboren wurde. Von Beruf war er Elektriker. Bereits in jungen Jahren wurde Martin Hoop Mitglied der Kommunistischen Partei Deutschlands. Von seiner Partei mit wichtigen Funktionen betraut, war er bis 1933 Unterbezirkssekretär der KPD in Zwickau. Am 06. Mai 1933 wurde er von den Faschisten verhaftet und zu Tode gefoltert. Das ist die kurze Lebensgeschichte von einem der vielen treuen Söhne der Arbeiterklasse, die Gefängnismauern, Terror und Folter nicht brechen konnte.
Im Geschichtsunterricht und an FDJ-Nachmittagen erfuhren wir Einzelheiten des revolutionären Kampfes der Bergarbeiter um die Befreiung von der Ausbeutung. Die Vermittlung eines vom Standpunkt der Arbeiterklasse richtigen Geschichtsbildes an uns jungen Menschen war ein wichtiges Anliegen kampferprobter, erfahrener Kommunisten. Ausschlaggebend für eine positive, langanhaltende Wirkung ist, daß die Moral, von der gesprochen wurde, die kommunistische, auch von dem, der erzählt, gelebt wird.

Am 17. April 1945 besetzten amerikanische Truppen die Stadt Zwickau. Auf den Schachtanlagen standen die Seilscheiben der Fördertürme still. Aber die Bergleute wußten, wenn nicht ständig Aufrechterhaltungsarbeiten unter Tage durchgeführt wur-

den, dann zerstört in wenigen Wochen und Monaten, manchmal auch in Tagen der gewaltige Druck der Gebirgsmassen die untertägigen Grubenbaue mit ihren technischen Einrichtungen. Wenn überhaupt eine Wiederaufwältigung der Abbaue und Strecken möglich ist, dann kostet das viel Zeit und Mittel. Auch das Wasser ist ein Feind des Bergmanns und muß ständig nach über Tage gepumpt werden.
Klassenbewußte Bergarbeiter fanden sich unter großen Schwierigkeiten auf den Schachtanlagen ein, um die Gruben am Leben zu erhalten. Aus eigener Initiative versuchten in Zwickau antifaschistisch-demokratische Kräfte Betriebsräte zu bilden. Sie hißten die rote Fahne auf dem Förderturm. Die amerikanische Besatzungsmacht gab den Befehl, die rote Fahne vom Förderturm wieder herunterzuholen. Am 1. Juli 1945 rückten dann sowjetische Truppen in Zwickau ein. Das Bestreben der antifaschistisch-demokratischen Kräfte, sich politisch zu organisieren, stand nichts mehr im Wege.
Die Wirtschaft wieder in Gang zu bringen, hieß vor allem, Kohle zu fördern, um Dampf und Elektroenergie produzieren zu können. Ohne sie drehte sich kein Rad. Die Wiederaufnahme der Steinkohleförderung und die schnelle Steigerung der Produktion waren zur Tagesfrage geworden. Bergarbeiter übernahmen von heute auf morgen höchste Verantwortung. Sie wurden mit Problemen fertig, die wir heute kaum noch ermessen können. Und dabei denken wir doch, Hand aufs Herz, heute sind unsere Probleme die größten. Die Menschen hungerten. Der Arbeitsweg betrug zehn Kilometer und mehr. Er mußte zu Fuß zurückgelegt werden. Die Nazis hatten die Gruben abgewirtschaftet und technisch verschlissen. Ersatzteile gab es nicht. Sowjetische Genossen halfen oft über die schwierigsten Probleme hinweg. Genosse Walter Ulbricht sagte am 1. Dezember 1946 auf der Bergarbeiterkonferenz der sowjetischen Besatzungszone: „... und ich glaube, es ist ein Erfolg der Bergarbeiter, und das ganze deutsche Volk wird ihnen dankbar sein, daß sie im letzten Jahr, trotz des Fehlens von Ersatzteilen, trotz aller Schwierigkeiten, die Betriebe weitergeführt und die Produktion sogar gesteigert

haben. Ich denke, daß das Beispiel, das die Bergarbeiter und die Leitungen im Bergbau dieses Jahr geschaffen haben, ein Vorbild für ganz Deutschland ist. Es ist der Beweis erbracht, wenn die Betriebe in den Händen des Volkes sind und die fähigsten Kräfte aus den Kreisen des werktätigen Volkes und der technischen Intelligenz die Leitung in den Händen haben, daß es dann vorwärts geht, daß heißt, es ist auf dem Gebiet des Bergbaus der Beweis erbracht, daß wir uns mit unserer demokratischen Wirtschaftsplanung auf dem richtigen Weg befinden…"

Hauer

Im Jahr 1956 legten wir die Junghauer-Prüfung ab. Nun begann der ‚Ernst des Lebens', wie man so schön sagt.
Unser Klassenkollektiv war die drei Lehrjahre durch dick und dünn gegangen. Zwei Jahre war ich FDJ-Sekretär der Klasse. Ich kannte von jedem die Schwächen, aber auch die Stärken.
Wenn so ein Kollektiv wieder auseinanderging, das sind Augenblicke, wo man traurig ist. Aber das kommende, das noch Unbekannte hält uns bereits in seinem Bann. Einige von uns gingen zu einem Sonderstudium und wurden Lehrer. Andere nahmen ein Studium an der Arbeiter- und Bauernfakultät auf, gingen später an Hochschulen unseres Landes und der Sowjetunion. Das Gros von uns nahm seine Arbeit im Schacht wieder auf. Mein Einsatz erfolgte in der Brigade ‚Edgar Andree'. Als Junghauer wurde ich einem erfahrenen Hauer zugeteilt. Hauer arbeiten im Zwei-Schicht-System, Frühschicht und Mittagschicht im Wechsel. Um auf Leistung zu kommen, wurde die Norm im ersten Monat auf 60 Prozent der technisch begründeten Arbeitsnorm festgelegt. Im zweiten Monat wurde die Norm auf 80 Prozent, im dritten auf 90 Prozent gesteigert. Aber dem vierten Monat hatten wir die gleiche Norm wie alle anderen Hauer. Bei der ersten Schicht auf eigenen Füßen war mir klar, daß hier ein anderer Wind wehte, als auf unserem Lehrschacht. Bevor ich alle Vorbereitungen zum Arbeitsbeginn gemacht und das Gezähe, wie Pickhammer, Schaufel, Kaukamm und Säge zusammengesucht hatte, arbeiteten sich die anderen bereits in den Kohlenstoß hinein. Der Förderer konnte die Kohlenmassen kaum schaffen. Als ich den ersten Bau setzte, hatten die anderen bereits drei und mehr Baue stehen. Hier konnte ich nur etwas werden, wenn ich mir die Fertigkeiten der Routiniers aneignete. Ich begann, meinen Nebenmann zu beobachten und erkannte schnell, wo meine Fehler lagen. Ich arbeitete weiter, verbissen und wandte Kraft an, wo etwas mehr Köpfchen besser am Platze gewesen wäre. „Komm rüber, frühstücken!" rief mein Nebenmann. Ich schüttelte den Kopf. ‚Nein' konnte ich nicht sagen, mein Hals war total trocken.

Da packte er mich am Oberarm und zog mich einfach vom Stoß weg. Mein Gott, hat der einen harten Griff! Hier Widerstand zu leisten, war von vornherein sinnlos. Ich kletterte über den Förderer, suchte mir eine Holzschwarte, setzte mich darauf und trank tiefe, tiefe Züge herrlich schmeckenden Malzkaffees aus meiner Butt.
„Nicht so hastig trinken. Du schwitzt nur noch mehr, Geselle. Und zum Ende der Schicht nimmt der Durst zu, dann hast du nichts mehr", sagte mein Alter. Als er das sagte, sah er mich nicht an, sondern vor sich hin. Wir aßen schweigend unsere Schnitten. Auf dem Förderer kamen kaum noch Kohlen. Ein Zeichen, daß auch die anderen jetzt Frühstück machten.
„Es ist falsch zu glauben, wenn man nicht ißt, bringt man mehr Leistung. Du kannst es mir glauben. Ich mache seit über zehn Jahren Kohlen." Ich sagte darauf nichts. Er hat bestimmt recht und für Konversation fehlte mir eigentlich alles in dem Moment. Übrigens, der Begriff ‚Alter' und ‚Geselle' haben auf dem Schacht ihre eigene Bedeutung. Für den Begriff ‚Alter' kann man auch sagen Vorgänger oder Vorarbeiter. ‚Geselle' hat die Bedeutung wie zweiter Mann, Handlanger und so. Der Begriff ‚Alter' hat auf dem Schacht mit dem eigentlichen Alter in Jahren nichts zu tun. Der Alte kann auch ein Jüngerer sein. Wenn ich jemand mit ‚Alter' anspreche, dann ist das eine Respektsbezeugung. Vor Jahren bin ich einmal mit einem Besucher eingefahren. Etwa 80 Prozent der Kumpel, die ich traf, sprach ich mit ‚Glück auf, Alter' an. Als wir wieder über Tage waren, fragte mich mein Begleiter: „Wieso sagst du zu jedem ‚Walter'? So heißen die Kumpel doch nicht alle, unmöglich." Ich erklärte ihm, was es mit dem ‚Alten' auf sich hat. Wir lachten und er sagte: „Bei der nächsten Grubenfahrt sage ich auch zu jedem ‚Glück auf, Alter'."
Das Frühstück tat mir gut. Der Steiger kam vorbei und sagte: „Glück auf, ihr Männer. Alles in Ordnung?" „Holz fehlt, das reicht noch nicht", sagte mein Alter. Der Steiger sah sich um und nickte. „Und dein Geselle, schafft er seine Meter?" fragte der Steiger. „Schafft er", sagte mein Alter. Mit mir redete niemand. Der Steiger ging weiter. „Wollen wir wieder." Mein Alter ging

ohne ein weiteres Wort an die Arbeit. Auf dem Förderer kamen bereits wieder Kohlen. Mir fiel das Aufstehen schwer. Aber ran ging es, sogar besser als vorher. Trotzdem – als mein Alter mit seinen Metern, das ist die ausgekohlte Länge des Kohlenstoßes, fertig war, standen bei mir noch drei Meter Stoß an. Er drehte sich um und arbeitete mir entgegen. Ich konnte ihn aus nächster Nähe beobachten. Er arbeitete ruhig und gleichmäßig. Die Bewegungen waren ruhig und rationell, jeder Griff saß. Obwohl ich meinte, schneller zu arbeiten, brachte er mehr fertig. Als wir die letzten Baue stellten, kamen die ersten Hauer bereits durch den Abbau in Richtung Hauptschacht.
„Du hängst wohl heute durch", riefen sie meinem Alten zu. Der reagierte nicht. Natürlich hing er wegen mir durch. Aber ich hatte meinen Alten richtig in das Herz geschlossen. Er hatte mir echt geholfen, und die anderen in der Brigade wußten das natürlich auch. Doch wir kamen noch pünktlich am Füllort des Hauptschachtes an und fuhren in der Reihenfolge, wie wir einfuhren, auch wieder aus. Gerne hätte ich meinem Alten Dankeschön gesagt, bloß ich hatte Hemmungen. Es war alles so selbstverständlich, was er tat.
Von Tag zu Tag wurden meine Leistungen besser und stabiler. Ich brachte meine Meter. Der Steiger sah sich meinen Ausbau gründlich an, fragte mich, ob ich nicht Lust hätte, auch sonntags mal eine Schicht zu fahren. In der Grube muß immer jemand anwesend sein, um Sicherungsarbeiten durchzuführen. „Ich werde mit meinem Alten sprechen", gab ich zur Antwort. Der Steiger nickte. Zum Frühstück fragte ich meinen Alten, was ich tun sollte. „Ich werde mit dem Steiger reden, daß wir zusammen am Sonntag einfahren können. Ich zeige dir dann alles, was zu tun ist", sagte er. Ich nickte.
Mit der Routine und der Leistung kam auch der Leichtsinn. Ich riß die Kohlen heraus, ohne auszubauen. Wenn mal kein Holz da war, störte mich das auch nicht weiter. Wenn die Kohlen rollten, dann rollte auch der Rubel. Verdienen wollte ich, und möglichst viel. Ein Motorrad, Marke Jawa CZ, ist mein Traum. Das viele Gerede über Sicherheit ist was für welche, die selbst noch keine

Kohlen gemacht hatten. Hin und wieder einen schweren Unfall gab es auf dem Schacht bei cirka sechstausend Mann Belegschaft. Und die sind auch nicht immer beim Kohlen passiert – also, was soll es. Eines Tages warf mein Alter den Pickhammer weg, kam zu mir, stellte einen Fuß auf meine Schaufel und knurrte mich an: „Werd nicht von Tag zu Tag leichtsinniger. Jetzt wird erst ausgebaut, bevor weitergekohlt wird!" Dabei blickte er mir direkt in die Augen. Der ist imstande und kracht mir eine, fuhr es mir durch den Kopf. Ich senkte den Blick zuerst, suchte Kaukamm, Säge und Holz und baute den ausgekohlten Raum normgerecht aus. Natürlich hatte er recht. Ich wußte es genau. Passiert mir nicht wieder, dachte ich. Vor Schichtbeginn gab der Brigadeleiter jedem Hauer seinen Kubikmeter-Zettel vom Vortage. Darauf stand das Datum, die Norm, in welcher der Hauer gearbeitet hat und die Kubikmeter, die er geschafft hat und die Prozente natürlich der Normerfüllung. Jeder kann sich täglich seinen erarbeiteten Lohn selbst errechnen. Dieser kleine Zettel ist wie eine Quittung für die persönliche Leistung des Vortages und half mehr als gute Worte, sich erneut anzustrengen. Wirksame Lohnsysteme, die leider komplizierten weniger überschaubaren weichen mußten.

Der sozialistische Wettbewerb war allgegenwärtig. Er wurde von Mann zu Mann, von Brigade zu Brigade und Revier zu Revier und unter den Betrieben der VVB geführt. Die Auswertung erfolgte täglich, vor allem aber für alle überschaubar in der Öffentlichkeit.
Mein Alter, Rolf Eßbach hieß er, hatte nach einer Hochleistungsschicht, während der er einen neuen Rekord aufstellte, ein Radio als Prämie erhalten. Als er nach vollbrachter Leistung ausfuhr, abgekämpft – ganz klar, warteten auf der Hängebank der Parteisekretär, der Werkleiter und der BGL-Vorsitzende mit Blumen und dem Radio. Rolf erhielt von allen Glückwünsche. Im Nu von den Kumpeln umringt, wurde ihm die Hand geschüttelt und auf die Schulter geklopft. Er sagte mir im Vertrauen, als ich fragte, wie man sich da so fühle und wie das so sei: „Im ersten Moment war ich erschrocken, danach habe

ich mich natürlich riesig gefreut. Kein Wort habe ich herausgebracht, habe alle um mich herum nur angegrinst. Nicht das Radio war wichtig; ich hätte es mir auch selbst kaufen können, aber daß meine Arbeit so anerkannt wird, das habe ich gefühlt, war das Größte für mich." Rolf Eßbach, mein Alter, hat mehrfach Auszeichnungen erhalten. Er ist mehrfacher Aktivist und Meisterhauer. So wie er, so wollte ich auch werden.
Nach und nach hatte ich mich an die schwere körperliche Arbeit gewöhnt. Meine Leistungen lagen inzwischen bei 130 bis 140 Prozent. Eine mittlere Leistung. Die Spitzenleistungen lagen zwischen 150 und 180 Prozent. Wöchentlich wurden die Hauer mit den höchsten Leistungen in der Betriebszeitung namentlich veröffentlicht. Jeder Einzelne war uns bekannt, so wie heute die besten Fußballer auf der Torschützenliste.
Meine Kollegen in der Brigade erkannten mich an. Der Kontakt war da. Es war an vielen kleinen Dingen zu spüren. Es war ein gutes Gefühl, zu einem Kollektiv zu gehören, wo sich einer auf den anderen verlassen konnte. So ein Kollektiv entstand nicht von allein. Es bildeten sich Persönlichkeiten heraus. Es trennte sich der Spreu vom Weizen. Es wurde nicht ewig an jemandem herumerzogen. Wer nicht zur Brigade paßte, sich ihr nicht unterordnete, der wurde wieder ausgestoßen, oder sagen wir vorsichtiger, der Betreffende wurde weitergereicht, was das Gleiche war. In der Brigade gab es eine Rangfolge, ohne daß darüber je einer sprach. Nicht der Brigadeleiter war unbedingt der, der das absolute Sagen hatte. Ich bin kein Soziologe, aber meine spätere Praxis als Leiter von Kollektiven hatte mich gelehrt, möglichst schnell die wirklichen Persönlichkeiten in einem Kollektiv zu ermitteln. Es waren nicht die, die am lautesten schrieen oder die, die ständig das Wort führten, sondern es waren solche Leute, die durch ihr persönliches Beispiel, weniger durch Reden, die anderen Kollektivmitglieder in den meisten Fällen positiv beeinflußten.
Mein Alter, Rolf Eßbach, was so eine Persönlichkeit. Wenn es darum ging, eine schwierige Situation, zum Beispiel in der Planerfüllung, zu meistern, dann kam der Steiger, der alte

Fuchs, zu Rolf. Der Steiger erklärte dann, wo unser Revier in der Planerfüllung hinge, oder wo das Nachbarrevier Vorsprung hatte. Und wenn mein Alter nickte und sagte: „Ist gut, ich fahre zum Sonntag an", dann wußte der Steiger, mindestens 80 Prozent der Brigade kam am Sonntag zur Arbeit.

Wenn mein Alter anfuhr, fuhr auch ich an. Nichts konnte mich da abhalten, auch wenn ich am Sonntag dann sehr müde war, denn sonnabends ging ich tanzen und die Fünf-Tage-Arbeitswoche kam erst zehn Jahre später.

Wichtig für die Planerfüllung der Brigade und des Reviers war die Einhaltung des technologischen Regimes. In den Abbauen mußte ein sogenannter Zyklus gefahren werden. Das bedeutete, daß in der Regel nach ein bis zwei Tagen die gesamte Länge des Abbaus in einer Tiefe von 1,30 Metern ausgekohlt war und in der Nachtschicht der Förderer wieder an den Kohlenstoß gebracht werden kann. Danach wurde gebohrt und gesprengt. Die Hauer, die zur Frühschicht einfuhren, fanden wieder einen frisch gesprengten Kohlenstoß vor und konnten aus Leibeskräften Kohle fördern. Wurde dieser Zyklus durchbrochen, dann waren die Förderausfälle beträchtlich und führten zu Planschulden. Plan war Gesetz. So kannte ich es und nicht anders. Nun gab es aber keinen absolut störfreien Betrieb. Wir, unsere Brigade, hatten es fertiggebracht, bei einer längeren Störung am Förderer zum Beispiel wieder auszufahren, nachts wieder anzufahren, danach kurz in die Mittagsschicht und wieder in die Frühschicht zu dritteln. Und unsere Brigade war nicht die Ausnahme auf dem Schacht. Die Einhaltung des Zyklus, des technologischen Regimes, war uns heilig.

Die Leitung des Schachtes wußte natürlich um die Wichtigkeit der Einhaltung des Zyklus. Es wurde im VVB-Maßstab die Zyklusprämie eingeführt. Mit Prämien waren wir reich gesegnet. Wöchentlich ging ich bei der Kasse vorbei und fragte nach Prämien. Eine Seltenheit, wenn mal keine vorlag.

Der rote Stern auf dem höchsten Punkt des Schachtes, dem Förderturm, war ein Symbol der Macht der Arbeiter und Bauern, war ein Symbol der befreiten Arbeiterklasse von Ausbeutung

und Unterdrückung. Dieses Symbol hatten sich die Kumpel auserkoren als weithin sichtbares Zeichen ihres Ringens um die Erfüllung und Überbietung der Planaufgaben. Jeden Morgen, zwischen 5 und 6 Uhr, wenn die Busse auf den Schacht rollten, war der erste Blick aller Kumpel zum Stern. Brannte er, dann wurde am Vortage der Plan erfüllt. Ganz ehrlich, wenn der Stern mal nicht brannte, also der Plan am Vortag nicht erfüllt wurde, dann war man mit sich und allem darum herum nicht zufrieden. Der rote Stern hatte eine größere Wirkung, als sich mancher eingestehen wollte. Aber uns Bergleuten zur Ehre kann ich sagen, daß der rote Stern die meiste Zeit des Jahres brannte und weithin verkündete, daß die Kumpel vom Martin-Hoop-Schacht ihre schwierigen Aufgaben meisterten.
Der Bergmann befand sich bei seiner Arbeit in ständiger Auseinandersetzung zur Natur. In 800 bis 1.000 Metern Tiefe herrschten Bedingungen, die nicht in jedem Falle vorher berechenbar waren. Grubenkatastrophen, selbst in der Gegenwart, beweisen das. Der Ausbau aus Holz und Stahl konnte natürlich das Gewicht der darauf ruhenden Gesteinsmassen nicht tragen. Das Gebirge verspannte sich selbst. Lediglich die sich entspannenden Gesteinsmassen mußten abgestützt werden. Mitunter war das aber auch so viel, daß der Ausbau dem Druck nicht standhielt und die Grubenbaue zusammengedrückt wurden.
Es war eine Schicht wie jede andere, als mein Alter zu mir kam, mir ein Zeichen gab, die Arbeit einzustellen und das Haltesignal für den Förderer betätigte. Der Förderer blieb stehen. Rechts und links von uns hörten die Hauer auf zu arbeiten.
„Merkst du was?" fragte mich mein Alter.
Ich konnte nichts außergewöhnliches feststellen und wußte nicht, was er meinte. Hinter uns brachen zwei Holzstempel. Eigentlich war das nichts außergewöhnliches. Das passierte schon öfter. So ein Stempel hat einen Durchmesser von zehn bis 20 Zentimeter. Wenn der unter zu hohem Druck zerknickt, dann gibt das ein Geräusch, das irgendwie unangenehm ist. Es signalisiert Gefahr.
„Abbau sichern!" rief mein Alter. Sofort wußte ich, um was es ging. Ich schleppte Holz heran. Wir sägten die Stempel auf die

richtige Länge und schlugen sie unter die Kappen. Wir arbeiteten verbissen, ohne zu sprechen. Wir keuchten vor Anstrengung. Der Steiger war bereits zweimal an uns vorbeigelaufen, hatte kurz geschaut, nichts gesagt. Auch alle anderen Kumpel im Abbau arbeiteten konzentriert und schnell. Alle wußten wir, in den nächsten zehn bis zwanzig Minuten entscheidet sich, ob unser Abbau stehenbleibt, daß heißt, ob die Stempel dem Druck des Gesteins genügend Widerstand leisten oder ob das Gebirge hier alles zusammendrücken wird. Sicherlich war wieder die periodische Entspannung des Gebirges über dem Abbau im Gange. Es war nichts außergewöhnliches, aber manchmal doch nicht beherrschbar durch den Menschen.
Die, die wir hier versuchten, durch das Schlagen von Sicherungsstempeln diesen Naturvorgang in seinen Auswirkungen abzuschwächen und zu begrenzen, wußten genau, welches Risiko wir eingingen. Wenn die Entspannung des Gebirges statt kontinuierlich schlagartig auftrat, waren die Chancen, hier lebend herauszukommen, gering. Inzwischen war der Abbau insgesamt um mindestens zwanzig Zentimeter zusammengedrückt worden. Weitere Stempel um uns herum waren gebrochen. Andere waren durch den Druck ein Stück in die Sohle eingedrückt worden, die ich leicht untergeschlagen hatte, waren im nächsten Moment wie angebrummt.
Der Steiger war wieder neben uns. Mein Alter hörte plötzlich auf zu arbeiten. Er stand da, den Kopf gesenkt und lauschte, ist aufs äußerste konzentriert. Nun begann es rings um uns zu ticken, oder wie sollte ich es sonst bezeichnen. Alle Kappen und Stempel gaben irgendwelche gequälte Laute von sich. Auch das Gestein selbst vibrierte.
Stempel begannen, in der Länge aufzuspalten. Andere knickten unter dem hohen Druck aus. Wieder andere drehten sich einfach zusammen, wobei das Holz in seiner Längsachse regelrecht zerfaserte.
Vom Dach fielen jetzt kleine Gesteinsplatten. Sie schlugen mit hellem Klang auf die Sohle. Das Dach blätterte immer mehr auf. Schalen lösten sich, wie bei einer Zwiebel. Es waren sicherlich

nur wenige Sekunden, wo ich das alles um mich wahrnahm.
Mein Alter und der Steiger sehen sich an.
„Schluß machen", sagte der Steiger und mein Alter nickte.
„Ich nehme die Leute mit zur Kopfstrecke. Du kannst sie zur Fußstrecke mit rausnehmen." Der Steiger wußte, daß er sich auf Rolf Eßbach verlassen konnte. „Aber macht schnell!" rief er noch, dann lief er los.
„Lampe mitnehmen – und los. Schnell!" rief mein Alter. Wir liefen in Richtung Kopfstrecke los. Es sind etwa fünfzig Meter bis dahin. Rolf Eßbach nahm die Kumpel, die noch im Abbau waren, mit. Sie wußten, daß es ernst war. Plötzlich ein schwerer Schlag. Alles vibrierte. Ein Geräusch, wie fernes Donnergrollen. Dann krachte es auch schon hinter uns. Die letzten zehn Meter wurden zur Flucht. Endlich in der Kopfstrecke! Mein Alter verließ als Letzter den Abbau. Da verspürten wir eine Druckwelle. Ein weiteres Krachen und Getöse drang aus dem Abbau. Später, als alles vorbei war, erfuhren wir, daß ungefähr sechzig Meter Abbau in voller Breite zu Bruch gegangen waren. Aber noch war nicht alles vorbei. „Sind die anderen nach der Fußstrecke rausgekommen?" fragte ich. Keiner gab mir Antwort. Ich war aufgeregt. „Geht weiter in die Strecke rein!" rief Rolf Eßbach. Die Kumpel liefen noch etwa 100 Meter in die Strecke hinein.
Dort, wo der Abbau in die Kopfstrecke mündete, fing es jetzt auch noch zu krachen an. Es hörte sich an wie Schüsse. Ich traute meinen Augen nicht. Die Streckenstempel, drei Meter lang, richtige Bäume, wie im Hochwald, cirka 40 Zentimeter im Durchmesser, spalteten der Länge nach auf, brachen im unteren Drittel nach der Seite weg, so daß es aussah, als wären sie in die Knie gesunken. Kappen brachen herunter. Gesteinsmassen verfüllten im Nu den offenen Raum. Etwa sechs Meter Kopfstrecke waren mit zu Bruch gegangen. Das Gebirge, daß durch die Gewinnung der Kohle unterhöhlt und in seinem Hunderte von Millionen Jahren währenden Schlaf gestört wurde, hat sich wieder aufgelegt und gegenseitig verspannt. Das Gebirge hörte auf zu schlagen. Das Vibrieren war weg. Wäre nicht das traurige Bild der teilweise zu Bruch gegangenen Kopfstrecke gewesen, man hät-

te alles für einen schlechten Traum halten können. Der Steiger kam angelaufen. Er rang nach Luft. Ging zu Rolf Eßbach. „Ist jemand verletzt?" „Nein, alles in Ordnung", sagte mein Alter. „In der Fußstrecke ist nichts zu Bruch gegangen. Alle sind wohlauf", wandte sich der Steiger an seine Kumpel. „Weiter. Sichert erstmal die Bruchkante hier. Ich gehe den Dispatcher anrufen, um eine genaue Meldung zu machen." Sein Auftrag wurde sofort erledigt. Nun kam auch der Brigadeleiter aus der Fußstrecke. „Hört her", wandte er sich an uns, „ich sage euch jetzt die Drittel an, wie wir anfahren." Er teilte vier Schichten ein: 6 Uhr, 12 Uhr, 18 Uhr und 24 Uhr jeweils Beginn und nannte zur jeweiligen Schicht die Namen der Kumpel, die zusammen arbeiten würden. Einem in jeder Schicht übertrug er die Verantwortung für die sach- und fachgerechte Durchführung der Arbeiten. Der machte dann den Alten in der jeweiligen Schicht. „Wir umfahren den Bruch von zwei Seiten", sprach der Brigadeleiter weiter. „Die 6 Uhr und die 12 Uhr Schicht bleiben hier und beginnen mit den vorbereitenden Arbeiten. Die 18 Uhr und die 24 Uhr Schicht fahren jetzt aus und fahren zu ihren Zeiten wieder an."
„Was geht denn jetzt los?" fragte ich meinen Alten. „Was soll losgehen? Wir sind die 12 Uhr Schicht, wir beginnen, den Bruch zu umfahren, also einen neuen Abbau in der Kohle voranzutreiben. Wir arbeiten, bis uns die 18 Uhr Schicht hier vor Ort ablöst." „Mensch, Rolf", sagte ich, „ich komm zu spät zum Tanz in die Neue Welt. Dort ist 18 Uhr Einlaß, und ich habe keine Karte." „Denkst du vielleicht, wir machen das zum Spaß?" knurrte mich mein Alter an. Aber ich ließ mich nicht einschüchtern. „Und morgen ist Sonntag", trumpfte ich auf. „Was für Sonntag?" fragte er mich. „Du kannst wieder an Sonntag denken, wenn der Abbau wieder steht und wir wieder Kohle fördern. Du weißt genau, wie notwendig unsere Wirtschaft jede Tonne Steinkohle braucht. Keinem von uns macht das hier Spaß. Aber als Kumpel können wir nicht anders handeln." „Ja, ja, ja, ist ja schon gut", sagte ich gedehnt. Und ich konnte mir nicht verkneifen noch zu bemerken: „Jede Schaufel Kohle mehr – ein Schlag gegen Adenauer." Mein Alter grinste. Aber sofort wurde er wieder ernst. „Los, pack

mit an", und sein Kommando galt. Es war seit dem Zu-Bruch-Gehen des Abbaus und eines Teiles der Kopfstrecke noch keine Stunde vergangen, da trafen der Grubenleiter, ein Mitarbeiter der Bergbehörde und ein Kollege der Arbeitsschutzinspektion bei uns ein. „Glück auf", grüßten sie uns und beleuchteten ausgiebig die Bruchmassen. Dann kamen sie zu uns und wollten von uns jedes Detail wissen, was und wie sich alles zugetragen hatte. Wir schilderten den Hergang so gut wir es konnten. Sie machten sich Notizen. Unser Brigadeleiter sagte, wir möchten mit der Umfahrung des Bruches beginnen. Alle Vorbereitungen waren bereits getroffen.
Die drei berieten sich kurz. Dann sagte der Mitarbeiter der Bergbehörde, daß er den Vorschlägen des Brigadeleiters zustimme und forderte noch einige zusätzliche Sicherungsmaßnahmen. Dann wandte er sich an uns Kumpel und sagte: „Also, ihr Männer, was ihr gemacht habt, war richtig. Ihr habt umsichtig gehandelt, wie erfahrene Bergleute. Das ist meine Meinung, mehr kann ich im Moment nicht dazu sagen." „Ihr könnt anfangen", sagte der Grubenleiter. In die Truppe kam Bewegung. Der Mitarbeiter der Bergbehörde ging auf meinen Alten zu. „Glück auf, Genosse Eßbach. Wie geht es dir und deiner Familie?" „Glück auf, Genosse Sonntag. Eigentlich ist alles in schönster Ordnung." Sie schüttelten sich die Hände. Genosse Sonntag war Bergreviersinspektor, war ein erfahrener Bergmann und hatte von der Pieke auf gelernt. Er und Rolf Eßbach kannten sich seit vielen Jahren gemeinsamer Bergbauzeit. „So, wie sich das Gebirge diesmal aufgelegt hat, das habe ich noch nicht erlebt. Bis zuletzt haben wir versucht, den Abbau zu halten. Aber es war umsonst." Mein Alter seufzte. „Ich weiß, Rolf", sagte Genosse Sonntag. „Es ist schwer für einen Bergmann, den Abbau aufzugeben. Aber du weißt, Menschenleben gehen nicht zu ersetzen. Und wer ist das?" Er deutete mit dem Kopf auf mich. Ich stand neben Rolf Eßbach und hatte mich keinen Millimeter von der Stelle gerührt, um ja auch alles mitzuhören, was da so gesprochen wurde. „Das ist mein Gesell seit etwa sechs Monaten", sagte mein Alter. „Glück auf, Bergmann." Genosse Sonntag gab mir

die Hand. „Glück auf", sagte auch ich und trampelte etwas verlegen auf der Stelle. Er sah mich noch immer an und fragte: „Wie alt?" Die Frage war berechtigt. Schließlich trugen wir alle das vornehme Schwarz des Kohlenstaubes, vermengt mit Schweiß und das bis in die kleinsten Fältchen. „16 bin ich, werde 17", gab ich brav zur Antwort. „Schon mir das junge Blut", sagte Genosse Sonntag zu meinem Alten. „Der zerrt aber schon mächtig an seinen Ketten", gab Rolf lachend zurück. „Ist kaum zu bändigen. Heute abend geht er noch tanzen." Beide lachten. Das mit dem Tanzen hätte er steckenlassen können, dachte ich. „Ich muß weiter, ihr Männer. Glück auf. Und Rolf, grüß deine Familie von mir." Genosse Sonntag eilte den anderen nach, die unterwegs zur Fußstrecke waren. Wir gingen an die Arbeit. Schließlich wollten wir noch zwei Baue setzen, bis uns die 18 Uhr Schicht ablöste. 19 Uhr sind wir dann ausgefahren und gegen 20 Uhr war ich in der Neuen Welt. Als ich dort zum Sitzen kam, merkte ich erst, wie sehr mir dieser Tag in den Knochen lag. Ich tanzte nur wenige Touren und gegen 23 Uhr zog ich ab nach Hause. Allein. Es war kein angenehmes Gefühl, daran zu denken, daß in fünf Stunden der Wecker bereits wieder klingelt und das am Sonntagfrüh. Aber in unserer Brigade zogen alle mit, keiner fehlte. Es gab kein großes Gerede um die Sache. Das Ziel bestand darin, so schnell wie irgend möglich die Kohlenförderung wieder aufzunehmen. Darin waren sich alle einig.

Bereits am Dienstag drehte sich der Förderer wieder. Noch hatte der Abbau nicht wieder die volle Länge. Aber bei jeder neuen Gasse wurde der Abbau sechs bis acht Meter in Richtung Kopfstrecke vorgetrieben. Nach einer weiteren Woche waren wir wieder auf voller Leistung und der Kampf um die Aufholung der eingetretenen Planrückstände begann. Unsere Brigade, die Brigade ‚Edgar Andree', hatte ihren vorderen Platz im Wettbewerb der Brigaden zu verteidigen. Aber, wie es im Volksmund so heißt: Ein Unglück kommt selten allein.
Zwei Wochen lief unser Abbau sauber im Zyklus. Sonntags in der Frühschicht fuhren wir zusätzlich an, und die Planrückstände

schmolzen zusammen. Da erfuhren wir noch kurz vor dem Einfahren, daß nach dem Sprengen des Stoßes der ‚nackige Arsch' zu sehen ist. Durch tektonische Störungen kommt es des öfteren vor, daß Kohlenflöze verworfen werden. Sie werden nach oben oder unten abgedrückt. Der Bergmann kommt dann urplötzlich an eine, meist glatte Gesteinsfläche, der er den bereits genannten Namen gab. So war es auch mit unserem Abbau. Die Kohlen waren plötzlich weg und wir sahen uns einer glatten Gesteinsfläche gegenüber, die über die gesamte Länge des Abbaus reichte. Solche Störungen mußten besonders gut ausgebaut und gesichert werden. Wir erfuhren vom Reviersteiger, daß die Gesteinsstörung zu groß war und mit dem Abbau nicht überwunden werden konnte.
Da auf dem gesamten Schacht kein Reserveabbau vorhanden war, wurde unsere Brigade auf mehrere andere Abbaue aufgeteilt. Ich war jetzt kein Anfänger mehr. Mein Alter hat mir manches beigebracht. Dazu kamen Routine, Kraft, Ausdauer. Schnell lag ich mit meinen Leistungen im Mittelfeld der Leistungen der anderen Brigademitglieder. Auch erkannte ich sofort, daß ich meistens an ungünstigen Stellen im Abbau eingeteilt wurde. Das sind Stellen, wo zum Beispiel das Dach aufgebrochen war oder beim Sprengen der Kohlestoß nicht gut gelockert wurde. Ich sagte aber kein Wort und brachte auch unter diesen Bedingungen gute Leistungen. Natürlich – alle im Abbau wußten, daß dies zusätzlich Kraft und Schweiß kostete. Bald wurde ich auch hier behandelt, wie alle anderen. Die Kumpel hatten den Neuen erstmal getestet. Eines Tages kamen der Steiger und der Brigadeleiter zu mir und fragten mich, ob ich nicht im Fußstreckenvortrieb arbeiten möchte. Der Fußstreckenvortrieb mußte dem Abbau immer einige Meter voraus sein. Dort wurde die Endrolle des Förderbandes befestigt, denn der Förderer des Abbaus transportierte die Kohlen auf dieses Fußstreckenband. „Wenn ihr so geschlossen ankommt und noch fragt, dann gibt's doch Probleme", sagte ich. „Also paß auf", meinte der Brigadeleiter. „Ich habe in den letzten drei Wochen bereits zwei Kollegen in den Fußstreckenvortrieb zum Pöhland, Max geschickt. Beide haben das Handtuch geworfen.

Oder genauer – der eine ist nach einer Woche nicht mehr hier, den zweiten hat der Max einfach weggeschickt." „Und vor den beiden – wer hat denn da bei Max gearbeitet?" bohrte ich weiter. „Sein Sohn, der Heinz, war zwei Jahre sein Geselle. Die haben sich aber gestritten, erzählen die Kumpel, und Heinz Pöhland fährt jetzt einen eigenen Vortrieb und macht dort selbst den Alten", sagte der Steiger. „Wann soll es denn losgehen?" „Gleich morgen", gab mir der Brigadeleiter zur Antwort. „Ist gut", sagte ich und arbeitete weiter. Es gingen mir aber noch eine Menge Gedanken durch den Kopf. Vielleicht habe ich auch zu schnell genickt? Bestimmt haben sie vor mir auch andere Hauer gefragt und die haben abgelehnt? Und ich bin ihnen auf den Leim gegangen. Wenn der Steiger oder der Brigadeleiter wieder vorbeikommen, dann versuche ich, die Sache abzuwimmeln. Kurz vor Schichtende kam der Steiger wieder an. „Hast du noch Fragen wegen morgen?" Kann der Gedanken lesen? Ich druckste erst und als ich loslegen wollte, begann bereits der Steiger: „Weißt du, das ist so. Da der Abbau in zwei Tagen etwa 1,30 Meter vorrückt, muß in der Fußstrecke täglich ein Meter Vortrieb gebracht werden. Also, ein Bau muß kommen. In der Regel machen das in der Früh- und Mittagschicht je zwei Kumpel. Der Max Pöhland aber mit seinem Sohn hat das zu zweit geschafft. Obwohl Max mit die höchste Norm hat, liegt er Monat für Monat bei 200 Prozent Normerfüllung und mehr. Mit Max habe ich des öfteren gesprochen, denn wie der wühlt, das hält kein Mensch auf Dauer aus. Aber Max ist stur. Bei ihm möchte niemand Geselle machen. Wenn du es dir anders überlegt hast, dann sag es mir jetzt." Wenn mir einer so kommt, kann ich schlecht Nein sagen. Und deshalb: „Ich versuche es", kam es über meine Lippen. „Dann bleibt es bei morgen", sagte der Steiger und ging weiter.

Am nächsten Tag fuhr ich ein, wie immer, kurz nach sechs Uhr. Mein Ausschauhalten nach Max Pöhland war umsonst. Er ist nirgends zu sehen. Ich lief mit den anderen zur Reviergrenze und die Fußstrecke entlang, Richtung Abbau. Etwa fünf Meter vor dem Abbau hörte ich einen Pickhammer rattern. Als ich im

Fußsteckenvortrieb ankam, zerkleinerte Max Pöhland bereits große Gesteinsbrocken, wie sie mitunter bei Sprengarbeiten im Vortrieb entstanden. „Glück auf!" rief ich, bekam aber keine Antwort. Vielleicht hatte er mich nicht gehört? Meinen Brotsack hing ich an einen Streckenstempel. Meine Arbeitskleidung ebenfalls. Im Vortrieb wurde nackt gearbeitet. Dort ist es wärmer als im Abbau, da die Wetter immer kurz ziehen und der Vortrieb in einem toten Winkel lag. Im Vortrieb mußte meistens mit Sonderbewetterung gearbeitet werden. Ehe ich zu arbeiten begann, aß ich eine Schnitte und trank einen Schluck Malzkaffee. Wenn man im Abbau arbeitete, war es meistens so, daß die gesamte Brigade vor Arbeitsbeginn noch etwas aß. Die meisten mußten ja früh zwischen vier und fünf Uhr aufstehen, um pünktlich auf dem Schacht zu sein. Die Kumpel hatten mitunter Wegzeiten von ein bis zwei Stunden. Die kurze Pause war insofern auch notwendig, da der Steiger und der Brigadeleiter nach Abschluß der Sprengarbeiten der Nachtschicht den Abbau auf Sicherheit kontrollierte und den Kohlenstoß für die Hauer einteilte.
Jetzt lief auch das Förderband an. Ich ging zu Max Pöhland. Er hörte kurz auf zu Pickern, sah mich an und sagte: „Bei mir beginnt die Arbeit sechs Uhr, hier im Vortrieb. Merk dir das. Dort drüben liegt die Schaufel." Er drehte sich um und pickerte weiter. So ein Blödmann, dachte ich. Wut stieg in mir hoch. Gleich wieder abhauen von hier, das wäre bestimmt das beste. Aber dann hätte ich beim Steiger und beim Brigadeleiter nicht so auf den Putz hauen sollen. Ich biß die Zähne zusammen und los. Ich schaufelte und schaufelte. Die Muskeln spielten. Der Schweiß rann in kleinen Bächen an mir herab und brach sich immer wieder Bahn durch den Kohlenstaub am Körper. Es ist unglaublich, wie viel ein Mensch schwitzen kann. Die Wärme war im Vortrieb fast unerträglich. Dazu kam eine relativ hohe Luftfeuchtigkeit. Da die Sonderbewetterung wenig wirksam war, die Luft quirlte, ohne daß ein Wetterstrom erreicht wurde, stand der Kohlenstaub, der beim Pickern aufgewirbelt wurde, in der Luft. Nase und Hals waren fast immer trocken und fingen an zu brennen. Der

Auswurf war schwarz. Ich schaufelte und schaufelte. Von Zeit zu Zeit schaltete ich geistig ab oder dachte an irgend etwas anderes. Wenn mir wieder ins Bewußtsein kam, daß ich schaufelte, dann war mir, als bestände mein Leben nur aus schaufeln. Im Abbau hat der Hauer die Kohlen etwa 1,50 Meter weit bis zum Fördermittel zu schaufeln. Im Vortrieb muß man die Kohlen mitunter fünf, aber auch sechs Meter weit schaufeln. Da man nicht so weit werfen kann, mußte ich mit der vollen Schaufel zwei und drei Schritte laufen, dann erst konnte ich werfen. Eine Viecherei war das. Bevor wir einen neuen Bau im Vortrieb stellen konnten, mußten zwischen zwölf und fünfzehn Kubikmeter Kohlen und Gestein auf diese Art und Weise weggeschaufelt werden. Selbst der fanatischste Schaufler bekam nach Stunden das ehrliche Bedürfnis, eine andere Arbeit als willkommene Abwechslung statt der Schaufelei auszuführen. Auch ich erwartete sehnsüchtig eine solche Möglichkeit. Max Pöhland hatte sich Holz herbeigeschafft, durch den Abbau hindurch; starke, drei Meter lange Streckenstempel. Wenn das Holz noch feucht oder frisch war, dann hatten zwei Mann mit einem solchen Stempel zu kämpfen. Ich legte die Schaufel weg und richtete mich auf. Das ging gar nicht so einfach, da ich das Gefühl hatte, in der Mitte einzubrechen, und wollte Max beim Einbauen der Kappe helfen. „Laß das. Schaufle du", knurrte Max Pöhland. Vor Wut hätte ich heulen können. Ich nahm also wieder die Schaufel in die Hand und schaufelte, schaufelte. Ich schaffte es, die Kohlen von dem neuen Bau abzufördern. Als ich die Schaufel weglegen wollte, konnte ich die Finger der linken Hand nicht mehr vom Schaufelstiel lösen. Ich mußte die rechte Hand nehmen und die Finger der linken Hand aufbiegen. Sie knackten dabei. Sie hatten sich regelrecht verkrampft. Max hatte den Bau ganz allein gestellt und bohrte jetzt mit der Druckluftturbine neue Sprenglöcher, die dann in der Nachtschicht mit Sprengstoff besetzt und gezündet wurden. Ich half ihm nicht dabei. Wie geprügelt schleppte ich mich zum Hauptschacht und fuhr aus. Ohne etwas zu essen ging ich in das Wohnheim, warf mich auf das Bett und war sofort eingeschlafen. Selbst im Schlaf zuckten meine Muskeln noch. Ich

schaufelte weiter.
Ich mußte meine ganze Kraft zusammennehmen, um am nächsten Tag wieder in diesen Vortrieb zu diesem Max Pöhland zu gehen. Auf mehr als zehn Worte pro Schicht hatten wir es nicht gebracht.
Ich arbeitete cirka drei Monate bei Max Pöhland. Ich hatte es durchgestanden. Er wurde krank. Was aus ihm geworden ist, weiß ich nicht.
Unsere Brigade erhielt einen neuen Abbau. Es war schön, wieder im alten Kollektiv zu sein. Auch Rolf Eßbach, mein Alter, war wieder dabei.
Die Leitung des Martin-Hoop-Werkes tat viel, um uns Kumpeln die Arbeit zu erleichtern. So wurde viel Geld und Kraft aufgeboten, um das Grubenklima zu verbessern. Die Temperaturen wurden nach und nach erträglicher. Moderne Fördermittel kamen in den Abbauen zum Einsatz. Auch dem Gesteins- und Kohlenstaub, einem Feind des Bergmanns, der die Silikose hervorrief, wurde der Kampf angesagt. An alle Arbeitspunkte wurde Wasser herangeführt. Vor Gestein durfte nur noch naß gebohrt werden. Der Kohlenstoß wurde vor dem Sprengen getränkt. Hochdruckpumpen pressten über Hochdruckschläuche das Wasser in den Kohlenstoß. An allen Übergabestellen wurden Berieselungsanlagen angebracht. Um die schwere körperliche Arbeit weiter zu reduzieren, wurden nicht wenige Versuche gemacht, Kohlegewinnungsmaschinen einzusetzen. Abgesehen von Teilerfolgen blieb der Einsatz dieser Technik sehr begrenzt, da die Lagerstätte im Zwickau-Oelsnitzer Revier mit ihren relativ zahlreichen tektonischen Störungen objektive Grenzen setzt. Trotz aller Schwierigkeiten – es wurde viel getan. Und wir Kumpel spürten die echte Sorge um die Verbesserung des Arbeits- und Gesundheitsschutzes und der technischen Sicherheit. Es galt, in den Schächten das hundertjährige Erbe des Kapitalismus zu überwinden. Wir unterstützten dieses Ringen mit allen Kräften.
In Anbetracht des selbstlosen und klassenbewußten Einsatzes der Kumpel bei der Wiederingangsetzung der Wirtschaft nach 1945 und des großen körperlichen Einsatzes unter Tage erhielten

wir eine Reihe sozialer Vergünstigungen. So erhielt jährlich jeder Kumpel 100 Zentner Braunkohlebriketts als Deputat, monatlich zwei Liter Trinkbranntwein; bei hoher persönlicher Normerfüllung konnte man auch vier bis sechs Liter im Monat erhalten. Wer noch keine 18 Jahre alt war, wie ich zum Beispiel, konnte seine Schnapsmarken in Schokoladengutscheine umtauschen. Meine Kumpel in der Brigade zogen mich manchmal damit auf. Aber was soll es, die Mengen Schnaps brachte ich nicht runter, aber die Schokolade konnte ich zur Not auch kauen – und schmecken tat sie. Jahre später allerdings hatte ich mein Trinkbranntwein-Deputat auch konsumiert. Eine weitere Stimulierung für die Arbeit im Bergbau war das Bergmannsgeld. Es wurde jährlich zum Tag des Bergmanns der DDR ausbezahlt. Es erreichte eine stattliche Höhe von 16 Prozent eines jährlichen durchschnittlichen Verdienstes, von Bergmannstag zu Bergmannstag gerechnet. Beim Fahren von Fehlschichten erfolgte Abzug. Eine Unterbrechung der Bergbauzeit bedeutete Verlust der Anwartschaft auf das Bergmannsgeld. Um 16 Prozent zur erreichen, mußten immerhin zwölf Jahre Grubenarbeit nachgewiesen werden. Auch die Bergmannsrente ist ein wichtiger Fakt; obwohl – wenn man jung ist, denkt man recht wenig oder gar nicht an Rente. Diese sozialen Maßnahmen und Erziehungsarbeiten, die in den Brigaden geleistet wurde, führten mit zu einer hohen Arbeitsdisziplin der Kumpel. Unzuverlässige Menschen oder welche, die ‚tricksen' wollten, sich ein gutes Leben auf Kosten der anderen leisten wollten, wurden schnell entlarvt. Sie hatten nur die Alternative, sich schnell zu ändern, sich dem Kollektiv unterzuordnen oder den Schacht zu verlassen. Ich halte das für gerecht.
Anläßlich des 1. Mai 1957 wurde ich als Aktivist des Fünfjahresplanes ausgezeichnet. Meine Brigade hatte mich eingereicht bei der zentralen Wettbewerbskommission des Betriebes und den Auszeichnungsvorschlag ausführlich begründet. Ich war in Hochstimmung. Die Freude war gewaltig. Natürlich gab ich in der Brigade einen aus. Die Zeche der Feier war weitaus größer als die Aktivistenprämie. Aber das war mir egal. Ich hätte die

Welt einreißen können. Ich, eine verdiente Auszeichnung, das tat gut.

Einmal hatte ich ein Ding gedreht, wo ich Glück hatte, mit einem blauen Auge davon gekommen zu sein. Es war Faschingszeit. Ich ging in die ‚Neue Welt' mit Faschingsmütze und -nase ausgerüstet. Es war ein herrlicher Abend. Die Kußfreiheit wurde maximal genutzt; Bier und Schnaps flossen. Zum Schluß wußte ich nicht mehr so richtig, was ich alles trank.

Faschingstanz ist mit Verlängerung; Ende zwei Uhr früh. Aber es war wirklich schön.

„Wir können noch in die Mitropa gehen", sagte einer. Wir stiegen in die Straßenbahn und fuhren zum Hauptbahnhof. In der Mitropa feierten wir weiter.

„Es wird hell draußen." „Was ist los?" fragte ich. Verdammt. Bereits nach fünf Uhr früh. Ich legte Geld auf den Tisch und sagte: „Macht's gut", klopfte auf den Tisch und lief los. Vor dem Bahnhof ging ich auf eine Taxe zu, stieg ein und ließ mich auf den Schacht fahren. Faschingsmütze und -nase hatte ich in der Bahnhofshalle in einen Papierkorb geworfen. Ich ging durch das Pförtnerhaus, zeigte meinen Betriebsausweis und hielt die Luft an, damit der Betriebsschutz meine Fahne nicht roch, einfahren, ab in Richtung Abbau.

Je länger ich lief, je wärmer wurde es, desto schlechter ging es mir. Ich kam in der Kopfstrecke an und stützte mich gegen einen Streckenstempel. „Was ist denn mit dir los?" fragte einer hinter mir. „Nichts", sagte ich, aber das war schon zuviel. „Moment mal", sagte der Kumpel, „hauch mich mal an." Jetzt erkannte ich Erwin. Er war ebenfalls in unserer Brigade. „Mir ist nicht gut, Erwin", sagte ich. „Besoffen bist du", sagte Erwin. „Wo warst du?" fragte er. „Auf dem Fasching", sagte ich, „wo sonst." „Paß auf, du bleibst jetzt hier und wartest, bis ich mit dem Brigadeleiter wieder hier bin. Rühr dich nicht weg, sonst kannst du was erleben." Erwin war richtig böse. So kannte ich ihn gar nicht. Wie man sich in den Menschen täuschen kann, ging es durch mein narkotisiertes Gehirn. „Setz dich hin", gab Erwin ein Kommando. Ich rutschte zusammen. Hier bringt mich bestimmt keiner wie-

der hoch. Mir war alles egal. Wenn mir bloß nicht so elend gewesen wäre. Dann wurde ich gerüttelt. Der Brigadeleiter, der Steiger und Erwin sahen auf mich Häufchen Elend herab. Was ist nur mit mir los? Bis fünf Uhr war ich bestens in Form und jetzt diese Blamage. „Mit dem brauchst du jetzt nicht zu reden", sagte der Brigadeleiter zum Steiger. „Den hat's ganz schön erwischt." „Komm mit", sagte der Steiger zu mir. Ich torkelte hinterher. „Am Anfang der Kopfstrecke ist ein Streckenstumpf. Dort zweigte vor kurzem noch eine Strecke ab. Jetzt ist sie zugesetzt und nur noch cirka drei Meter von der Kreuzung weg offen. Hier wird Abbauholz auf Reserve gestapelt. Du gehst hinter diesen Holzstapel da, setzt dich hin und schläfst dich aus. Der Brigadeleiter wird jede Stunde nach dir schauen. Wenn du nicht spurst, ist alles aus", sagte der Steiger und ging weg. Er hatte sowieso, gerade zu Schichtbeginn, durch mich wertvolle Minuten eingebüßt. Er mußte die Arbeit noch einteilen. Jetzt kommt die Predigt des Brigadeleiters, dachte ich. Er sagte aber ruhig und sachlich zu mir: „Der Steiger riskiert viel für dich. Seine Pflicht wäre es, die Sache als ‚besonders Vorkommnis' dem Dispatcher zu melden. Ich hätte dich dann bis zum Hauptschacht bringen müssen, zum Ausfahren. Du weißt, Alkohol in der Grube – das wird strengstens geahndet. Das ist im Interesse und zum Schutz unser aller Sicherheit. Aber das weißt du ja selbst, Günter. Ich gehe jetzt in den Abbau. Du bleibst hier und rührst dich nicht. Denk daran, du gehörst zu unserer Brigade." Der Brigadeleiter ging. Wie konnte ich nur so dumm sein und betrunken einfahren! Mein Gott, war ich blöd. Jede Menge Absatzschichten hatte ich. Wäre ich vor dem Einfahren zum Steiger gegangen, der hätte mir sofort einen Absetzer gegeben. Wenn ich hier mit einem blauen Auge davonkomme, fahre ich zwei Solidaritätsschichten und spende den Lohn dafür. Bei dem Gedanken wurde mir schon etwas wohler. Prima Kumpel habe ich. Und der Steiger ist auch einer von uns. Über diesen Gedanken schlief ich ein.
Bei Schichtende mußte mich der Brigadeleiter kräftig rütteln. Einen Moment wußte ich nicht, was los war. Dann, schlagartig, war ich wieder völlig im Bilde. Der Brigadeleiter sagte: „Komm,

wir fahren zusammen aus." Die Schicht war um. Ich lief neben ihm her zum Hauptschacht. Bei jedem Schritt schmerzte mein Kopf. Wir redeten eine ganze Weile nichts. „Deine Meter haben die anderen Kumpel heute mitgemacht", sagte er. Und weiter: „Du bist doch Mitglied der FDJ-Leitung der Schachtanlage. Solche Sachen kannst du dir nicht leisten." Das hat man nun davon, wenn man gesellschaftliche Arbeit leistet. Dann wird alles nur noch mehr aufgebauscht. Meine Gedanken wurden schon wieder frecher. Im Fördergestell hatte ich die größte Not mit meinem Magen. Einige Schluck Malzkaffee, die ich aus der Butt getrunken hatte, kämpften nun mit dem Restalkohol. Das passiert mir nie wieder, schwor ich mir.

In Abständen von zwei Jahren mußte jeder Bergmann zum Betriebsarzt. Reihenuntersuchung. Die Schwestern im Ambulatorium messen an einem herum und füllen Statistiken aus. Der Betriebsarzt klopfte und horchte mich ab. Er ergänzte meine Statistik. Als er mit dem Schreiben fertig war, sah er mich an und sagte: „Kollege Herold, Sie arbeiten als Hauer und wohnen im Wohnheim. Ich schlage Ihnen vor, vier bis sechs Wochen in das Nachtsanatorium zu gehen." „Mir fehlt nichts", sagte ich. „Und in das Nachtsanatorium will ich nicht." „Ich erkläre es Ihnen", sagte der Doktor. „Das Nachtsanatorium wurde gebaut, um Kumpel nach der Schicht die Möglichkeit für eine gezielte medizinische Betreuung zu ermöglichen. Damit sich bestimmte Beschwerden erst gar nicht zu einer Krankheit entwickeln können. Es sind also keine Kranken dort, wie du vielleicht annimmst." Mit seinem Du will er mich nur einwickeln, dachte ich. „Nun gut, Herr Doktor, wenn ich nicht krank bin, welche Beschwerden können sich bei mir entwickeln?" „Weißt du, für die Arbeit als Hauer ist dein Alter von 17 Jahren etwas wenig. Und im Nachtsanatorium kannst du dich nach der Schicht besser erholen. Ich habe aber auch gesehen, daß du auf dem Rücken und im Gesicht Pickel hast. Da verschreibe ich dir einige Schwefelbäder. Vielleicht gehen die Pickel weg." Pickel im Gesicht – da hatte er mich im Griff. Jeden Tag quetschte ich mir welche auf, aber sie erblühen immer wie-

der neu. Um die Pickel loszuwerden, hätte ich Schlimmeres auf mich genommen als vier Wochen Nachtsanatorium. „Na gut", sagte ich, „ich bin einverstanden." „Am Ersten des nächsten Monats geht es los. Der Nachtsanatoriums-Bus steht nach der Schicht vor dem Werktor", sagte der Betriebsarzt. „Glück auf!" „Glück auf!" Prima Kerl, unser Doktor, dachte ich. Am neuen Ersten beeilte ich mich beim Ausfahren, Baden und Anziehen nicht besonders. Vielleicht würde der Bus ohne mich abfahren. Ich sah ihn aber getreulich vor dem Werktor warten. Ich lief hin, stieg ein und los ging es in Richtung Nachtsanatorium. Das Nachtsanatorium war Anfang der fünfziger Jahre für die Kumpel des Zwickau-Oelsnitz Steinkohlereviers erbaut worden. Klubräume, Leseräume, Bibliothek, Schachzimmer, Räume für die medizinische Betreuung, usw. Ich sah so etwas zum ersten Mal und war mächtig beeindruckt. Überall mußte man auf dem Teppich laufen. Die Zimmer waren maximal mit drei Kumpel belegt, die die gleiche Schicht haben mußten, damit sie sich nicht unnötig gegenseitig störten. Der Bus brachte die Kumpel zur Schicht, befuhr mehrere Schachtanlagen und holte sie zum Schichtende wieder ab. Und das im Dreischichtsystem.
Das Essen dort war ganz prima. Und die Anzahl der Doppelschnitten, die man auf Schicht nehmen wollte, brauchte man nur am Abend vorher zu bestellen. Nachdem ich mich etwas geniert hatte, nahm ich fünf Doppelschnitten mit auf Schicht und aß sie auch wirklich auf. Für all das, und da könnte ich weiter erzählen, brauchten wir Kumpel täglich nur eine Mark bezahlen. Im Nachtsanatorium lernte ich eine ganze Reihe Kollegen von über und unter Tage, auch von anderen Schachtanlagen kennen. Abends im Klubraum wurde viel diskutiert, über alltägliche Dinge, aber auch über die große Politik. Und da wurde mir klar, nicht nur die älteren Menschen waren klug und vertraten immer die richtige Meinung. Man mußte sich genau anhören, was gesprochen wurde und welche Meinung vertreten wurde. Ein Hauptgesprächsthema, das immer und immer wieder diskutiert wurde, war Abrüstung und Verbot von Atomwaffen. In Stockholm fand 1956 eine außerordentliche

Tagung des Weltfriedensrates statt, an der führende Vertreter von 72 Nationen teilnahmen. Obwohl sie von unterschiedlichster Herkunft waren und die unterschiedlichsten Weltanschauungen vertraten, waren sie sich einig im Willen, für die Entspannung und den Frieden einzutreten. ‚Kampf dem Atomtod' war eine der Losungen zum 1. Mai gewesen. Kurt Meier, ein alter, erfahrener Bergmann, war der Meinung: „Die da oben haben uns nicht gefragt, als sie den ersten Weltkrieg anzettelten, auch nicht, als der zweite Weltkrieg dran war, und sie werden uns nicht fragen, wenn sie Atombomben abwerfen." War die logische Schlußfolgerung seiner Erfahrung. „Dann hast du aber auch nicht bemerkt, daß in der Zwischenzeit die Oktoberrevolution war, sonst wäre der zweite Weltkrieg wohl anders ausgegangen, oder?" Harry Kolbe, ein Hauer aus der Jugendbrigade „Ernst Thälmann" war empört über die Meinung von Kurt. Der schaute ihn ruhig an und sagte: „Hat die Oktoberrevolution den Abwurf von Atombomben durch die Amis auf Hiroshima und Nagasaki verhindern können? Dort wurden Hunderttausende von Menschen verdampft und totgestrahlt und es sterben noch ständig welche an den Folgen." Harry Kolbe senkte den Blick. „Und trotzdem behaupte ich", sagte er, „die Amerikaner hätten noch mehr Atombomben geworfen, auch an anderen Stellen der Erde, wenn sie nicht befürchten müssen, dabei selbst vernichtet zu werden." „In der Betriebszeitung steht, ‚das Volk ist stärker als die Kriegstreiber'", sagte ein anderer Kumpel. „Wir brauchten uns doch nur einig zu sein, daß wir keinen Atomkrieg wollen!" Keiner sagte etwas darauf. Jeder dachte das gleiche; das wäre zu einfach, so geht es nicht. Unstrittig ist, dachte ich, daß die überwältigende Mehrheit der Menschen Frieden will. Wieso können da immer wieder die paar Verrückten Krieg anzetteln? Jahrtausende Menschheit, bis zur Keilschrift zurück, beurkunden, daß es nur wenige hundert Jahre, alles zusammengerechnet, Frieden gegeben hat. Die Menschheit hat zehn- bis fünfzehnmal länger im Krieg als im Frieden gelegt. Sollte unser Jahrhundert wirklich der Zeitpunkt sein, wo sich die Waage vom Krieg zum Frieden neigt? Sollte die Oktoberrevolution in Rußland der Drehpunkt des Waagebalkens

sein für die ganze Menschheit?
In den wenigen Wochen, die im Nachtsanatorium war, wurde mir klar, wie wichtig es ist, ständig mit den Menschen über diese Dinge des Lebens, seiner Werte und seinem Schutz zu sprechen. Mir wurde auch klar, daß Menschen, reich an Jahren und Erfahrungen, zwar viele Lebensweisheiten besaßen, in grundsätzlichen Dingen des Lebens jedoch nicht immer die richtige Position beziehen müssen. Zum Teil ist es Resignation und die Aufgabe wichtiger Ziele, was da verbreitet wird. Auch Warnungen, wie ‚Vorsicht, es könnte auch wieder einmal anders kommen'.
Mich bewegte das alles sehr. Und ich fing deshalb an, zur Frühstückspause unter Tage Rolf Eßbach, meinen Alten, auszufragen. Aus den Diskussionsrunden im Nachtsanatorium merkte ich mir die Fragen, die meiner Meinung nach offen waren beziehungsweise deren Beantwortung mich nicht befriedigten.
„Rolf", sagte ich und dabei an meiner Nachtsanatoriumsschnitte kauend, „die Oktoberrevolution, war die wirklich wichtig?" Mein Alter trank gerade aus der Butt, als ich so raffiniert fragte. Aus dem Sitzen sozusagen. Er bekam einen Hustenanfall, so hatte er sich verschluckt. Antwort gab er mir nicht. Nun ja, daß beim Frühstück nicht gequatscht wurde, wußte ich ja. Aber so schnell gab ich nicht auf. Ich erzählte von den Diskussionen im Nachtsanatorium und daß ich eine Reihe von Dingen nicht durchschaue. „Die anderen aber auch nicht", ergänzte ich schnell. „Und du bist doch Genosse, du mußt mir das doch erklären können." Rolf Eßbach beendete in Ruhe sein Frühstück. Unvermittelt begann er. „Über die Oktoberrevolution sind Bücher geschrieben worden. Es genügt aber erst einmal, wenn du dir merkst, daß die Kommunisten Rußlands, die Arbeiter, von Lenin geführt, eine Revolution gemacht haben, wo zum Schluß die Arbeiter gesiegt haben und die Ausbeuter vertrieben wurden. Und das ein für alle Mal. Die Arbeiter haben jetzt die Macht; wir – verstehst du? Und das Proletariat, die Unterdrückten auf der ganzen Welt, konnten sehen, daß der Marxismus-Leninismus keine Theorie allein ist, sondern materielle Gewalt wird, wenn sie die Massen ergreift. Merk dir das. Und jetzt wird weitergearbeitet. Los!"

Am nächsten Tag fragte ich Rolf Eßbach, wieso wir behaupten können, daß wir unbedingt gegen Atomwaffen und für den Frieden sind. Er sah mich an. „Hast du etwas davon, wenn Krieg ist? Machst du Profit mit der Not und dem Elend der Menschen? Wandeln sich bei dir die Tränen und Schreie der Menschen in Dollars um?" lautete seine Gegenfrage. Als ich keine Antwort gab, sprach er weiter. „Die Arbeiter- und Bauernmacht bedeutet für die Menschen Frieden. Wir wollen den wohl ältesten Traum der Menschen verwirklichen: Frieden auf Erden. Eine Ausbeutergesellschaft kann das nicht. Verstehe das richtig, Günter. Der Frieden ist kein Geschenk. Wir müssen ihn erkämpfen; letztlich mit unserer Hände Arbeit. Wenn wir den Krieg besiegen wollen, muß unsere Wirtschaft stark sein. Und unsere Waffen müssen scharf sein. Und die Menschen, die Menschen sind das Wichtigste. Sie müssen die Zusammenhänge begreifen und tagtäglich bewußt danach handeln." Ich weiß, jede Schaufel mehr, ein Schlag gegen Adenauer, dachte ich. Aber diesmal nicht spöttisch, sondern nachdenklich. Bevor wir wieder an die Arbeit gingen, sagte Rolf noch zu mir: „Es gibt viele Menschen, die Angst haben vor Atomwaffen. Wer hat die nicht? Das zuzugeben ist keine Schande. Wichtig ist, daß die Menschen nicht resignieren und nicht aufgeben, dagegen anzukämpfen. Denn du mußt bedenken, daß die Diener des Monopolkapitals die Menschen belügen, sie mit ständigen Halbwahrheiten irritieren und die Kommunisten und ihre Ideen verteufeln. Aber gerade die Gefahr eines Atomkrieges darf uns nicht handlungsunfähig machen. Die Menschen dürfen nicht wie hypnotisiert dastehen, im Gegenteil. Nur der aktive Kampf für den Frieden wird uns aus der Gefahr heraushelfen." Unsere tägliche Frühstückspause wurde für mich zum wichtigen Gedankenaustausch über Fragen des Lebens, die ganz kleinen, persönlichen, wie die großen, weltumspannenden. In dieser Zeit des intensiven Kampfes zur Ächtung der Atomwaffen und der Schaffung einer atomwaffenfreien Zone in Europa übernahmen viele Kumpel und Brigaden persönliche Verpflichtungen zur Übererfüllung des Staatsplanes. Die Jugendbrigade ‚Martin Hoop' wendete die Wettbewerbsmethode

des sowjetischen Kumpels Nikolai Mamai an, in dem sie alle Kraft daransetzte, den aufgeschlüsselten Plan täglich, pro Mann im Durchschnitt drei Tonnen Kohle überzuerfüllen. Der junge Genosse Günter Hirsch von der Komplexbrigade ‚Roter Oktober' möchten seinen persönlichen Plan bis zum 1. Mai mit zweihundert Tonnen Kohle übererfüllen durch volle Ausnutzung der Arbeitszeit, gute Zusammenarbeit mit den Kollegen und mit Unterstützung seines Brigadeleiters, des Genossen Günter Grahl. Genossen und Kollegen aus der Verwaltung verpflichteten sich zu 24 Sonderschichten in der Grube. Der sozialistische Wettbewerb wurde in ganzer Breite geführt. Jeder einzelne von uns Kumpel bekannte sich zur Übererfüllung des Staatsplanes. Die Ziele des Kohle- und Energieprogramms galt es zu erreichen. Ohne Übertreibung kann ich behaupten, daß wir jungen Kumpel uns einig im Willen und Handeln waren, unserem jungen Arbeiter- und Bauernstaat alles zu geben, was wir als Bergarbeiter leisten konnten.
Mit Stolz kann der Beweis angetreten werden, daß sich die Parteiführung und die Regierung unserer Republik auf die Steinkohlenkumpel im Zwickau-Oelsnitzer Revier verlassen konnten. Hart und unerbittlich gegen uns selbst haben wir der Erde das ‚schwarze Gold' für unsere Wirtschaft abgerungen. Wir wußten, daß die Kohle das Brot der Industrie war. Und so haben wir aus menschlicher Sicht auch alles getan, damit Havarien und Katastrophen unter Tage vermieden wurden. Trotz allem, die Natur ist nicht immer berechenbar. So sind zum Beispiel Grubenbrände eine große Gefahr für den Bergmann. Viele Sicherheitsmaßnahmen wurden getroffen. Aber es kam immer und immer wieder zu Brandentwicklungen in der Grube. Es genügte ja bereits, wenn Luft oder, wie wir Bergleute sagen, Wetter unkontrolliert unter Tage durch abgebaute Feldesteile zogen. Dort konnten dann Schwelbrände entstehen. Ihre Bekämpfung war schwierig, da keine direkte Bekämpfung des Brandherdes erfolgen konnte. Da bei solchen Bränden Kohlenmonoxid entstand, war größte Vorsicht für Leben und Gesundheit der Bergarbeiter geboten.

Selbstlose Einsätze hatten die Kumpel der Grubenwehr bei der Bekämpfung von Havarien und Grubenbränden geleistet. Die Grubenwehr bestand aus erfahrenen Bergarbeitern, vorzüglichen Fachleuten, gesunden und beherzten Menschen, die eine umfassende Ausbildung erhielten und im ständigen Training standen. Die Grubenrettungsstellen auf den Schachtanlagen verfügten über Kreislaufgeräte, Druckschlauchgeräte und Pulmotoren. Ein Gerätewart hielt alles in Ordnung und sorgte dafür, daß jedes einzelne Stück ständig einsatzbereit war. Auf ihn mußten sich die Grubenwehrmänner unbedingt verlassen können. Wenn ein Gerät im Ernstfall ausfiel, konnte das für den Grubenwehrmann der Tod sein. Grubenwehrmänner, die Geräteträger waren, hatten jährlich neun Übungen im Gerät durchzuführen. Zu jeder Tages- und Nachtzeit waren sie einsatzbereit. Sie genossen unter den Kumpeln große Achtung. Konnte ein Brand jedoch nicht unter Kontrolle gebracht werden, so mußte unter Umständen ein Abbau oder gar ein ganzes Revier aufgegeben werden.
Wir setzten auf der Frischwetterseite Dämme in die Strecken, dichteten diese ab, so daß keine Wetter mehr hindurchziehen konnten. Auf der Wetterseite mußten das die Grubenwehrmänner unter Anwendung der Kreislaufatemgeräte tun wegen des Kohlenmonoxidgehaltes der Abwetter. Wenn alles dicht war, wurden die Strecken und Abbau mit Schlamm dicht verfüllt, bis der Abgang von Kohlenmonoxid aufhörte. Wochen und Monate wurden dann Kohlenmonoxidmessungen durchgeführt, um den Schwelbrand auch weiter unter Kontrolle zu halten. Ging die Brandentwicklung sehr schnell vor sich, gelang es mitunter nicht einmal mehr der Grubenwehr, Maschinen und Geräte zu bergen. Dann mußten die Dinge aufgegeben werden. Aber ein Durchbrechen des Brandes hätte für die Grube einen größeren Schaden bedeutet. Wenn ein Revier mit zwei oder drei Abbauen ‚dicht' gemacht werden mußte, wie wir es nannten, dann kamen für unsere Grube schwere Zeiten. Denn der nun fehlende Kohlenstoß steht an anderer Stelle der Grube nicht zur Verfügung. In rollender Woche mit Ablösung vor Ort, meistens unter großer Hitze, fuhren wir neue Abbaue auf. Und der ge-

samte Nebenprozeß mußte hierbei mit vollem Einsatz kämpfen. Ohne den notwendigen Nachschub an Technik, Material und Energie wäre uns vor Ort schnell die Puste ausgegangen. Jede Schicht wollte täglich die Leistungen der anderen überbieten. Täglich erfolge die öffentliche Auswertung. Sie war immer und immer wieder Anlaß, daß wir uns Gedanken machten, wie wir noch etwas schneller und effektiver machen konnten. So halfen wir Hauer den Schlossern und Elektrikern, wenn es darum ging, die Fördermittel zu verlängern. Wenn der Förderer wieder lief, nahmen unsere Handwerker die Kohlenschaufel in die Hand und schaufelten mit weg. Eine Entwicklung vom ‚Ich' zum ‚Wir', die Entwicklung der Komplexbrigaden begann.

Unsere Brigade stellte einen neuen Rekord im Vortrieb auf. Als Auszeichnung erhielten wir eine Ausfahrt mit dem ‚Traumschiff'. Das Traumschiff war der erste Ikarus-Reisebus aus der Volksrepublik Ungarn, der in Zwickau zum Einsatz kam. Seine Größe erschien uns damals mächtig. Über der Hinterachse waren die Sitze so angeordnet, daß man sich gegenüber saß. Ein kleines Tischchen zum Hochklappen mit einer noch kleineren Tischlampe boten einen Komfort, wie wir ihn bis dahin noch nicht gesehen hatten. Durch seine Länge und die weiche Federung vermittelte der Bus ein herrliches Fahrgefühl. Die Fahrt war mit Angehörigen, Frau, Verlobte oder Freundin. Eine Tour durch das Erzgebirge. Es ließ sich bequem sitzen in den weichen Polstern. Ehrlich verdient, dachte ich. Im Bus wurde viel erzählt und viel gelacht. Ich hatte meine Freundin mit. Soll sie doch mitbekommen, was ich für ein Kerl bin. Auf Martin-Hoop, Schacht IV, ging es los in Richtung Oelsnitz (Erzgebirge) und nach Annaberg. In Scheibenberg legten wir die erste Rast ein. Wir fuhren weiter nach Frohnau und besichtigten das Hammerwerk. Weiter ging es nach Oberwiesental. Dort vertrieben wir uns den Nachmittag und fuhren abends mit dem Traumschiff wieder nach Zwickau zurück.

Eigentlich begann für mich erst hier die Schwierigkeit des Tages. Meine Freundin sollte mit bei mir im Wohnheim übernachten. Aber wie mit ihr ungesehen beim Pförtner vorbeikom-

men? Ich sprach mit Egon und seiner Frau darüber. Sie versprachen zu helfen und lachten schon, bevor es überhaupt losging. Verständlicherweise war ich nervös. Wir stiegen auf Martin-Hoop, Schacht III, aus und hatten Glück. Der Kollege, der die Ausweiskontrolle durchführte, stand nicht im Gang, wie sonst, sondern saß im Pförtnerhaus und ließ sich die Betriebsausweise durch das Glasfenster zeigen. Egon und seine Frau fragten, ob und wann der nächste Bus nach Mülsen fahre. Dabei traten sie dicht an das Pförtnerfenster. Ich kam mit meiner Freundin unmittelbar hinterher, stellte mich als dritter daneben und rief laut: „Glück auf!" und zeigte meinen Betriebsausweis. Meine Freundin lief hinter unseren Rücken vorbei, von der Betriebswache unbemerkt in das Werk Richtung Wohnheim. Ich holte sie schnell ein.
Das Wohnheim war Samstagabends fast leer. Die meisten fuhren nach Hause. Die anderen waren ausgegangen. Der Tag fand ein liebes Ende.

Rolf Eßbach und andere Genossen, die sich besonders um uns junge Kumpel kümmerten, sorgten dafür, daß wir erkannten, wie wichtig unsere tägliche Arbeit für die Stärkung der Wirtschaftskraft der DDR und damit für den Sieg des Sozialismus war. Den imperialistischen Konzernherren und Finanzhaien, den Großagrariern und ihren Politikern in der BRD, ihnen war das wirtschaftliche Erstarken der DDR, wofür wir uns mit aller Kraft einsetzten, ein Dorn im Auge. Noch immer hofften sie, die Arbeiter- und Bauernmacht in der DDR beseitigen und die volkseigenen Betriebe in ihren Besitz bringen zu können. Jedes Mittel, der DDR schaden zu können, war ihnen recht. Es wurde ein erbarmungsloser Wirtschaftskrieg gegen die DDR geführt.
BRD-Politiker formulierten: ‚Die westdeutsche Wirtschaftspolitik muß gegenüber dem Ostblock zur geschmeidigen Waffe des Kalten Krieges werden. Besser als eine Maschinengewehrgarbe für Berlin war die stufenweise Anwendung wirtschaftlicher Sanktionen von der Drohung bis zur Einstellung der Stahllieferung.' Der Klassenkampf, was sonst.

In unseren FDJ-Versammlungen diskutierten wir viel über diese Niederträchtigkeiten des Klassenfeindes. Natürlich gab es auch noch bei uns genug Menschen, die auf das Wirtschaftswunder bundesdeutscher Prägung hereinfielen. Schieber- und Schmugglergeschäfte über die offene Grenze, Spekulationen und Manipulationen mit Zahlungsmitteln der DDR durch einen künstlich erzeugten Schwindelkurs in den Westberliner Wechselstuben, Abwerbung von qualifizierten Arbeitskräften und Spezialisten, Wirtschaftsspionage und -sabotage, Diebstahl von Patenten, Erfindungen und weltbekannten Firmenzeichen und der Bruch von Handelsbeziehungen – alle Register menschlichen Ungeistes wurden gezogen, um den sozialistischen Aufbau der DDR ernsthaft zu gefährden. Die Infamie gegen die DDR und die SED kannte in den westlichen Medien keine Grenzen. Doch ihr konkretes Handeln war ein Hohngelächter auf das honigsüße Gesäusel von den lieben Brüdern und Schwestern östlich des ‚eisernen Vorhanges'. Wir Kumpel fanden die Machenschaften des Monopolkapitals und seiner Handlanger widerwärtig und gefährlich. Der Begriff ‚Klassenfeind' wurde für uns ganz konkret. Er war keine philosophische Kategorie mehr.
Rolf Eßbach erzählte mir, daß 1952 ein Prozeß gegen Handlanger ehemaliger Grubenbarone durchgeführt wurde. Die Grubenbarone hatten sich nach Ende des Krieges nach Westdeutschland gerettet, ließen aber ihre Lakaien zurück, denen es gelungen war, in leitende Stellungen zu kommen. Diese Spezialisten erklärten dann, daß die Kohlenvorräte auf den ehemaligen Brückenbergschächten erschöpft sind. Sie wollten die Schachtanlage schließen und damit unserer Wirtschaft Schaden zufügen. Erfahrene Kumpel hatten das durchschaut und die Sicherheitsorgane informiert. Millionen Tonnen von Steinkohlen sind aus diesen Schachtanlagen für unsere Volkswirtschaft noch gefördert worden. Auf Forderung der Kumpel wurde dieser Prozeß öffentlich im Kulturhaus der Schachtanlage durchgeführt. Die Feinde unseres Volkes erhielten eine harte aber gerechte Strafe. Auch in dieser Zeit kam der politisch-ideologischen Arbeit eine besondere Bedeutung zu. Die Vorbereitung auf den V. Parteitag

der SED wurde in das gesamte Betriebskollektiv getragen. Die Genossen der Betriebsparteiorganisation konzentrierten sich darauf, besonders junge, in der Belegschaft anerkannte Kumpel als Kandidaten für die SED zu gewinnen. Zahlreiche junge Arbeiter baten um Aufnahme in die Reihen der Partei, unter anderem der Junghauer Günter Leonhardt. Sein Vater war im Krieg gefallen. „Damit so ein Wahnsinn nie wieder passiert und weil ich weiß, daß sich die SED für den Frieden einsetzt", sagte Günter, „faßte ich den Entschluß, um Aufnahme in die Partei der Arbeiterklasse zu bitten."
Der Schichtsteiger, Wilhelm Zahlten, ein Arbeiterkind, das sich zum Techniker entwickelt hatte, möchte in die Reihe der Kämpfer für den Sozialismus eintreten, wie er sagte. Der 26jährige Hauer Rainer Hahn, möchte durch seinen Eintritt in die Reihen der SED noch tatkräftiger für Frieden und Sozialismus kämpfen. Ich nahm an einer Versammlung zur Auswertung des sozialistischen Wettbewerbes teil. Die Kumpel der Jugendbrigade ‚Fortschritt' nahmen die Glückwünsche der Leitung des Schachtes zur Halbjahresplanerfüllung entgegen. Da wurde es still im Saal. Zwei Kumpel der Jugendbrigade standen auf. Der Brigadeleiter Lothar Schmidt und der Spitzenhauer Kurt Meisel baten um die Aufnahme in die Reihen der SED. Weitere Kollegen, die in diesen Tagen um Aufnahme in die SED baten, sind der Fördermaschinist Herbert Weide, der Hauer Heinz Liepelt, der Schachtzimmerling Paul Peustel, die Angehörigen des Betriebsschutzes Bodo Scheffler und Horst Lindner, der Bergingenieur Martin Lange, die Lagerarbeiterin Helga Sattler, der Hauer Lothar Langer und andere. Ich wollte Genosse werden, unbedingt. Aber bis zu meinem 18. Geburtstag fehlten noch Monate.

Ordnung und Sicherheit, Übersicht und Umsicht sind Prädikate, die überall, aber besonders unter Tage einen hohen Stellenwert besaßen. So hatte jeder Kumpel seine Kontrollnummer. Sie war seine eindeutige Identität über wie unter Tage. Ob Lohn, Prämie, Deputat, alles war gekoppelt mit der Kontrollnummer. Es gab eben nur einen Kumpel Herold, Günter mit der Kontrollnummer

658 auf dem Schacht. Für unter Tage ist die Kontrollmarke mit eingeschlagener Kontrollnummer ein wichtiger Sicherheitsfaktor. Wenn man zu Schichtbeginn auf den Schacht kam, so ging man an der Meldestelle vorbei und erhielt seine Kontrollmarke. Automatisch erfolgte hier die erste Registratur der Anwesenheit. Beim Betreten des Fördergestells vor dem Einfahren gab man seine Kontrollmarke dem Anschläger ab. Hier war die Kontrolle gegeben, wer alles eingefahren war. Am Ende der Schicht, vor dem Ausfahren, erhielten die Kumpel im Füllort ihre Kontrollmarke wieder ausgehändigt. Anhand der Kontrollmarken, die übrig waren, wußte man dann, wer noch in der Grube war. Über Tage warfen die Kumpel die Kontrollmarke in einen Kasten, von wo aus sie wieder in die Meldestelle, an den dafür vorgesehenen Platz kamen. Damit schloß sich der Kreislauf. Auch die Grubenlampe, der CO-Filter-Selbstretter und persönliches Gezähe waren mit der Kontrollnummer ihres Besitzers versehen. Das System der Kontrollmarke wurde sich in vielgestaltiger Weise zunutze gemacht, besonders dann, wenn man einem Kumpel eine Nachricht, wie zum Beispiel eine Einladung für eine Veranstaltung übermitteln wollte.
Bei mir hing eines Tages ein Zettel auf der Kontrollmarke mit dem Hinweis, mich beim Parteisekretär des zweiten Reviers zu melden.
Nach der Schicht ging ich in das Parteibüro. Der Genosse Mönch saß hinter dem Schreibtisch und sagte: „Ich habe schon auf dich gewartet. Setz dich." Ich setzte mich an den Tisch, der vor seinem Schreibtisch stand. „Wir kennen uns fast zwei Jahre", legte Genosse Mönch los. „Welchen Standpunkt hast du denn zur Politik von Partei und Regierung?" Fast etwas drohend klang die Frage. Wenn der mich zwei Jahre kennt, wie er behauptet, muß er doch auch meinen Standpunkt kennen, überlegte ich. Aber das konnte er nicht. Es kam nicht oft vor, daß er einfuhr. Um eine Antwort zu geben, sagte ich, daß mein Standpunkt zu allem eigentlich gut wäre. Darauf nickte Genosse Mönch bedächtig. „Und wie stehst du zur Partei?" hakte er nach. „Auch gut", antwortete ich prompt. Und wieder nickte er bedächtig. „Dann

kannst du hier den Aufnahmeantrag ausfüllen." Und während er das sagte, zog er unter der Zeitung, die auf seinem Schreibtisch lag, ein Blatt Papier hervor. „Nein", sagte ich. „Ich habe keine Zeit mehr, mein Bus fährt", und sprang förmlich auf. „Glück auf", rief ich noch und lief überstürzt aus dem Zimmer. Ich war empört und hätte vor Wut heulen können. Genosse der SED zu werden, stand für mich schon lange fest. Aber auf eine so plumpe Tour hatte ich mir das nicht vorgestellt.

Bereits um 5:30 Uhr am nächsten Morgen stand ich am Werktor, um Rolf Eßbach abzufangen. ich konnte es kaum erwarten, ihn zu sehen. „Rolf, Rolf!" rief ich, als ich ihn kommen sah. Er kannte mich lange genug und bemerkte sofort, daß ich etwas Wichtiges auf dem Herzen hatte. „Wir fahren erstmal ein", sagte er, „und treffen uns im Füllort. Dann erzählst du mir alles."

Als wir vom Füllort in Richtung Abbau liefen, versuchte ich Rolf zu erklären, warum ich so aufgebracht war. „Eigentlich ist gar nichts passiert", sagte ich. „Ich bin auch sonst nicht empfindlich oder hysterisch. Aber mir wurde plötzlich richtig heiß." Rolf sagte eine ganze Weile nichts. „Daß du einen Antrag stellen wirst, um Kandidat der Partei zu werden, daran hat sich wohl nichts geändert?" fragte Rolf. Erstaunt sah ich ihn an. „Ist schon gut, Günter. Ich regle alles." Rolf und ich hatten bereits vor Monaten über meinen Entschluß, Kandidat der SED zu werden, gesprochen. Auch die Parteigruppe meiner Brigade hatte darüber beraten. Mir war klar, Mitglied der SED zu werden, war eine große Ehre und Verpflichtung. Aber bevor ich nicht 18 Jahre alt geworden war, hatte es keinen Sinn, einen Antrag zu stellen.

Mit 18 Jahren und 3 Monaten wurde ich durch die Mitgliederversammlung unserer Abteilungsparteiorganisation als Kandidat der SED aufgenommen. Rolf Eßbach und unser Brigadeleiter übernahmen für mich die Bürgschaft. Die Genossen hörten sich meinen Antrag und die Bürgschaften an. Ich mußte aufstehen, und die Genossen stellten mir Fragen – ernst und besonnen taten sie das – und hörten aufmerksam zu. Ich hatte es nicht für möglich gehalten, aber meine Stimme zitterte leicht, wenn ich Antwort gab. Nachdem der Beschluß zur Aufnahme als Kandidat einstimmig gefaßt wurde, schüttelten mir viele Genossen die Hand. Ich war glücklich.

Der Zwickau-Oelsnitzer Steinkohlebergbau hat mit äußerst komplizierten geologisch-tektonischen Verhältnissen zu kämpfen. Die Bergarbeiter, Ingenieure und Funktionäre mußten ihr ganzes bergmännisches Wissen und Können aufbieten, um mit den komplizierten Verhältnissen in der Grube fertig zu werden. Elf Kohlenflöze sind in dem durchschnittlich 250 Meter mächtigen Karbon eingelagert. Ein Deckgebirge bis zu 900 Meter Mächtigkeit überlagerte diese Schichten. Flözmächtigkeit, Kohlequalität und Bergeeinlagerung sind oft auf geringe Entfernung außerordentlich wechselhaft. Das Verwerfensystem ermöglichte Abbaulängen von 60 bis 100 Metern, bei einer streichenden Baufelderstreckung von durchschnittlich 100 Metern. Das erzwang von den Bergarbeitern und Ingenieuren ein kompliziertes Ausrichtungsprinzip. Trotz dieser von der Natur gegebenen Schwierigkeiten stand auch vor uns Bergarbeitern das Problem der Steigerung der Arbeitsproduktivität als entscheidend für den Sieg der neuen Gesellschaftsordnung. Aber mit mehr pickern und schaufeln allein schafften wir das nicht. Einführung moderner Produktionsverfahren und weitgehende Mechanisierung hieß die Zielsetzung. Bereits 1955 wurden 59 Prozent der Kohlen in den Abbauen mit Zweikettenkratzerförderer abgefördert. Besonders in Verbindung mit dem organisierten Sprengbetrieb führte dieser Zweikettenkratzerförderer zur Leistungssteigerung bei uns Hauern um 60 bis 70 Prozent. Der Zweikettenkratzerförderer wurde von uns Hauern ‚Panzer' genannt. Für uns bestand sein großer Vorteil darin, daß er, von wenigen Ausnahmen abgesehen, immer durchzog. Denn nach Beendigung der Sprengarbeit im Abbau scharrten wir erst einmal die gebrochene Kohle vom Stoß. Wenn da zehn bis 15 Hauer arbeiteten, kamen große Mengen Kohlen an und der Panzer zog eben durch. Die Kohlenberge waren manchmal so groß, daß nur eine leichte Bewegung an der Oberfläche ahnen ließ, daß darun-

ter zwei Stahlgliederketten, mit Stegen verbunden und in einer Rinne aus Stahlblech laufend, sich bewegte und Kohle abförderte. Ich muß ehrlich sagen, daß ich immer und immer wieder zuschauen konnte, wenn ein schier endloser Strom Kohle aus dem Abbau herausquoll und an den Antriebsstern des Panzers abgeworfen und über eine flache Rutsche auf das Förderband der Fußstrecke geleitet wurde. Am Klang des Elektroantriebsmotors des Panzers hörte ich genau, wie groß die Anstrengung war, um die Kohle aus dem Abbau herauszubringen. 1960 wurden bereits 75 Prozent der Kohle in den Abbauen mittels Panzerförderer abgefördert. Der Einsatz von Stahlausbau im Abbau brachte Sorgen. Aber es war eine wichtige Voraussetzung zur weiteren Mechanisierung der Kohlegewinnung. Der Stahlausbau in den Abbauen, bestehend aus Gelenkkappen und Hydraulikstempel, konnte aufgrund ständig wechselnder Flözmächtigkeiten, Verwerfungen und anderer geologischer Störungen nicht durchgängig eingesetzt werden. Etwa 30 Prozent aller Abbaue wurden in der Folgezeit mit Stahlausbau ausgerüstet.
Eine weitere wichtige Voraussetzung war, den Bruchbau anzuwenden. Das bedeutete, daß der Hohlraum, der durch den Kohleabbau entstand, nicht durch andere Gesteinsmaterialien wieder verfüllt wurde, sondern daß der Gebirgsdruck das Deckgebirge zum Hereinbrechen brachte. Vorher mußte in diesem Bereich der Stahlausbau entfernt (geraubt) werden. Wenn das Hereinbrechen nicht auf natürliche Weise erfolgte, dann wurde das Hangende angebohrt und niedergesprengt. Wichtig ist, daß eine Entspannung der Hangendschichten erfolgte, um die Wucht der Gebirgsschläge zu mindern.
Die Anwendung des Bruchbauverfahrens war begrenzt und war wie alle Arbeiten unter Tage von der Bergbehörde der DDR genehmigungspflichtig. Die Sicherheit und das Leben der Kumpel – sie standen an erster Stelle.
Unsere Brigade kam in den Abbau, der mit Stahlausbau ausgerüstet war. Es dauerte nicht lange und wir Hauer hatten uns damit eingefuchst. War der Einbruch in den Kohlenstoß gemacht und genügend Dach freigelegt, so wurden ein bis zwei

Stahlkappen über den Panzer in die neue Gasse gezogen. So eine Stahlkappe wog immerhin 40 Kilopond und ist 150 Zentimeter lang. Sie wurde in einer der eingebauten Kappen, die über dem Panzerförderer endeten, eingehängt, hochgestemmt und mittels eines Keils im Schloß der Kappe so befestigt, daß sie an das Dach gepreßt wurde und das Hereinbrechen von Gesteinsmassen verhinderte. Im Abstand von 80 Zentimetern wurden die Kappen vorgehängt. Wenn der Kohlenstoß in einer Tiefe von einem Meter und 30 Zentimetern auf die gesamte Länge des Abbaus ausgekohlt war, wurde der Panzerförderer an der gesamten Länge mittels Winden wieder an den Kohlenstoß gerückt. Unmittelbar hinter dem Panzerförderer wurden Stempel unter die Kappe gestellt. Eine Gasse entstand. Die Stempel sind in diesem Falle Hydraulikstempel. Ein Stempel hielt in der Regel einen Druck von 20 Megapond aus, bevor ein Überdruckventil nachgab und die Vorspannung auf acht Megapond einregelte. Das war immer noch ein Druck, wo das Rundholz aus Kiefer oder Fichte brach. Der Unterstempel ist der Zylinder, der Oberstempel die Hydraulik-Kolbenstange. An ihrem Ende war der Stempelkopf ausgebildet mit vier Nocken, die in das Rastermaß der Stahlkappe passten. Um den Stempel hoch zu pumpen, brauchte man einen Vierkantschlüssel, der am Stempelkopf angesteckt und wie ein Schwengel hin und her bewegt wurde. Teleskopartig fuhr der Oberstempel aus dem Unterstempel aus und preßte die Kappe gegen das Hangende. Ein Hydraulikstempel wog bei einer Länge von einem Meter achtzig cirka 50 Kilopond.
Wie ich bereits sagte, wir Hauer kamen schnell mit dem Stahlausbau zurecht und wir arbeiteten gerne damit, da es uns das Heranschleppen des Ausbauholzes, das viele Sägen und Maßnehmen ersparte. Aber die Freude währte nicht allzu lange. Als Auswirkung des ersten Periodendruckes auf unseren Abbau war eine Reihe von Hydraulikstempel an der Bruchkante in das Liegende gedrückt worden. Wir hielten unter Tage über Schichtwechsel gemeinsam mit dem Gegendrittel eine kurze Brigadeberatung ab. Unser Brigadeleiter erklärte uns die Situation und machte den Vorschlag, daß aus jedem Drittel

zwei Hauer zur Unterstützung der Kollegen im Versatz beim Rauben der Hydraulikstempel mithelfen sollen. Dadurch würde es möglich sein, den geplanten Zyklus zu halten und damit die geplanten Tonnen Kohle zu fördern. Die Hauer am Stoß mußten aber die Leistung der Kollegen, die im Versatz halfen, mitbringen, sonst ginge der Vorschlag nicht auf. Wir hörten uns den Vorschlag unseres Brigadeleiters aufmerksam an, und als er geendet hatte, nickten wir, ich auch. „Wir sind also einig?" fragte der Brigadeleiter. „Und wer geht nun?" Keiner sagte ein Wort. „Würdest du gehen, Günter?" wendete er sich an mich. Natürlich ich. So eine Scheiße, immer ich, dachte ich mir. Laut, mit verklemmter Stimme, sagte ich: „Meinetwegen." Es wurden noch drei weitere Hauer benannt. Am nächsten Tag sollte es losgehen. „Wenn euer Einsatz länger gehen muß als vier Wochen, dann kommt ihr zurück an den Stoß und vier andere gehen zur Unterstützung in den Versatz."
Am nächsten Tag zu Schichtbeginn faßte ich in der Reviergezähekammer, es ist die Werkzeugausgabe, Knieschützer, Schienbeinschützer sowie Fäustel. Mein anderes Gezähe hatte ich ja im Abbau. Die Kumpel, die im Versatz am Bruch arbeiteten, wir kannten uns alle. Und so gab es kein langes Gerede. Ich sah mir die Bruchkante näher an. Die Hälfte der Hydraulikstempel war in die Sohle eingedrückt, das hieß, daß der Gebirgsdruck so gewaltig war, daß die Hydraulikstempel zwar dem Druck standhielten, aber das Gestein, auf dem sie standen, gab nach, und so sackten sie ein. Manchmal bis zu 60 Zentimeter und mehr. Wenn der Hydraulikstempel noch etwas ausgefahren war, dann hatten wir eine reelle Chance, ihn sicher zu bergen. Das Hydraulikventil wurde geöffnet, der Oberstempel sackte ein und wir schlangen eine Kette um den Stempel und zogen ihn mittels Hubzug aus der Sohle. Wichtig dabei war, daß der Stempelkopf aus der Kappe freikam. Meist jedoch ging das alles nur mit größten Schwierigkeiten. Oft mußten wir kniend und halb im Liegen arbeiten. Das war gefährlich, denn die nachbrechenden Gesteinsmassen gaben einem nur geringe Chance zum Wegkommen. Überhaupt war hier umsichtiges Arbeiten das A und O. Wir mußten beim Arbeiten stets

eine solche Position wählen, die es uns im Bruchteil einer Sekunde ermöglichte, zurückzutreten oder zurückzuspringen. Ich merkte, daß sich mit der Zeit Reflexe einschliffen und, obwohl die Arbeit sehr gefährlich war, gefährlicher als am Kohlenstoß, so waren die Unfälle hier zahlenmäßig gering und auch weniger schwer. Ein leichtsinniges Handeln verbot sich von vornherein bei dieser gefährlichen Arbeit. Bei dieser Arbeit konnten wir Hemd und Hose tragen, denn an der Versatzseite des Abbaus war es kühler als am Kohlenstoß. Die Wettergeschwindigkeit und damit der Kühleffekt war wesentlich höher. Dazu kam noch, daß frisch gesprengte Kohle selbst Wärme abstrahlte aufgrund ihrer relativ hohen Eigentemperatur. Vor Kohle arbeiteten die Hauer meist nackt. Jedes Stück Kleidung war einem lästig und bereits nach wenigen Minuten völlig durchgeschwitzt. Eigentlich war das gar kein Schwitzen im eigentlichen Sinne des Wortes. Es war erstaunlich, welche Flüssigkeitsmengen unter der Haut hervorquollen. Natürlich belastete das auch den Kreislauf erheblich. Versuche, dem durch Spezialgetränke entgegenzuwirken, hatten nichts Verwertbares gebracht. Wenn ich sagte, wir arbeiteten nackt, dann muß ich das insofern präzisieren, da wir ja auf alle Fälle die Arbeitsschutzkleidung trugen, wie Helm, Schienbeinschützer und Grubenschuhe. Ja. Also im Versatz war ich wesentlich besser angezogen. Aber die Quälerei war stellenweise größer. Manche Hydraulikstempel waren völlig zusammengedrückt, so daß ein Einlassen des Oberstempels nicht mehr möglich war. Der Hydraulikstempel wirkte dann wie ein Stahlrohr, das mit seiner Last von über 20 Megapond in das Gestein eingepreßt wurde. Hier eine Entspannung zu erreichen und den Hydraulikstempel sowie die Stahlkappe wieder freizubekommen, dazu gehörte Mut, Können und Kraft. Meist in gebückter, kniender Haltung mußten schwere Arbeiten wie Pickern, Schaufeln, Schlagen und so weiter durchgeführt werden. Dort, wo kein Spielraum mehr zum Schaufeln war, räumten wir das gebrochene Gestein mit den bloßen Händen weg. Aber das Motto hieß: Es darf kein Stempel und keine Kappe im Versatz bleiben. Manchmal hängten wir zwei und mehr Zugmittel, wie Hubzüge, an den Hydraulikstempel, um ihn freizubekommen. Dann riß auch mal die Kette. Aber aufgegeben wurde nicht.

Eines Tages hatte ich wieder einen Zettel auf der Kontrollmarke. Ich solle in das Parteibüro der Schachtanlage kommen, stand darauf. Am nächsten Tag meldete ich mich dort. „Glück auf, Genosse Herold. Setz dich." „Glück auf", sagte auch ich. Der Genosse Sekretär stand hinter seinem Schreibtisch auf und setzte sich mir gegenüber an den Tisch. „Du hilfst im Versatz aus. Du raubst Hydraulikstempel. Es ist eine schwere Arbeit", sagte er. Es waren eigentlich keine Fragen. Es waren Feststellungen. „Es ist Knochenarbeit und nicht ungefährlich. Aber sie muß getan werden", gab ich zur Antwort. „Wird es noch lange so schwer gehen?" Er sah mich an. „Vielleicht noch ein bis zwei Gassen, dann ist das Schlimmste überstanden und der Abbau kann wieder etwa 30 Meter ins Feld gefahren werden, bevor der nächste Periodendruck kommt. So ist die Regel", gab ich zur Antwort. „Ja, so ist es." Er nickte. „Genosse Herold", fing er wieder an, „die Genossen der Parteileitung schätzen dich als guten Fachmann, zuverlässigen Menschen und klassenbewußten Arbeiter." Er machte eine Pause. Jetzt will er etwas von mir, dachte ich. „Die Genossen haben mich beauftragt, mit dir über die Aufnahme eines Studiums an der Bergingenieurschule zu sprechen. Bevor wir aber konkret werden, kannst du mir vielleicht sagen, welche Zukunftspläne du dir selbst gemacht hast?" Nach diesen Sätzen sah er mich erwartungsvoll an. „Jaaa, Zukunftspläne…", fing ich an zu stottern. Ich überlegte. Hatte ich überhaupt Zukunftspläne? Eigentlich nicht. „Ich spare seit über einem Jahr auf ein Motorrad und habe die 2.500 Mark jetzt zusammen. Und ansonsten möchte ich ein so guter Hauer werden, wie mein Alter, der Genosse Eßbach", gab ich bereitwillig zur Antwort. „Gute Vorsätze sind das", sagte der Genosse Sekretär. „Aber sie reichen nicht. Unsere wirtschaftliche Entwicklung – sie geht weiter voran, und zwar stürmisch. Und für diesen unseren Aufbau brauchen wir Ingenieure, sozialistische Ingenieure, die aus der Arbeiterklasse kommen und ihr treu ergeben sind. Wir brauchen Menschen mit Wissen und

Können, die bewußt und schöpferisch mithelfen, die Beschlüsse unserer Partei vor Ort, gemeinsam mit unseren Kumpeln in die Tat umzusetzen. Du bist jung und entwicklungsfähig." Jeder Satz stimmt, dachte ich. Im Parteilehrjahr hatten wir darüber gesprochen. So allgemein gesprochen. Aber jetzt erwischte es mich, so ganz konkret mich selbst. „Was werden denn meine Kumpel sagen, wenn ich so einfach abhaue?" fing ich vorsichtig an zu diskutieren. „Sie werden dafür sein, daß einer aus ihrer Mitte zum Studium geht. Eure Brigade hat sich seit längerem verpflichtet, einen aus ihrer Mitte zum Studium zu delegieren. Auch zum Lehrerstudium." Auch das stimmte. Der Genosse Sekretär hatte sich auf das Gespräch mit mir gut vorbereitet. „Ich habe nur acht Klassen Grundschule", war mein nächstes Argument. „Ab September läuft ein Vorbereitungslehrgang an. Er dauert ein Jahr und wird gemeinsam mit der Volkshochschule auf dem Karl-Marx-Schacht durchgeführt", sagte der Genosse Sekretär. Und weiter: „In vier Fächern schließt du mit der Mittleren Reife ab. Das wird nächstes Jahr im Juni sein. Im Herbst beginnt dann das Studium an der Bergingenieurschule." „Und wie oft habe ich da Schule, beim Vorbereitungslehrgang?" fragte ich. „Zweimal in der Woche, immer nachmittags", kam die Antwort. „Aber ich fahre doch Schichten, wie soll denn das gehen?" Aber auch daran war schon gedacht. Der Genosse Sekretär sagte: „Du bekommst eine Arbeit, wo du nur Frühschicht zu fahren brauchst." Dann schwiegen wir. Mir war klar, daß wir schon eine Weile nicht mehr über das ‚Ob-Studium' sondern über das ‚Wie-Studium' sprachen. Die Spannung hatte sich bei mir gelegt. Ich atmete ruhig durch und saß auch nicht mehr so verkrampft auf meinem Stuhl. Der Genosse Sekretär war prima, das stand fest. Und er nahm mich ernst. Meine Gedanken schien er im Voraus zu ahnen. Vertrauen kann man zu dem haben. Unbedingt. Er nahm sich Zeit für mich. Und das tat gut. „Ich hätte einen Vorschlag zu machen", sagte ich. „Na, schieß los", sagte der Genosse Sekretär. „Wenn ich ein Jahr nur Frühschicht fahre, dann muß ich von meiner Brigade weg. Eine solche Arbeit haben wir nicht." Ich sah den Sekretär an. Er nickte nachdenklich. „Wenn ich aber nur

Nachtschicht fahre, dann kann ich in der Brigade bleiben. Und tags in die Schule gehen kann ich auch." Es vergingen bange Sekunden. Endlich sagte er: „Du traust dir allerhand zu. Es wird hart werden für dich. Bist du dir darüber im klaren?" Ich nickte und freute mich bereits riesig. Wir saßen noch einige Minuten zusammen. „Was willst du dir denn für ein Motorrad kaufen?" fragte er mich nebenbei. Als hätte er auf einen Knopf gedrückt, fing ich an zu quasseln: „Eine Jawa CZ, 175 Kubikzentimeter oder 250 Kubikzentimeter mit Sitzbank, wenn möglich schwarz, mit goldfarbenen Strichen als Verzierung und verchromtem Auspuff." „Hast du auch eine Freundin, für die Sitzbank, meine ich?" fragte er dazwischen. „Ich bin komplett", sagte ich. „Ein Mädchen aus Klingenthal. Nur das Motorrad fehlt mir noch. Ich bin noch nicht sehr lange aufgeschrieben." „Mal sehen, was sich machen läßt", meinte der Genosse Sekretär. Langsam erhob er sich. Ich stand ebenfalls auf. Wir gingen auf die Tür zu. Er reichte mir die Hand und drückte sie kräftig. „Ich wünsche dir viel Erfolg bei deinem Studium, Genosse Herold, und auch für dein persönliches Leben alles Gute. Und", setzte er hinzu, „wenn sich beim Studium Probleme einstellen, dann weißt du, wo ich zu finden bin." Ich nickte. „Also dann, Glück auf!" „Glück auf." Ich weiß nicht, ob der Genosse Sekretär nachgeholfen hatte, aber eine Woche später konnte ich mein Motorrad, ein Traum einer Maschine, Jawa CZ, 250 Kubikzentimeter, schwarz, verchromter Auspuff und so weiter, abholen. Die Sitzbank war große Klasse. Und ab und zu eine Sozia darauf machte das Bild erst richtig komplett. Auch Mädchen fuhren gerne Motorrad, sehr gerne. Wenn ich den Gasdrehgriff aufdrehte, dann zog die Maschine stark an. Ein herrliches Gefühl. Und das hübsche Kind hinter mir mußte sich an mir festklammern. Bremste ich wirksam ab, dann wurde sie an meinen Körper gepreßt. Auch kein schlechtes Gefühl – Herz, was willst du mehr?

Anfang September begann der Vorbereitungslehrgang. Wir waren zu Beginn 28 Schüler. Am Ende des Schuljahres hatten neun Kumpel aufgegeben. Ich kann nicht sagen, daß die schulischen

Anforderungen besonders schwierig waren. Aber geschenkt wurde einem nun einmal nichts. Es gehörte schon Selbstüberwindung dazu, nach der Arbeit zu den Büchern zu greifen, Mathematik, Grammatik, Russisch, Chemie und Physik zu büffeln und sich noch zwei mal vier Stunden wöchentlich bis abends auf die Schulbank zu setzen. Die Woche hatte auch noch sechs Werktage. Die Lehrer gaben uns jedmögliche Unterstützung, um uns die Lernarbeit zu erleichtern. Aber lernen mußte schon jeder selber. Mit dem Schulbeginn des Vorbereitungslehrganges begann auch mein einjähriges Nachtschichtdasein. Die Nachtschicht begann auf dem Schacht sonntags nachts. Es sind ja die Vorbereitungsarbeiten für Montag früh zu treffen. Dafür war Sonnabend früh die Woche um. Die Arbeit in der Nachtschicht im Abbau ist vielseitiger als die reine Kohlegewinnung in der Früh- und Mittagschicht. Die Kumpel müssen in mehreren Tätigkeiten ausgebildet sein. 22 Uhr begann die Schicht. Wir begaben uns schnell in den Abbau und begannen, den Stoß fertig auszukohlen. Das war eine reine Hauertätigkeit. Der ausgekohlte Raum wurde gewissenhaft gesäubert. Je besser diese Arbeit gemacht wurde, um so reibungsloser verliefen die nachfolgenden Arbeiten. Danach kam eine Arbeit, die viel Erfahrung und Entscheidungsrisiko erforderte. Es mußten nämlich alle Sicherungsstempel entfernt werden, damit der Panzerförderer auf der gesamten Abbaulänge an den Kohlenstoß gerückt werden konnte. Das war ein kritischer Moment, da hierbei des öfteren Abbaubrüche oder Aufbrüche vorkamen, die sich zu größeren Störungen und Förderausfällen entwickeln konnten. Der Panzerförderer wurde also an den Kohlenstoß gerückt. Das geschah mittels Fußwinden oder auch mit pneumatischen Rückzylindern. Wir hatten es aber auch schon anders gemacht. Besonders wenn es schnell gehen mußte und die Abbauverhältnisse es gestatteten. Wir hatten Stahlrohre quer unter den Förderer bis an den Kohlenstoß geschoben im Abstand von cirka drei Metern. Ein Kumpel pinselte die Rohre mit einer Öl-Wasser-Emulsion ein. Alles, was Beine hatte, also alle Kumpel, die im Revier waren, kam in den Abbau. Wir setzten uns auf die Abbausohle, versuchten uns, mit dem

Rücken den Stempel abzustützen, setzten die angezogenen Beine gegen den Panzerförderer. Wir waren manchmal 20 Kumpel und mehr. Unser Steiger Max, Liesel mit Spitznamen, gab das Kommando. Mit lautem Gebrüll und ‚Zugleich!' versuchten wir die Beine durchzudrücken, und tatsächlich schafften es die vereinten Kräfte, den Panzerförderer an den Kohlenstoß zu rücken. Wir hatten das aber nicht sehr oft gemacht. Die Sache hatte nämlich den Haken, daß der Panzerförderer schnurgerade verlegt werden mußte, damit bei der Förderung keine Störungen auftraten konnten. Entweder drückten wir nicht dosiert genug, oder unsere Beine waren nicht alle gleich lang. Was weiß ich, auf jeden Fall ließen wir bald von dieser hervorragenden Methode ab. Wenn der Panzerförderer gerückt war, begann das Absatteln des Abbaus. Unmittelbar hinter dem Panzerförderer wurde von zwei Kollegen der Sattel gegen die Kappen gedrückt. Ein Dritter stellte den ersten Stempel darunter. Ein Sattel ist ein Rundholz oder eine Halbschale von cirka 3,50 Metern Länge. Er reichte aus, um in der Regel vier Kappen zu binden. Wir hatten so gearbeitet, daß wir die Sattel aufgestemmt, also mit einem Stempel gegen die Kappen verspannt hatten. Und wenn wir den Abbau in dieser Art abgesattelt hatten, begannen wir gemeinsam, die Sattel auszubauen, daß heißt, unter jede Kappe kam ein Stempel unter den Sattel. Nehmen wir an, der Abbau war 100 Meter lang, dann wurden cirka 30 Sattel benötigt und cirka 130 Stempel geschlagen. Das gesamte Holz mußte in den Abbau transportiert werden. Bei jedem Stempel wurde Maß genommen und es mußte die entsprechende Länge abgeschnitten werden. Kein glatter Schnitt, sondern eine Schar, damit der Stempel und Sattel eine gute Verbindung hatten. Die Länge des Stempels mußte so genau sein, daß er beim Festschlagen mit dem Vorschlaghammer ‚brummte', wie wir sagten. Für das Absatteln des Abbaus standen in der Regel zwei Stunden in der Nachtschicht zu Verfügung und meistens nicht einmal die. In Abbauen, die söhlig verliefen, lief diese Arbeit wenn das Kollektiv eingespielt war, nicht schlecht. Wenn aber ein Abbau stärkeres Einfallen hatte, die Sohle also geneigt war, dann wurde es kompliziert. Holz und Gezähe rutschten immer etwas weiter als man wollte, und beim Schlagen und Sägen war es schwer, immer den notwendigen Halt zu finden. Und die Stempel, sie mußten in jedem Falle senkrecht zum Dach und zur Sohle stehen. Im Abbau mit Einfallen ist das senkrechte Stehen nicht identisch mit lotrecht. Und das machte die Arbeit schwer. Ich gewöhnte mich schnell an den Rhythmus der Nachtschicht. Wie gesagt, die Tätigkeiten waren abwechslungsreicher als in der Früh- und Mittagschicht.

Ab und zu, wenn Not am Mann war, mußte ich beim Sprengmeister mithelfen. Wir gingen zur Sprengstoffkammer, die außerhalb des Reviers lag und faßten Sprengstoff, in der Regel mehrere Kisten mit je 15 Kilopond Gewicht. Die Kisten bestanden aus Stahlblech und wurden an einem breiten Riemen umgehängt oder daran fortgezogen, je nachdem, ob man laufen konnte oder kriechen mußte. die Sprengstoffkisten wurden in die Abbaue oder in ihre Nähe gebracht und sie mußten ständig beaufsichtigt werden. Zur Ausrüstung des Sprengmeisters gehörten noch Säcke mit Gesteinsstaub und Lehm. Vor dem Besetzen der Sprenglöcher mußte der Kohlenstoß und die Versatzgasse mit Gesteinsstaub eingestreut werden. Der Sinn der Aktion bestand unter anderem darin, daß es bei den Sprengarbeitern zu keiner Kohlenstaubexplosion kommen durfte. Aus dem Lehm wurden mit der Hand Würste geknetet, die als Besatz im Bohrloch, nachdem der Sprengstoff dort eingeführt worden war, mit dem Ladestock festgestampft wurden. Gesteinsstaub und Lehm mußten mitunter zentnerweise herangeschleppt werden. Eine wichtige Arbeit beim organisierten Sprengbetrieb war auch das Bohren der Löcher. Das Können des Kumpels, der bohrte, entschied maßgeblich über den Erfolg der Sprengarbeit, also darüber, ob wir ‚Pfeifen' schossen oder ob der Kohlenstoß maximal aufgelockert wurde und der Hauer hohe Förderleistungen bringen konnte. Blieben ‚Pfeifen' stehen, dann mußte sich der Hauer übermäßig quälen, um die Kohle vom Stoß loszubrechen. Natürlich gab der Sprengmeister das Bohrschema an. Gebohrt wurde in der Kohle mit der ‚Bohrhummel'. Die Bohrhummel war eine druckluftge-

triebene Bohrturbine. Das Gestänge war ein Spiralbohrer mit auswechselbarer Bohrkrone. Eine Ölkanne mit reichlich Öl gehörte mit zur Ausrüstung, denn die Bohrturbine mußte oft in der Schicht geölt werden, um sie auf Leistung zu halten. Wenn alles geklappt hatte, dann konnten wir gegen fünf Uhr früh mit den Sprengarbeiten beginnen. Die Sprenglöcher wurden in Serien gezündet, elektrisch. Es wurden Schnellzeitzünder verwendet. Bei jeder Serie wurden die Schüsse gezählt. Fehlen durfte keiner, sonst hätte es bei den Hauern böse Unfälle geben können. Aber bevor gesprengt wurde, mußte die Förderung in Betrieb genommen werden. Die Kumpel, die bis dahin mit Panzerförderer-Rücken und Absatteln und anderen Tätigkeiten beschäftigt waren, besetzten nun die Förderbänder, Übergabestellen und Kohlebunker. Signale wurden gegeben. Die Fördererbänder und der Panzerförderer wurden eingeschaltet. Die Sprengmeister bestimmten zuverlässige Kumpel zum Absperren während den Sprengarbeiten. Diese Absperrposten wurden dann intensiv belehrt und an Ort und Stelle an ihrem Platz eingewiesen. Ein Absperrposten durfte seinen Platz nicht eher verlassen, bis der Sprengmeister, der ihn eingewiesen hatte, ihn dort wieder von seiner Aufgabe entband. Und wenn er warten mußte, bis er Wurzeln schlug, dann hatte er eben so lange zu warten. Auch wenn die Frühschicht kam – beim Absperrposten gab es kein Weiterkommen. Für niemanden. Öfter traten beim Sprengen Störungen auf. Unzählige Möglichkeiten gab es da. Mitunter brach das Dach auf, dann mußte erst wieder gesichert werden, oder ein Förderband riß, oder die Zünddrähte wurden durch die ankommenden Kohlemassen abgerissen, oder, oder, …
Eines ist aber tausendfach bewiesen, daß die Kumpel der Nachtschicht ihren Platz nicht eher verlassen hatten, bis ihre Arbeit getan, beziehungsweise bis die Kumpel von der Frühschicht ihren Platz eingenommen hatten. Es war ja klar, daß Störungen im Produktionsablauf der Früh- und Mittagschicht in der Nachtschicht dann herausgeholt werden mußten. Ich war vorher bestimmt nicht zimperlich, wenn es hieß, Überstunden zu machen. Aber in der Nachtschicht, im sogenannten Vorbereitungsdrittel,

waren die Überstunden das Normale. Täglich Überstunden. Da ich gerne nach Hause, nach Klingenthal fuhr, kam mir eine Absatzschicht, wenn es der Ablauf im Abbau erlaubte, auch zu Passe. Ich hatte ja auch meine Freundin in Klingenthal, und wie die Kumpel meinten, zog ein Mädchen mehr als zehn Pferde. Was der sinnige Spruch bedeutete, wußte ich nicht, aber nach Klingenthal bin ich gerne und so oft es ging gefahren.
Das ständige Nachtschichtfahren machte sich doch nach und nach bei mir bemerkbar. Tags hatte ich Zustände, die ich als Dämmerzustände bezeichnen möchte. Ich brachte es fertig, mit offenen Augen völlig apathisch irgendwo zu sitzen oder zu stehen. Wenn jemand mit mir sprach, erweckte ich sogar den Eindruck, als hörte ich aufmerksam zu. In Wahrheit aber war ich ‚weggetreten'. Während des Unterrichts brachten mir meine offenen Augen sogar einmal ein Lob ein, weil mein Banknachbar richtig schlief. Abends, wenn andere Leute müde wurden, wurde ich erst richtig wach. Gegen zwei Uhr früh bekam ich regelmäßig Beschwerden mit dem Magen. Es schmerzte manchmal ganz schön. Ich aß dann immer eine Schnitte, dann wurde es wieder besser. Wenn es doch mal Pausen während der Arbeit gab und das noch zwischen drei Uhr und fünf Uhr morgens, dann schlief ich auch mal kurz ein, ob im Sitzen oder im Stehen, wenn ich gegen einen Stempel lehnte oder mich sonstwo abstützen konnte, war egal. Manchmal genügte schon ein ‚Nicker' von fünf bis zehn Minuten und man fühlte sich wieder fit. Während dieser fünf bis zehn Minuten war man wirklich ‚weg', so möchte ich es nennen. Aber, wie gesagt, Pausen in der Nachtschicht blieben die Ausnahme.
Wenn ich ausfuhr, in der Regel gegen acht Uhr, dann tat das Duschen richtig gut. Man ‚taute' auf. Die Wärme des Wasser; die Verspannung in der Muskulatur löste sich wieder. Wenn ich dann in meinem Zimmer war und mich aufs Bett warf, konnte ich meist erst nach einer Stunde oder länger einschlafen, obwohl ich wirklich müde und abgekämpft war. Besonders schlimm mit dem Einschlafen war es an warmen Sommertagen. Aber nach und nach paßte sich mein Organismus dem Rhythmus an.

Die Möglichkeiten, unter Tage einen meldepflichtigen Arbeitsunfall, das heißt, einen Unfall zu erleiden, der mehr als drei Tage Arbeitsausfall bedingte, sind tausendfältig. Gehackt, gesägt, gequetscht, geschnitten, geklopft, verstaucht, gestoßen und so weiter sind Auswirkungen von Unaufmerksamkeit, Unkonzentriertheit und manchmal aber auch von Verstößen gegen Arbeitsschutzbestimmungen. Wir Kumpel sind nicht so sehr zimperlich. Und auch ich habe in mehreren Jahren Hauertätigkeit manche Schramme davongetragen. Aber in einer Nachtschicht hatte es mich dann doch erwischt. Ich bückte mich, um einen Sicherungsstempel wegzuschlagen. Dabei wurde der Stempelfuß abgehackt, daß heißt geschwächt. Wenn der Stempelquerschnitt entsprechend verjüngt war, knickte der Gebirgsdruck den Stempel nach der Seite aus. Dann ließ er sich mit wenig Kraft wegschlagen. Dabei löste sich mitunter auch Gestein vom Dach und fiel auf die Sohle herab. Wir Kumpel wußten das und sahen uns entsprechend vor. Ich war noch mit dem Hacken beschäftigt, als ich in der linken Schulter einen Schmerz verspürte und danach in der linken Hand. Mit einem Ruck warf ich mich zurück, denn meistens brach noch mehr Gestein herein. Aber es geschah weiter nichts. Eine einzige Steinplatte, höchstens 20 mal 30 Zentimeter groß, war herabgefallen; aber sie war messerscharf und spitz. Flach aufgekommen, hätte sie mir nichts anhaben können. Aber sie hatte mich mit der Spitze getroffen, und die Fallhöhe betrug cirka einen Meter. Nach wenigen Augenblicken merkte ich, wie es mir warm den Rücken herunterlief. Ich rief den nächsten Kumpel, er solle mal herkommen. Der sah sich meine Schulter an. „Na, da hast du ein ganz schönes Ding abgekriegt. Zeig mal deine Hand." Ich war selbst erstaunt, wie blutig das alles war. Der Kumpel handelte umsichtig und schnell. „Du setzt dich erst einmal hin und verhältst dich ruhig", sagte er. „Paul! Paul!" rief er einen weiteren Kumpel, und als der hier war, sagte er: „Du gehst in die Kopfstrecke, dort arbeitet Düller, Ernst. Er soll mit seiner Sanitätstasche kommen. Er ist als Gesundheitshelfer ausgebildet", meinte er zu mir. Und dann weiter zu Paul: „Wenn du Düller, Ernst Bescheid gesagt hast, dann suchst du den Steiger.

Der soll auch sofort kommen. Der Unfall muß aufgenommen werden." Auch das noch, dachte ich. Während er Paul die Anweisungen gab, riß er sein Verbandspäckchen auf und begann meine Hand zu verbinden. Jeder Kumpel trug ein oder zwei Verbandspäckchen bei sich für den Notfall. Ernst Düller kam mit seiner Sanitätstasche. Er verpflasterte die Wunde an der linken Schulter. Als der Steiger kam, sagte er knapp: „Tiefe Schnittwunde an der Schulter, etwa vier Zentimeter lang und mehrere Schnittwunden an der linken Hand. Er muß sofort nach über Tage." Der Steiger nickte. Ich versuchte einen schwachen Protest. „Macht doch keinen Mist", sagte ich. „Schön ruhig bleiben, Kleiner", sagte der Steiger. „Genosse Düller", wand sich der Steiger an den Gesundheitshelfer, „du bringst Günter zum Hauptschacht, ich rufe inzwischen den Dispatcher an. Er wird alles regeln wegen der Ausfahrt und daß die Sanitätsstelle über Tage Bescheid weiß." Sie halfen mir, meine Sachen anzuziehen und wir marschierten ab zum Hauptschacht. Unterwegs, als der Schock nachließ, begannen die Schmerzen. Am Hauptschacht hatten die Anschläger das Fördergestell bereits zurechtgemacht. Wir stiegen ein und aufwärts ging es. Über Tage liefen wir zur Sanitätsstelle. Die Krankenschwester, die Nachtschicht hatte, ließ sich von Genosse Düller die Verletzung erklären. „Da ist das beste, er kommt so schnell wie möglich in die Bergbaupoliklinik", sagte sie, „und ich helfe dir gleich beim Baden." Ein Betriebs-Pkw brachte mich nach etwa zwanzig Minuten zur Bergbaupoliklinik. Der Arzt, der Nachtschicht hatte, reinigte die Wunden und sagte: „Da müssen wir nähen, aber keine Angst, das tut nicht weh." Der hat gut reden, dachte ich. Aber ich war doch froh, als nach der ersten Spritze die Schmerzen nachließen. Am nächsten Tag fühlte ich mich wieder gut. Ich meldete mich beim Betriebsarzt, der die Behandlung fortsetzte. Zum Glück hatten sie mich nicht in der Bergbaupoliklinik behalten – in der Bettenstation meine ich.

„Na, wie geht es uns denn?" fragte der Betriebsarzt. „Danke, Herr Doktor, mir geht es gut", gab ich zur Antwort. „Ich hätte gerne einen Schonplatz über Tage", sagte ich zum Doktor. „Über

einen Schonplatz können wir in zwei Wochen reden", gab er mir zur Antwort. „Wissen Sie, ich wohne hier im Wohnheim. Und da ist es immer langweilig. Eine leichte Beschäftigung über Tage wäre besser für mich, als hier herumzulungern." Natürlich wußte der Doktor ganz genau, daß ich keinen meldpflichtigen Unfall anzeigen wollte. Ich hätte auch meinen Kumpeln in der Brigade geschadet, denn bei der Auswertung des sozialistischen Wettbewerbes gab es Minuspunkte. „Also, paß auf", sagte der Doktor, „du kommst in zwei Tagen wieder, dann entscheiden wir."
Nach zwei Tagen war ich wieder da. Der Doktor untersuchte mich gründlich. „Der Reviersteiger hat eine wichtige Arbeit für mich, im Büro. Ich habe schon mit ihm gesprochen. Und für mein zukünftiges Studium ist das auch wichtig", begann ich zu reden. Am liebsten hätte ich noch ‚bitte, bitte' gemacht. „Also gut", sagte der Doktor. Mir fiel gleich ein Stein vom Herzen. „Aber in drei Tagen bist du wieder hier. Wir wollen nichts riskieren." „Danke, Doktor", sagte ich. Es lief alles ohne Komplikationen ab. Nach vier Wochen Übertagetätigkeit konnte ich wieder einfahren.

Regelmäßig führten die Genossen unserer Abteilungsparteiorganisation ihre Parteigruppenversammlungen durch. In der Regel vierzehntägig. Die einzelnen Drittel bildeten jeweils eine Parteigruppe. Die Gesamtmitgliederversammlungen mußten sonntags durchgeführt werden. Durch den Dreischichtbetrieb ging es nicht anders. Auf die Parteiveranstaltungen bereiteten wir uns entsprechend vor. Es wurden Aufträge für Diskussionsbeiträge ausgegeben. Ich erhielt unter anderem den Auftrag, darüber zu sprechen, welche Maßnahmen auf dem Gebiet des Arbeits- und Gesundheitsschutzes durch unseren sozialistischen Staat getroffen worden sind, und hiervon ableitend den Klassencharakter unseres Staates zu erläutern. Natürlich war meine Diskussion nur ein Aspekt von vielen, aber ein sehr konkreter. Ich sprach darüber mit älteren Kumpeln in der Nachtschicht. Sie erzählten mir, daß zum Beispiel das Tränken des Kohlenstoßes mit Wasser, ermöglicht durch den Einsatz von Hochdruckanlagen, eine Errungenschaft der Arbeiterklasse nach 1945 sei. Das Tränken des Kohlenstoßes hatte zum Ziel, die Entwicklung des Kohlen- und Gesteinsstaubes bereits während der Sprengarbeiten zu unterbinden. Besonders der Gesteinsstaub war aufgrund seines Quarzgehaltes äußerst gesundheitsschädigend und führte zur gefürchteten Lungenkrankheit, der Silikose. Bergleute, die stark von der Silikose befallen waren, erfuhren ein qualvolles Dasein. Wie mir die alten Kumpel erzählten, setzte sich der Quarzstaub in den Lungenbläschen fest und es entstand durch die Feuchtigkeit der Atemluft kieselige Säure, die die Lungenbläschen verätzt und zu Vernarbungen führt. Dadurch reduziert sich das Volumen des gesunden Lungengewebes ständig. Es entsteht Atemnot bei der geringsten Anstrengung. Dieser Prozeß ging mitunter auch dann weiter, wenn der betroffene Kumpel schon nicht mehr unter Tage arbeitete. Eine große Anzahl Kumpel sind früher an der Silikose gestorben, eigentlich erstickt. So war es, bis die Arbeiter die Geschicke in die eigenen Hände nahmen und die Betriebe, unter anderem auch die Gruben, Eigentum des Volkes wurden. Den Grubenbaronen war es gleichgültig, ob ein Bergmann an Silikose starb oder nicht. Maßstab aller Dinge, das war der Profit. In unserem Arbeiter- und Bauernstaat war das Wohl des Volkes Maßstab aller Dinge, agitiere ich die Genossen. Und ich konnte es auf Heller und Pfennige bei der Staubbekämpfung unter Tage belegen. Bei den Genossen in der BGL hatte ich mir die genauen Geldbeträge nennen lassen, die allein auf unserer Schachtanlage gegen Entstehung und zur Bekämpfung des Kohlen- und Gesteinsstaubes ausgegeben wurden, und natürlich auch für die prophylaktischen Röntgen-Reihen-Untersuchungen. Der Betrag ging in einem Jahr an die Hunderttausende Mark. „Daß sich unser Staat so um unsere Gesundheit sorgt und Mittel bereitstellt, ist die eine Seite, Genossen", sagte ich. „Aber wie sieht es denn aus, nützen wir die Möglichkeiten zur Erhaltung unserer Gesundheit unserer Leistungskraft auch richtig?" Und dann zählte ich Beispiele auf, wo nach meiner Meinung wir Kumpel selbst Versäumnisse hatten und besonders wir als Genossen duldeten, daß noch nicht

alle Bandübergangsstellen Berieselungsanlagen in Betrieb waren; daß Wasserdüsen abgemacht und gestohlen wurden, vielleicht für den Garten daheim; daß in Ausnahmefällen vor Gestein noch trocken gebohrt wurde, eine ganz verwerfliche Sache und daß mitunter durch die großen Anstrengungen zur Einhaltung des technologischen Abbauzyklus das Verlängern der Wasserleitung in der Kopf- und Fußstrecke vernachlässigt wurde. Die Genossen gaben mir recht. Es war noch mancherorts so. Ich weiß noch, wie erschrocken ich war, als ich nach der ersten Grubenschicht meine Nase reinigte. Mein Taschentuch sah schlimm aus, so viel Dreck hatte sich an den Nasenschleimhäuten festgesetzt. Auch der Auswurf war mit Kohlen- und Gesteinsstaub durchsetzt. Und das noch nach Tagen. Auch wenn man zum Beispiel durch Urlaub bedingt, einige Zeit nicht einfuhr. Die Tricks, die Taschentücher nicht zu versauen, schaute ich mir bei anderen Kumpeln ab. Aber die Sache änderte sich erst, wenn der Anteil der Staubpartikel in der Luft unter Tage zurückging. Unsere Parteigruppe faßte den Beschluß, als Nachtschichtdrittel und damit verantwortlich für die Vorbereitung der Gewinnungsdrittel und damit auch für das Verlängern der Wasserleitungsrohre unbedingt die Berieselungseinrichtungen in Betrieb zu haben, bevor die Sprengarbeiten begannen. Auch die laufenden Instandhaltungsarbeiten an den Berieselungsanlagen wollten wir nachts, wenn der Förderer nicht lief, mit ausführen. Wir Genossen waren uns einig, auch mit parteilosen Kumpeln zu sprechen und nicht länger zu dulden, daß auf diesem so wichtigen Gebiet des Gesundheitsschutzes geschludert wurde. Mit diesen und anderen Problemen setzten wir uns auseinander. Aber immer und immer wieder stand im Mittelpunkt unserer politisch-ideologischen Arbeit der Kampf zum Verbot der Atomwaffen und damit in Einheit die maximale Stärkung der Wirtschaftskraft unseres jungen Staates.
Immer mehr Kumpel und Brigaden, voran die Jugendbrigaden, übernahmen konkrete Verpflichtungen zur Übererfüllung des Staatsplanes Steinkohle. Dort, wo diese zusätzlichen Verpflichtungen nicht geschafft wurden, fuhren die Hauer auch sonntags zur Schicht an. Für uns als Vorbereitungsdrittel gab es

da kein Pardon. Unsere Woche hatte dann eben auch sieben Werktage. Es gab auch Verräter unter uns, wenn auch zahlenmäßig sehr wenige. Die Kumpel setzten sich in der Betriebszeitung, in aller Öffentlichkeit, mit dem Grubensteiger G. S. auseinander. Mit 24 Jahren hatte er unserem Arbeiter- und Bauernstaat den Rücken gekehrt und übte damit Verrat an seinen Kumpeln. Kumpel brachten in ihren Stellungnahmen zum Ausdruck, daß jeder, der unsere DDR illegal verläßt und sich nach Westdeutschland absetzt und denkt, im Wirtschaftswunderland besser leben zu können, fällt der Arbeiterklasse in den Rücken und gab seine Zustimmung zur Weiterführung der Politik der Stärke und des kalten Krieges. „G.S. konnte studieren auf unser aller Kosten", schrieben andere Kumpel. Er hatte unser Vertrauen, aber er war eben doch keiner von uns. Er hatte unser Vertrauen enttäuscht, meinten sie bitter. Aber wie gesagt, es blieben Ausnahmen. Die Kumpel des Zwickau-Oelsnitzer Steinkohlereviers waren der Sache der Arbeiterklasse treu ergeben und hatten in kritischen Tagen unserem Staat jede Unterstützung gegeben. Jeder vierte Kumpel war Genosse der sozialistischen Einheitspartei Deutschland.

Die Monate vergingen. Die Prüfungen in der Schule schwebten über uns wie das Schwert des Damokles. Aber was haben wir nicht alles für Prüfungen bestanden. Solche, für die es ein Stück Papier gab und solche, die einem im täglichen Leben immer und immer wieder abgerungen wurden. Sie wurden nicht notiert, aber sie hinterlassen ihre anfangs kaum merklichen Spuren; ein kleines Fältchen, ein graues Härchen – alles noch dezent versteckt.
Also kurz und gut – die Prüfungen haben wir alle, die bis zuletzt durchhielten, bestanden. Damit war klar, die Startlöcher für das Studium an der Bergingenieurschule ‚Georgius Agricola' in Zwickau waren gegraben.
Mit jedem von uns zukünftigen Studenten wurde ein Aufnahmegespräch geführt. Eine Drei-Mann-Kommission saß hinter einem breiten Tisch. Ich auf einem Stuhl davor. Das ist

immer so, wenn mehrere gegen einen sind, dachte ich. Ist alles Quatsch, kam der nächste, wieder vernünftige Gedanke. Zwei Genossen, die da vorn saßen, hatte ich schon gesehen. Sie waren vom Martin-Hoop-Werk aus der Kaderabteilung und der Arbeitsdirektion. Der Dritte war ein Vertreter der Bergingenieurschule. „Nun, Kollege Herold, was sind denn Ihre Gründe zur Aufnahme eines Studiums?" wurde ich gefragt. Gründe, dachte ich, Gründe? „Ich habe einen Parteiauftrag erhalten, und meine Brigade hat mich delegiert", gab ich zur Antwort. „Und Ihr persönliches Motiv?" fragte der Vertreter der Bergingenieurschule. Was will der eigentlich, dachte ich. Ich sah ihm in die Augen und fragte: „Wieso sollen mein Parteiauftrag und mein persönliches Motiv nicht das gleiche sein?" Der Vertreter der Bergingenieurschule sah seinen Nebenmann an. Der Genosse von der Kaderabteilung sprang ein und sagte: „Genosse Herold, deine Brigade und dein Leiter haben dir eine gute Beurteilung mitgegeben. Wir sind der Meinung, daß du dich als Student genauso um hohe Studienleistungen bemühen wirst, wie du unter Tage vor Ort deine Arbeit getan hast. Wir wünschen dir also einen erfolgreichen Verlauf des Studiums. Wir brauchen sozialistische Ingenieure, du weißt es." Ich nickte. Sie schüttelten mir alle drei die Hand. Ich durfte gehen. „Der nächste, bitte!" sagte ich zu dem Kumpel, der nach mir dran war. Vor Aufregung stürzte er sofort in das Aufnahmekommissonszimmer, wurde aber postwendend wieder herausgeschickt. „Ich werde aufgerufen", sagte er aufgeregt. „Na, dann mach's gut", sagte ich zu ihm und lief los. Meine Studienrichtung an der Bergingenieurschule ‚Georgius Agricola' war Bergbau/Tiefbau.

Studium

Am 1. September 1958 begann ich das Studium. Bei der großen Aufnahmefeier in der Aula, altehrwürdig, sprach der Rektor über die Bedeutung des Studiums und hielt uns die lichte Zukunft vor Augen. Wir frisch immatrikulierten Studenten wurden in Semester aufgeteilt. Der größte Teil – wir wohnten im Internat. Einige waren in Zwickau zuhause oder in der näheren Umgebung. Einige hatten sich ein Privatquartier organisiert. Mit zwei bis drei Mann auf einem Zimmer zu wohnen, machte mir nichts aus. Ich hatte bereits drei Jahre Lehrlingsinternat und zwei Jahre Ledigenwohnheim hinter mich gebracht. Das allein war schon eine Schule für das Leben. Der Lehrbetrieb verlief ohne besondere Höhepunkte. Das Hören von Vorlesungen, der Unterricht und das Selbststudium wurden zum Alltag. Studieren konnte man auch die Methoden und Charaktere der Dozenten. Das Ende eines Semesters kündigte sich durch verstärkte Leistungskontrollen, mündliche und schriftliche, an. Dann intensivierten wir unsere Lerntätigkeit und schnitten insgesamt nicht schlecht ab. Mit der Zeit entwickelte sich, sozusagen aus der Praxis heraus, beim Studieren eine gewisse Arbeitsteilung, zumindest auf Basis Zimmerstärke. Natürlich funktionierte das nur, wenn die Kooperation klappte. Wer auf einem bestimmten Gebiet, zum Beispiel Mathematik oder Maschinenzeichnen, gut war, weihte die anderen in seine Geheimnisse ein. Dafür bekam er wieder auf einem anderen Gebiet geholfen. Ich möchte sagen, daß das Studium für jeden, der ernsthaft lernte und der es bestehen wollte, auch zu schaffen war. Wer ernsthaft in Schwierigkeiten kam, dem wurden Paten zugeordnet, oder ein Studienaktiv wurde gebildet.
Allerdings möchte ich die Sache auch nicht verniedlichen. Irgendwie hatte jeder während des Studiums seinen kritischen Punkt. Mein kritischer Punkt lag gleich in der ersten Woche. In der Kaderabteilung des Martin-Hoop-Werkes hatte man mir vor Studienbeginn erklärt, daß ich aufgrund meiner Auszeichnung ein Aktivistenstipendium erhalte, so um die 450 Mark mo-

natlich herum. Ich legte mir zurecht, welche Ausgaben ich mir leisten konnte und welche nicht mehr. Unter Tage hatte ich ja das Doppelte verdient. Als die zuständige Abteilung der Bergingenieurschule meine Unterlagen geprüft hatte, stellte sich heraus, daß ich kein Aktivistenstipendium bekommen konnte. Grund – Aktivistenstipendien gab es, wenn die Auszeichnung vorhanden war und wenn vier Jahre in der Produktion gearbeitet wurde. Ich war aber nur zwei Jahre Hauer. Die Lehrzeit wurde nicht angerechnet. Die Alternative war, entweder mit 160 Mark Stipendium monatlich auszukommen oder wieder zurück auf den Schacht und erst noch zwei Jahre als Hauer arbeiten. Ich suchte Rolf Eßbach zuhause auf. „Überleg dir mal, Rolf", sagte ich, „erst versprechen sie mir das Aktivistenstipendium und jetzt sind es 160 Mark. Wenn ich das Studium durchziehe, büße ich gegenüber denen, die nicht studieren, monatlich 750 Mark ein; das sind im Jahr immerhin 9.000 Mark. Und in drei Jahren 27.000 Mark. Danach fange ich dann mit einem Steigergehalt von 560 Mark auf die Hand wieder an. Der ist doch blöd, der das macht." Ich sah Rolf Eßbach an und stieß zwei tiefe Seufzer aus. Lene, Rolfs Frau, hatte inzwischen belegte Brote und Bier auf den Tisch gestellt. „Komm, wir essen erstmal", sagte Rolf. Seit zwei Tagen hatte ich keinen richtigen Appetit mehr. Aber der kommt bekanntlich beim Essen wieder. Und so war es auch. Ich langte reichlich zu. „Du weißt, daß ich auch nicht schlecht im Rechnen bin", fuhr Rolf mit unserem Gespräch fort. „Aber, was ich nicht begreife ist, daß dein Studium und der ganze Vorbereitungslehrgang plötzlich ein reines Rechenexempel ist. Ich dachte, du gehst aus Überzeugung zum Studium, und weil dich die Brigade delegiert hat." „Aber, Rolf, überleg doch mal, 27.000 Mark büße ich doch ein", sagte ich wieder, und das klang fast beschwörend. „Ich habe dich schon beim ersten Mal verstanden. Aber hast du vielleicht auch mal darüber nachgedacht, daß dein Studium dem Staat vielleicht das Zehnfache von dem kostet, was du meinst einzubüßen? Und wird das nicht zuletzt von uns erarbeitet, unserer Hände Arbeit? Du brauchst nicht zu hungern. Im Internat bist du gut versorgt mit Vollverpflegung. Stell dir vor, du würdest in einem Land leben, wo du reiche Eltern brauchst, um studieren zu können, die das Studium bezahlen müssen, dann wäre es doch aus mit dem Studium als Arbeiter. Hier schickt dich die Arbeiterklasse zum Studium und gibt dir obendrein noch 160 Mark Taschengeld monatlich und du läufst herum wie das heulende Elend." Rolf schenkte mein und sein Bierglas wieder voll. Ich starrte auf mein Glas und beobachtete, wie sich der Bierschaum bildete und langsam wieder zerfiel. Ich hätte auch auf alles andere geschaut, nur nicht in Rolfs Augen. Wir schwiegen eine ganze Weile. Dann begann Rolf wieder: „Wenn du gedacht hast, ich schütte Wasser auf deine Mühlen, dann hast du dich getäuscht, mein Alter. Denk daran, ich habe für dich gebürgt." „Ich würde mich auch nicht so ärgern, wenn die in der Kaderabteilung mich nicht so falsch beraten hätten", versuchte ich ein bißchen einzulenken. „So", sagte Rolf, „ich denke, die Sache ist nun erledigt. Wie läuft denn dein Motorrad?" fragte er weiter. Und da hatte er mein Lieblingsthema angeschnitten. Bald aber sprachen wir vom Schacht, von den Kumpel, von der Planerfüllung, die neuen Verpflichtungen unserer Brigade. Es wurde spät an diesem Abend. Irgendwie war ich erleichtert, als ich mich von Rolf und seiner Frau verabschiedete. Aber wie das so war im Leben – ein Unglück kommt selten allein, sagt der Volksmund. Und etwas daran ist immer an solchen Sprüchen. Der Leiter der Abteilung, die sich mit Studienangelegenheiten beschäftigte, bat mich, nur wenige Tage, nachdem ich mit Rolf Eßbach gesprochen hatte, zu sich. „Herr Herold", sagte der Abteilungsleiter, „es ist mir etwas unangenehm, aber bei der Berechnung Ihres Stipendiums ist uns ein bedauerlicher Irrtum unterlaufen. Sie verstehen, zum Schuljahresbeginn, die vielen Neuen und so weiter. Eine Kollegin unserer Abteilung ist krank. Sie verstehen das schon." Ich verstand nichts, sah ihn aber äußerlich ruhig an. „Also, Herr Herold, bei der nochmaligen Überprüfung aller Unterlagen ist uns bei Ihnen aufgefallen, daß Ihre Mutter beim Rat des Kreises Klingenthal arbeitet. Das stimmt doch?" „Ja", sagte ich. „Meine Mutter ist Sachbearbeiterin beim Rat des Kreises." „Ja, und das bedeutet, daß ihre Mutter

Angestellte ist. Damit ist Ihre soziale Herkunft ‚Angestellter' und nicht ‚Arbeiter'." Hier machte er eine Pause. „Na und?" fuhr es aus mir heraus. „Damit beträgt ihr Stipendium nicht 160 sondern 110 Mark. Herr Herold, Sie müßten hier den neuen Stipendienantrag unterschreiben." Da ich mich nicht rührte, sagte er: „Hierher bitte Ihre Unterschrift", und hielt mir den Kugelschreiber hin. Ich faßte zu und unterschrieb an der Stelle, auf die er fortwährend zeigte. Ich ging auf mein Zimmer und warf mich erstmal auf das Bett, verschränkte die Arme und stierte an die Decke. Bis vor wenigen Tagen hatte ich gearbeitet mit meinen Händen. Sie hatten immer noch Schwielen. Jetzt bin ich ein Angestellten-Kind und kein Arbeiter mehr. Meine Mutter verdiente beim Rat des Kreises 420 Mark brutto. Arbeiter verdienen wesentlich mehr. Aber mein Stipendium wurde auf 110 Mark zurückgesetzt. Das verstand ich nun beim besten Willen nicht mehr. Zu Rolf Eßbach laufe ich diesmal aber auch nicht, sagte ich zu mir. Und die Gedanken arbeiteten weiter. Von den 110 Mark gehen für Internat 70 Mark weg. Zehn Mark brauche ich für Beiträge, zehn Mark für Schulmaterial und zehn Mark kostet die Schülerfahrkarte, wenn ich im Monat zweimal nach Hause fahre. Bleiben zehn Mark. Also pro Tag 30 Pfennig Taschengeld. Na, da werde ich aber ein frohes Jugendleben entfalten können. Aber es kam noch ein Tiefschlag dazu. Am ersten Studientag hörte ich unter anderem eine Vorlesung zum Thema ‚Chemieprogramm'. Ich hatte mit dem Studium überhaupt noch nicht begonnen, als eine Leistungskontrolle zu Unterrichtsbeginn angesagt wurde. „Na, wer sagt uns denn gleich einmal etwas über das Chemieprogramm?" fragte der Dozent. Er schaute sich im Klassenbuch die Namen durch. „Na, Herr Herold, dann schießen sie mal los." Ich traute meinen Ohren nicht. Warum gerade ich? Noch 27 andere saßen hier herum, ging es mir durch den Kopf. Während ich mich vom Sitz in den Stand hoch quälte, ging es mir wie rasend durch den Kopf – Chemieprogramm, Chemieprogramm… Aber kein Speicherplatz in meinem Gehirn gab eine brauchbare Information her; alles war leer. „Na, Herr Herold, wissen Sie etwas über das Chemieprogramm?" fragte jetzt etwas ungeduldig der Dozent. „Nein", sagte ich; laut und deutlich. „Dann können Sie sich wieder setzen", meinte der Dozent. Und nach einer bedeutungsvollen, schwergewichtigen Pause: „Für diese Leistung trage ich Ihnen eine Fünf ein, Herr Herold." Jetzt war mir schon alles egal. Meinetwegen sollte er mir eine sechs hineinmalen. Aber auf alle Fälle – für mich war das hier alles gelaufen. Möge werden, was will. Von mir aus können der Rolf Eßbach und alle anderen erzählen, was sie wollen. Länger als ein bis zwei Wochen machen die hier auch nicht mit. Als die Vorlesung zu Ende war, ging ich auf mein Zimmer, nahm die gestrickte Mütze, Motorradbrille und Anorak aus dem Spind, sagte niemandem ein Wort, lief zum Parkplatz, trat mein Motorrad an, ließ den Motor aufheulen und die Kupplung einschleifen. Das Hinterrad drehte durch beim Start. Ich jagte nach Klingenthal, schaute bei Mutter in der Dienststelle schnell vorbei und wartete vor dem Werktor eines Industriebetriebes bis zum Feierabend. Unter den Beschäftigten, die aus dem Betrieb herauskamen, war auch meine Freundin. Sie schaute mich nur an, ich hätte ja eigentlich in Zwickau und nicht in Klingenthal sein müssen. „Weißt du was, wir fahren ein Stück mit dem Motorrad, und wo es schön ist, halten wir an und machen es uns gemütlich", sagte Reni. Ich nickte. Wir fuhren zum Aschberg hinauf und den Kammweg entlang. Von hier hat man eine wunderschöne Aussicht in das Tal und zu den gegenüberliegenden Berghängen. Mir war aber nicht nach Landschaftsgenießen zumute. Wir hielten bei einer Bank und setzten uns. Eine ganze Weile saßen wir da und schwiegen. „Ich bin heute mittag dort abgehauen", sagte ich. „Die Studiererei ist nicht das richtige für mich. Arbeiten will ich und nicht herumsitzen." Und so kam ich in Fahrt und schimpfte drauf los. Aber nach und nach kam ich auf meine eigentlichen Wehwehchen zu sprechen. Ich erzählte Reni von meinem Gespräch mit Rolf Eßbach, und daß ich jetzt ein Angestelltenkind bin mit 30 Pfennig Taschengeld am Tag. „Findest du das vielleicht richtig oder gerecht?" fragte ich Reni. „Nein, in Ordnung ist das nicht. Aber ändern können wir beide das jetzt auch nicht", sagte sie. „Siehst du", sagte ich, „und

deshalb werfe ich alles hin und suche mir hier in Klingenthal eine Arbeit und wir können jeden Tag zusammen sein", setzte ich noch einen großen Trumpf darauf. Reni sagte: „Freilich, schön wäre das schon. Aber trotzdem, einfach alles stehen und liegen zu lassen und auszureißen, das solltest du dir noch einmal überlegen." „Ausreißen, wer spricht denn hier von ausreißen?" brummte ich vor mich hin. Doch unbeirrt sprach Reni weiter: „Und deine Kumpel von der Brigade, wie werden die denken und was werden sie sagen? Es würde nicht lange dauern, und du würdest diesen Schritt bereuen. Ich denke, wenn wir fest zusammenhalten, werden wir die drei Jahre Studium überstehen." Sie drückte sich fest an mich. Ich gab noch nicht auf, aber im Innersten wußte ich, daß Reni recht hatte. Es ist für unsere Freundschaft und Liebe eine erste wichtige Bewährungsprobe. Wir wissen, daß wir über Jahre entscheiden; vielleicht über unsere gemeinsame Zukunft. Und der Start war nicht leicht. Reni war noch Lehrling im zweiten Lehrjahr und wollte Industriekaufmann werden. Wir kannten uns jetzt fünf Monate. Mit Reni konnte ich über alles sprechen. Wir verstanden uns in jeder Beziehung. Dann erzählte ich Reni das Ding mit der Fünf heute in Chemie. Da lachte sie los und ich konnte nicht anders als mitlachen. Irgendwie befreite das richtig, und ich mußte mich wundern, wie ernst ich alles noch vor wenigen Minuten gesehen hatte. „Weißt du", sagte Reni, „mit einer Fünf als erste Zensur beim Studium, da kann überhaupt nichts mehr schiefgehen." Wir stiegen wieder auf das Motorrad und fuhren zu Reni nach Hause. In ihrem Zimmer machten wir so manche Pläne für die Zukunft in Wort und Tat. Am Abend fuhr ich wieder nach Zwickau zurück. Meine Kumpel auf dem Zimmer meinten, so einfach abzuhauen, kein Wort zu sagen ist nicht in Ordnung. „Warum regt ihr euch denn auf?" fragte ich. „Wir sind doch keine kleinen Kinder mehr. Wenn es euch beruhigt, ich war bei meiner Mutti."
„Dann haben wir auch nichts falsches erzählt", meinten meine Zimmerkumpel. „Der FDJ-Sekretär der Schule war hier und hat dich gesucht. Wir haben gesagt, du hättest Heimweh und bist zu deiner Mutti. Der dachte, wir machten Quatsch, und nun

stimmt es auch noch." Sie lachten laut heraus.
Im Nachbarzimmer wurde an die Wand geklopft und gerufen, wir sollten endlich ruhig sein, es ist nach 22 Uhr. „Ihr Ruhestörer, ihr Bösen!" sagte ich und kroch unter die Zudecke. Im Nu war ich eingeschlafen.

Am nächsten Morgen vor Unterrichtsbeginn ging ich in die FDJ-Leitung. Der FDJ-Sekretär der Schule kam gleich zur Sache. „In dem neuen Semester müssten FDJ-Leitungen gewählt werden. Ein Jugendfreund soll in die FDJ-Leitung der Schule kooptiert werden. Die Parteileitung der Schule möchte dich als FDJ-Sekretär in deinem Semester vorschlagen. Bist du einverstanden?" fragte er. „Ja", sagte ich, „einverstanden." „Gut. Ein Jugendfreund aus der Zentralen Schulgruppenleitung wird an eurer FDJ-Wahlversammlung teilnehmen. Er spricht alle Details mit dir durch. Noch Fragen?" Ich schüttelte den Kopf. „Damit sind wir schon fertig", sagte der FDJ-Sekretär der Schule. „Gut", sagte ich, „Glück auf!" „Moment noch. Die Mitglieder deiner FDJ-Leitung, Stellvertreter, Kassierer, Verantwortlicher für Wandzeitung, Sport und so weiter suchst du dir selbst aus und machst dazu begründete Vorschläge in der FDJ-Versammlung", sagte er. „Geht klar. Ich weiß Bescheid." „Dann viel Erfolg. Glück auf!" Ich bekam also allerhand zusätzliche Arbeit. Aber die Mitglieder unserer FDJ-Leitung waren keine Anfänger mehr, was die FDJ-Arbeit anging, und so konnten wir insgesamt eine erfolgreiche Arbeit leisten. Was mir Schwierigkeiten machte, besonders in den ersten Monaten, war das viele und lange Sitzen. Ich hatte zwar dicke Hornhaut an den Händen, aber dort, wo man drauf sitzt, nicht. Nur schwer gewöhnte ich mich daran, besonders an das Stillsitzen. Im März 1959 war das Jahr der Kandidatenzeit für mich um. Die Mitgliederversammlung der Schule bestätigte meine Aufnahme als Mitglied der SED. Bevor ich mein Dokument erhielt und die Kandidatenkarte eingezogen wurde, war es üblich, daß in der Kreisleitung der SED ein persönliches Gespräch geführt wurde durch ein Mitglied des Sekretariats der Kreisleitung. Ich hatte keine Ahnung, was und wer das Sekretariat war. Ich zog mir also meine besten Sachen an, machte mich fein und ging zur SED-Kreisleitung. Den Genossen, der mich einließ und die Zimmernummer nannte, fragte ich, ob ein Mitglied des Sekretariats ein Sekretär der Kreisleitung wäre. „Das kann muß aber nicht sein", sagte der Genosse. Er lachte. Erst später wußte ich, daß neben den Sekretären der Kreisleitung auch der Staatsapparat, FdGB und FDJ im Kollektiv des Sekretariats vertreten waren. Ich lief, mich an den Zimmernummern orientierend, zum genannten Zimmer und klopfte an. Nichts rührte sich. Ich klopfte wieder. Aber es ist kein ‚Herein' zu hören. Na, dann eben nicht, dachte ich und drehte mich um, um den gleichen Weg wieder zurückzulaufen. Da kam mir jemand im Korridor entgegen. „Bist du der Genosse Herold?" fragt er. „Ja, der bin ich." „Seifert", stellte er sich vor und gab mir die Hand. „Komm rein." Er öffnete die Tür, vor der ich stand. Im Zimmer befanden sich ein Tisch und Stühle. An den Wänden hingen Bilder mit Genossen der Parteiführung darauf. Der Genosse Seifert, der dieses Gespräch mit mir führen sollte, hatte eine untersetzte, stämmige Gestalt und sprach einen Dialekt, der so nach bayrisch klang. Ich hatte sofort Vertrauen zu ihm. Er redete ganz vernünftig mit mir. Und als er die ‚Standardsätze', die er bei dieser Gelegenheit wohl immer sagte, los war, sprach er vom Schacht. Er sei auch schon einige Male eingefahren und kenne einige Kumpel vom Martin-Hoop-Schacht persönlich. Als ich ihm erzählte, welche Tätigkeiten ich unter Tage gemacht habe, hörte er mir aufmerksam zu und stellte ab und zu sachkundige Fragen. Da er mich duzte, tat ich das ebenfalls bei ihm. In eine Gesprächspause hinein fragte er: „Was hast du für persönliche Sorgen?" „Ich habe keine", stellte ich fest. „Das gibt es nicht", meinte er, „jeder Mensch hat Sorgen. Was meinst du, wie langweilig es sonst auf der Welt wäre!" „Ich kann dir ja mal ein Ding erzählen, wenn du willst", sagte ich. „Na los, mach schon", sagte er. Und da ließ ich, von allen guten Geistern verlassen, doch meine Platte von dem Stipendienmist vom Stapel. Er kratzte sich ein paarmal am Kopf und machte ab und zu: „Hm..., hm..." Als ich meine Platte bis zum Loch in der Mitte abgespielt hatte, sagte er: „Die Sache laß ich untersuchen." „Schade um die Zeit. Es ist alles korrekt. Und ich habe es schon heruntergeschluckt", versuchte ich ihn von seinem Vorhaben abzuhalten. Wer ist das eigentlich, fuhr es mir durch den Kopf. Und da war die Frage auch schon raus: „Wer bist du denn eigentlich, Genosse?" „Ich?" er grinste mich verschmitzt an. „Ich bin der Oberbürgermeister von Zwickau. Hast du denn das nicht gewußt?" Um ein Haar wäre ich vom Stuhl gefallen. „Um Gottes Willen!" war alles, was ich herausbrachte. Ich quatschte und quatschte, und das hörte sich der Oberbürgermeister von Zwickau auch noch an. Und dabei lümmelte ich auf dem Stuhl herum und habe mich genau so halb auf den Tisch gelegt, wie der Oberbürgermeister. Der merkte natürlich sofort, was mit mir los war. „Also", sagte er, „ich denke, daß unser Gespräch vor Überreichung des Parteidokumentes ausreichend war und ich einschätzen kann, daß du das Zeug für einen guten Genossen hast", sagte er. Wir standen auf, verließen das Zimmer und gingen gemeinsam den Korridor entlang und verabschiedeten uns an der Treppe. „Glück auf, Kumpel", sagte er und gab mir die Hand. „Glück auf", sagte ich und ging die Treppe hinunter zum Ausgang. Auf dem Weg ins Internat ging mir das gesamte Gespräch nochmals durch den Kopf. Auf ‚Oberbürgermeister' hätte ich bestimmt niemals getippt, aber ein prima Genosse ist das, bestimmt. Über eine Stunde hatten wir zusammen gesprochen. Und Zeit ist das wenigste, was ein Oberbürgermeister hat. Bis auf den Stipendienquatsch war ich mit mir zufrieden.

Anläßlich einer Veranstaltung der Kreisparteiorganisation erhielt ich gemeinsam mit anderen jungen Kandidaten mein Parteidokument der Sozialistischen Einheitspartei Deutschlands. Ich studierte munter weiter, als etwa zwei Wochen nach dem persönlichen Gespräch mit der Kreisleitung der SED die Sekretärin des Rektors unserer Schule die Vorlesung störte, den Dozenten um Entschuldigung bat und sagte, daß der Herr Herold wegen dringender Umstände sofort zum Rektor kommen möchte. Der Dozent sah mich aufmerksam über die Brillenränder hinweg an. Meine Mitstudenten sahen ebenfalls alle zu mir her. „Kommen

Sie bitte, Herr Herold", sagte die Sekretärin. Ich stand auf und ging ihr nach aus dem Lektionssaal Richtung Rektorzimmer. Hoffentlich ist zuhause nichts passiert, mußte ich unentwegt denken. Die Sekretärin öffnete die Tür zum Rektor, sagte etwas hinein und dann wieder zu mir gewandt, ganz Würde: „Treten Sie ein, Herr Herold." Angemessenen Schrittes trat ich ein. Die Sekretärin hatte die Tür noch nicht ganz verschlossen, da fing der Rektor auch schon an: „Ich darf in zwei Stunden beim Oberbürgermeister sein mit Ihren kompletten Unterlagen, Herr Herold. Was ist denn passiert? Können Sie mir etwas sagen?" Ach so, der Oberbürgermeister von Zwickau, dachte ich. Dann ist ja wenigstens nichts Schlimmes passiert. Ich klärte den Rektor schnell über die Zusammenhänge auf und als er hörte, daß ich mindestens eine Stunde mit dem Oberbürgermeister vertrauensvoll geplaudert hatte, sagte der Rektor: „Bitte, nehmen Sie doch Platz, Herr Herold." Der Rektor wollte mehrmals von mir hören, daß ich gegen seine Einrichtung, wie er die Bergbauingenieurschule nannte, keine Beschwerde geführt hatte. Nach und nach beruhigte er sich wieder und ich durfte wieder in mein Semester zurückgehen. Ich habe von der Sache nie wieder etwas gehört. Gefreut hatte ich mich, daß der Oberbürgermeister mein Problem doch nicht vergessen hatte und mal nach dem Rechten sehen wollte, wie man so schön sagt. Aber es war alles rechtens und damit nicht zu ändern.

In den Studienablauf waren auch eine Reihe Praktika eingeordnet. Für mich war das immer eine schöne Zeit, und ich freute mich darauf, andere Bergbauzweige kennenzulernen. Ich versuchte immer eine praktische Arbeit zu bekommen, um nicht herumgammeln zu müssen, wie es anderen Studenten mitunter ging. So lernte ich den Braunkohlentagebau kennen und war beeindruckt von den gewaltigen Ausmaßen der Eimerkettenbagger und Radbagger sowie der Absetzer und Bandförderbrücken. Die Kumpel meisterten die Technik mit Präzision. Ich wurde einer Brigade zugeteilt, die Gleisarbeiten ausführte. Von den Kumpeln konnte ich mir manchen Kniff absehen, und ich war beeindruckt, wie sie die schwere und gefährliche Arbeit meisterten. Im Gleisbereich zu arbeiten, bei laufendem Betrieb erforderte volle Aufmerksamkeit, ein eingespieltes Kollektiv, wo sich einer auf den anderen verlassen konnte und wo die kompromißlose Einhaltung der Arbeitsschutzbestimmungen Grundprinzip war. Das Wasser ist der Feind des Bergmanns, besonders aber in den Braunkohletagebauen. Hier bedarf es großen bergmännischen Könnens und natürlich auch erheblicher Geldmittel, um mit dem anfallenden Wasser fertig zu werden. Aber es ist Voraussetzung dafür, daß die Braunkohle überhaupt gefördert werden konnte. Der Kalibergbau war für uns Steinkohlekumpel besonders interessant. Mußten wir in der Steinkohle jeden Quadratmeter Dach verbauen und stützen, so konnten die Kalikumpel gewaltige Hohlräume in das Salz treiben, ohne ein Stück Holz für den Ausbau zu benötigen. Dort bin ich auch das erste Mal mit einem Lkw unter Tage gefahren worden. Im Kupferschieferbergbau, und dort besonders im Abbau, dem sogenannten Bogenstreb, schien mir die Arbeit noch schwieriger und gefährlicher als im Steinkohlebergbau zu sein. Die Abbaue waren sehr niedrig und die Arbeiten konnten meist nur im Hocken und seitlich liegend durchgeführt werden. Mein schönstes Praktikum hatte ich im Wolfram-Zinnerz in einer Grube in Mühlleiten absolviert. Ein Stollen führte von über Tage waagerecht in den Berg hinein. Es wurde ein Greisenstock ausgebaut. Da Not am Mann war, wurde ich in der Förderung eingesetzt. Dort mußte ich Hunte zu Zügen zusammenkoppeln und auch das Fördergestell des Blindschachtes mit bedienen. Die geplante Förderleistung war eine bestimmte Anzahl geförderter Hunte voll erzhaltigen Gesteins. Wenn wir das geschafft hatten und noch zwei drei Hunte mehr, dann war die Schicht um. Das Praktikum in Mühlleiten lief im Wintersemester ab, und so fuhr ich früh mit dem Bus bis Mühlleiten, natürlich mit den Ski unterm Arm. Dann lief ich per Ski bis zur Zinngrube cirka fünfzehn Minuten. Nach Ende der Schicht ging es dann den alten Floßgraben entlang und auf Waldwegen über den Mittelberg nach Klingenthal hinunter. Das Größte bei diesem Praktikum war aber, daß Reni und ich jeden Tag zusammen waren. Die zwei

Wochen Praktikum waren identisch mit unseren Flitterwochen. Aber davon schrieb ich im Praktikumsbericht nichts.
Ein mehrwöchiges Praktikum führte unser Semester in der CSSR, in Ostrava, durch. Wir organisierten das folgendermaßen: Bergbaustudenten aus Ostrava kamen nach Zwickau und zogen in unser Internat ein, wohnten in unseren Zimmern und genossen unsere Verpflegung. Wir hatten in Zwickau pro Student 30 Mark Taschengeld hinterlegt und die slowakischen Studenten das gleiche in ihrer Währung in Ostrava. Im Steinkohlerevier von Karvina hatten wir dann drei Wochen als Hauer gearbeitet, mit vollem Einsatz, mit hoher Leistung und auch ein schönes Geld dabei verdient. Unsere Leistungen konnten sich sehen lassen und so hatten wir schnell einen guten Kontakt mit den slowakischen Kumpeln. Die Steinkohlevorkommen dort waren hervorragend. Die Kohle hatte keine Gesteinseinlagerungen. Das Dach war glatt wie ein Spiegel und es machte Spaß, wieder einmal richtig in die ‚Vollen' zu gehen.
Etwa die Hälfte des verdienten Geldes gaben wir in unsere Gemeinschaftskasse, mieteten einen Bus, ein Sportdozent aus Ostrava begleitete uns, und so zogen wir durch die Niedere und Hohe Tantra, bis unser Geld aufgebraucht war. Die Studenten aus Ostrava, die auf dem Martin-Hoop-Schacht arbeiteten, sahen sich unsere Hauptstadt Berlin, Dresden und natürlich die Ostsee ausgiebig an. Dieser Austausch von Studenten zum praktischen Einsatz unter Tage wurde an der Bergingenieurschule einige Jahre hintereinander praktiziert.
Als Studenten kamen wir auch so manches Wochenende in der Landwirtschaft zum Einsatz. Wir führten Pflegearbeiten auf dem Felde durch und halfen die Ernte zu bergen. Eine Vergütung gab es hierfür nicht. Aber wir hatten in unserem Wettbewerbsprogramm als FDJ-Studentenkollektiv die Verpflichtung übernommen und ein herzhaftes Frühstück kam meistens dabei heraus.

Während des Studiums gestalteten Reni und ich einen Höhepunkt in unserem gemeinsamen Leben. Wir heirateten. Das heißt, eigentlich nicht ganz freiwillig, denn das Baby, das

wir bekommen sollten, beschleunigte das längerfristige Vorhaben ganz beachtlich. Babys wurden zu unserer Zeit nicht nur programmiert geboren. Sie erlaubten es sich auch, manchmal zur Welt zu kommen, wenn sie es wollten. Für die Hochzeit brauchte ich einen Anzug. Ein neuer war viel zu teuer. Wir ließen beim Herrenschneider den Hochzeitsanzug meines im Krieg vermißten Schwiegervaters ändern. Aber so viel der Schneider auch änderte, gepaßt hatte mir der Anzug nicht. Ich trug ihn auch nur wenige Stunden am Hochzeitstag und dann nie wieder. Die Hochzeit war schön und wurde zünftig gefeiert. Reni und ich mußten, nachdem wir vom Standesamt kamen, vor der Haustür eine dicke Baumwurzel zersägen, und der Sägebock war mit bunten Papierschlangen geputzt. Wir erhielten von den Nachbarn und Freunden Geschenke. Meist nützliche Dinge, die eine junge Familie braucht. Renis Mutter trat uns ein Zimmer ab, das wir uns einrichten konnten. Zimmereinrichten – auch wenn man nichts hat, kostet es trotzdem Geld. Auch für das Baby mußten Sachen angeschafft werden. Ich verkaufte mein Motorrad. Zugegeben – es ist mir nicht leicht gefallen, aber für das Geld konnten wir das Nötigste anschaffen. Unser Baby, ein Mädchen, wurde im Frühjahr 1960 geboren.
1961, im Sommer, war das Studium beendet. Die letzten Monate waren wie im Fluge vergangen, wenn auch die Prüfungen, die Schlag auf Schlag kamen, uns alle ganz schön in Atem hielten. Die Verteidigung der Ingenieurarbeit war die letzte Hürde, dann war es geschafft. In feierlicher Form erhielten wir das Abschlußzeugnis und die Besten von uns wurden ausgezeichnet. Lange, bevor wir mit dem Studium fertig waren, wurde an uns die Frage gestellt, dorthin zu gehen als Ingenieure, wo unser Staat uns braucht. Dazu gab es die unterschiedlichsten Meinungen und Standpunkte. Aber es setzte sich die Meinung durch, daß wir ja nur aufgrund der Tatsache, daß wir in einem Arbeiter- und Bauernstaat lebten, hier studieren konnten, und daß es eine moralische Pflicht jedes einzelnen von uns war, diesem Staat, unserem Staat auch jede Unterstützung zu geben. Für uns Genossen im Semester war klar, daß wir jeden Parteiauftrag ausführen würden.

Bei der Absolventenvermittlung wurde mir nahegelegt, im VEB Steinkohlewerk Oelsnitz/Erzgebirge meine Arbeit aufzunehmen. dort würde Nachwuchs dringend benötigt. Die altersbedingten Abgänge waren im Steinkohlewerk Oelsnitz bedeutend größer als im VEB Steinkohlewerk Martin Hoop. Ich überlegte nicht lange und gab meine Zustimmung.

Steiger

Üblich war nach Abschluß der Bergingenieurschule eine Assistentenzeit von einem Jahr. Wir bekamen ein Schreiben von der Werkleitung ausgehändigt, worin stand, wieviel Wochen wir in welcher Abteilung des Werkes arbeiten sollten. Es ging darum, einen möglichst großen Überblick über den Betrieb zu bekommen. Meine erste Station war die Sicherheitsinspektion auf dem Deutschlandschacht des VEB Steinkohlewerk Oelsnitz. Es war mir möglich, das Vorschriften- und Gesetzeswerk, das im Steinkohlebergbau gültig war, intensiv durchzuarbeiten. Die Genossen der Sicherheitsinspektion gaben auf meine vielen Fragen immer eine begründete Antwort beziehungsweise zeigten die Probleme auf, die hinter der einen und anderen Tatsache, wie sie in der Praxis vorkamen, standen. Ich erkannte schnell, daß die theoretischen Kenntnisse eine gewichtige Seite der berühmten zweiseitigen Medaille waren. Aber hier im Steinkohlebergbau unter Tage zu bestehen, setzte Praxis mit eigener Erfahrung voraus. Meine einjährige Assistentenzeit war nach sechs Wochen um.
Wie das so ist, plötzlich und unerwartet kam der Befehl zum Einsatz als Steiger in der zehnten Abteilung.
Die zehnte Abteilung hatte meistens zwei Abbaue laufen und gehörte zu einer Nebenschachtanlage, dem Albert-Funk-Schacht. Als neuer Mann in der Kohlegewinnung wurde man Abbausteiger. Das bedeutete, verantwortlich dafür zu sein, daß die Kohlen kommen, also der tägliche Plan erfüllt wurde. Verantwortlich dafür, daß die Förderung lief, damit die Kohlen rollten; verantwortlich dafür, daß genügend Holz zum Ausbauen für die Hauer da war, daß der Versatz nach war, daß es keine Verstöße gegen Arbeitsschutz und technische Sicherheitsbestimmungen gab, zum Beispiel, daß die Ausbauregeln eingehalten wurden; verantwortlich für alles, was dort vor Ort getan und manchmal auch nicht getan wurde. Es würde ein Buch für sich werden, um das alles aufzuzählen und die Vorschriftenwerke gibt es ja bereits in ausreichender Zahl. Trotz allem, ich war froh, daß es endlich wieder losging. Es mag

komisch klingen, aber ich sehnte mich danach, endlich wieder in die Grube zu kommen. Ich wollte auch wieder Schwielen an den richtigen Stellen bekommen. Und – Hand auf's Herz – Speck hatte ich auch schon angesetzt. Bei der schweren körperlichen Arbeit als Hauer konnte ich essen, was ich wollte, Speck blieb keiner hängen. Ich sah eher aus, wie ein ständiger Anwärter auf Zusatzkost. Beim Studium dann hatte ich die Umstellung nicht so richtig geschafft; auf gut deutsch – ich habe weiter gefressen auch ohne körperliche Arbeit. Die Erfolge, die man dann hat, kennt jeder.

Ich schnürte mein Bündel, brachte alles nach dem Albert-Funk-Schacht, richtete mich in einem freien Spind im Bad ein und meldete mich beim Abteilungssteiger. Die Abteilung hatte also einen Leiter, den Abteilungssteiger. In den einzelnen Dritteln gab es den Schichtsteiger und dann kam der Abbausteiger. Mehr Hierarchie gab es nicht und war auch nicht notwendig. Der Abteilungssteiger und ich fuhren zusammen ein. „Ich zeige dir heute die Abteilung", sagte er zu mir. „Morgen kommst du zur Mittagschicht. In der Mittagschicht habe ich keine Abbausteiger. In der Mittagschicht ist diese Woche das starke Drittel da, auch der Brigadeleiter. Auf den kannst du dich verlassen."

„Geht klar", sagte ich. Plötzlich blieb er stehen und sah mich an: „Hast du den Befähigungsnachweis als Aufsichtsführender?" fragte er. „Ja, ist ganz neu das Blatt", sagte ich. „Ich war einige Wochen in der Sicherheitsinspektion". Er nickte. „Ist gut."

Wir gingen weiter. Als wir in der Abteilung ankamen, sah ich sofort, daß hier einiges anders war als auf dem Martin-Hoop-Werk. Waren auf dem Martin-Hoop-Werk große Bandanlagen vorherrschend, so gab es hier in der Abteilung noch Füllstellen mit Hunteförderung und kleinem Elektrolokbetrieb. Die Kohle wurde durch organisierten Sprengbetrieb aufgelockert. Die Hauer gewannen die Kohle und verbauten den ausgekohlten Raum. Der Panzerförderer transportierte die Kohle auf das Förderband in der Fußstrecke. Nach zwei Förderbändern kam ein Querförderband, das in der Füllstelle endetet. An der Füllstelle mußten fortwährend leere Hunte unter das laufende Förderband geschoben werden. Klappte das nicht reibungslos oder waren keine leeren Hunte da, dann blieb die gesamte Förderung bis in den Abbau hinein stehen. Die gefüllten Kohlenhunte wurden bis zu zwanzig Stück zusammengekoppelt und eine kleine Elektrolok mit Oberleitungsbetrieb zog den Vollzug bis zum Blindschacht. Dann wurden die Hunte wieder abgekoppelt und einzeln im Blindschacht auf die Hauptfördersohle gehängt. Im Gegengestell kam dann immer ein Leerhunt mit nach oben auf unsere Sohle. Der Leerzug wurde zusammengekoppelt und ab ging es wieder zur Füllstelle zurück. Das Kollektiv, das für die Förderung verantwortlich war, arbeitete zuverlässig und präzise. Aber, wie gesagt, die geringste Störung irgendwo zwischen Hauptschacht und Abteilung wirkte sich als Förderausfall aus. Besonders zu Schichtbeginn, wo die meisten Kohlen aus dem Abbau kamen, bangte man immer, daß ja genug Leerhunte da waren. Gegenüber der Füllstelle stand eine Gezähekiste und darüber hing ein Telefon. Mindestens zehnmal in der Schicht rief ich dort an: „Habt ihr noch Leere?" „Es sind Leere da, Steiger." Über dem Blindschacht und mittels E-Lokbetrieb mußte auch das gesamte Holz für den Abbau und alles andere Material in die Abteilung transportiert werden. Von der Füllstelle ging eine Nebenstrecke ab, die Verbindung mit der Abbau-Kopfstrecke hatte. Dort wurde das Material eingeladen. Manche Sonntagsschicht hatten wir gearbeitet, um die Gleise instand zu halten, denn der Gebirgsdruck sorgte immer wieder dafür, daß die Schienen sich verwarfen. Aber der Förderbetrieb war unsere Lebensader, Tag und Nacht. Ich sah mir die Abteilung gründlich an und konnte auch meinen Abteilungssteiger beobachten, wie er mit den Kumpeln sprach und welche Anweisungen er gab. Seine Art gefiel mir. Er war ruhig, besonnen und besaß jahrelange Erfahrung. Sein Wort galt bei den Kumpel. Wir fuhren gemeinsam wieder aus. „Also, dann bis morgen mittag", sagte er. „Glück auf", erwiderte ich seinen Gruß.

Am nächsten Tag war ich 13 Uhr auf dem Schacht. 14 Uhr begann die Schicht. Als ich in der Steigerstube ankam, sprach der

Abteilungssteiger gerade mit zwei Kumpel über die Aufgaben, die in der Mittagschicht erfüllt werden mußten. Ich verhielt mich ruhig und stand etwas abseits. Als der Abteilungssteiger mit dem Rapport fertig war, stellte er mich vor. „Das ist der Genosse Günter Herold. Ab heute mit in eurem Drittel. Und das ist der Steiger Fischer, der Drittelsteiger. Seine Anweisungen hast du auszuführen. Und das hier ist der Brigadeleiter, Albert Marek."
Wir gaben uns die Hand. Der Steiger Fischer war ein großer, kräftiger, fleischiger Typ. Albert Marek war klein, drahtig und hatte sehr junge Augen. Er musterte mich intensiv und hatte seine Meinung über mich bereits fertig. Ich fragte, wo ich mich hinsetzen kann. Dann nahm ich mir die Schichtenliste und trug alle Namen der Kumpel, die Mittagschicht hatten, in mein Buch ein. Die Zeit zum Schichtwechsel war da. Steiger Fischer und ich gingen ins Bad, um uns für das Einfahren umzuziehen. Als ich in Richtung Hängebank losgehen wollte, sagte er: „Laß dir Zeit, mein Junge. Laß die anderen erst mal hinter vor Ort kommen. Der Brigadeleiter macht auch ohne uns alles richtig. Das ist ein alter Fuchs. Und acht Stunden, bis die Schicht um ist, ist eine lange Zeit." Er lachte nach diesen Bemerkungen. Ich war mir nicht sicher, ob er einen Witz machen wollte. 30 Minuten nach Schichtwechsel fuhren wir ein. Steiger Fischer konnte in der Hauptförderstrecke so langsam laufen, daß ich am liebsten davongerannt wäre. Ich mußte mich regelrecht zusammenreißen. Als wir an der Füllstelle ankamen, sagte er zu mir: „So, nun geh mal rein in den Abbau. Ich kümmere mich hier um die Förderung." Ich ging allein los in die Fußstrecke hinein. Das war falsch, wenn die Förderung lief; aber das wußte ich erst später. Der erste Kumpel, den ich in der Fußstrecke traf, war ein älterer Kumpel. Seine Aufgabe war, die Förderbänder zu überwachen und die heruntergefallene Kohle wieder aufzuschaufeln. „Glück auf", sagte ich, „ich bin der Neue." „Glück auf", erwiderte er meinen Gruß. „Wir wissen Bescheid. Der Brigadeleiter hat uns informiert." Ich fragte rasch nach seinem Namen und sah in meinem Schichtbuch nach. Er stand drin. Ich machte hinter seinem Namen einen Strich. Über Tage würde ich dann

in der Schichtenliste die Anwesenheit sowie die durchgeführte Tätigkeit eintragen. Die Schichtenliste mit Leistungsnachweis ist die Grundlage für die Errechnung des Lohnes. So, wie bei dem ersten Kumpel, machte ich es bei den cirka 50 Kumpeln in der Mittagsschicht. Um einen möglichst günstigen Eindruck zu machen, zog ich überall ein freundliches Gesicht. Als ich meine erste Runde weghatte, taten mir die Gesichtsmuskeln weh.
Die Kumpel waren zurückhaltend, taxierten mich und werden gedacht haben: Erst mal sehen, was der junge Dachs so anstellen wird. Ich war ja erst 22 Jahre alt. Die Verantwortung, die ich übernahm, war aber groß. Der Schacht ist eben keine Schokoladenfabrik, sagten die Kumpel. Und es gab ständig Situationen, wo man Entscheidungen treffen mußte, die Risiken beinhalteten. Ich habe aber oft genug in meinem Leben erfahren, daß nicht wenige Menschen Entscheidungen aus dem Wege gingen, um nichts verantworten zu müssen. Aber zum Überlegen kam ich nicht lange. Als ich nach dem Frühstück in den Abbau kam, kam mir der Brigadeleiter entgegen: „Steiger", sagte er, „komm mal mit, wir müssen was unternehmen." Etwa in der Mitte des Abbaus stand noch ein Rüffel von cirka zwölf Meter Stoß an. Diese zwölf Meter Kohlenstoß waren nicht gesprengt worden. Vielleicht hatte es die Nachtschicht nicht geschafft. Der Abbaudruck hatte sich dort aufgelegt. Die Kohlen waren fest wie Stein. Ich kannte diese Rüffel aus eigener Erfahrung.
„Wenn wir hier nichts unternehmen, bringen wir die Gasse nicht auf", sagte Albert Marek, der Brigadeleiter. „Zeig mal", sagte ich zu einem der Hauer, der an diesem Stück schon seit Schichtbeginn pickerte und nahm ihm den Pickhammer aus der Hand, hängte meine Lampe an den Stempel und fing an, den Kohlenstoß mit dem Pickhammer zu bearbeiten. Der Auftritt von mir war nicht unwichtig, denn Albert Marek hätte auch ohne mich gewußt, was zu tun war. Die vier, fünf Kumpel um mich herum erkannten sofort, daß ich nicht das erste Mal am Kohlenstoß stand. Nach zehn Minuten setzte ich den Pickhammer wieder ab. Ich sah mir den Ausbau näher an. Alles in Ordnung, dachte ich. Auch insgesamt machte der Ausbau einen guten Eindruck. Nun war es so,

daß die Gewinnungsdrittel meistens einen Sprengmeister hatten, der in bestimmten Situationen zum Einsatz kam. Mitunter übernahm er auch Überwachungsfunktion, falls in der Nachtschicht bei der Sprengarbeit Probleme auftraten. Ich hatte bemerkt, daß der Sprengmeister, der zur Brigade gehörte, bereits vorbereitende Maßnahmen getroffen hatte und nur auf eine Anweisung von mir wartete.
„Wir schießen", sagte ich zum Brigadeleiter gewandt.
„Ist gut", sagte Albert Marek und gab dem Sprengmeister ein Zeichen. „Soll ich einen Einbruch schießen oder gleich den gesamten Rüffel wegnehmen", fragte der Sprengmeister. „Wegnehmen. Den ganzen Rüffel", sagte ich und kam mir ziemlich mutig und wichtig vor. Im Innersten war ich mir sicher, daß trotz der Anweisung von mir der Brigadeleiter Marek und der Sprengmeister niemals ihren langjährigen bergmännischen Erfahrungen zuwider gehandelt hätten. Es dauerte keine 30 Minuten und die Schüsse wurden gezündet. Ich freute mich, daß so viele Kohlen den Abbau herunterkamen. Da würden wir die Gasse auch aufbekommen, und die Nachtschicht brauchte nicht nachzukohlen. Und wie ich mich so freute, kam der Steiger Fischer, mein Vorgesetzter angelaufen. Keuchend fragte er: „Wer hat angewiesen zu sprengen?" seine Stimme bebte vor Wut. „Ich", war meine Antwort. Bis jetzt hatte er nur den Brigadeleiter angestarrt und mich überhaupt nicht beachtet. „Was? Du? Das kannst du überhaupt nicht verantworten!" brüllte er mich an. „Das hat noch ein Nachspiel!"
Ich hatte keine Chance ihm zu erklären, warum ich so entschieden hatte. Etwas enttäuscht sah ich Albert Marek an: „Ich war doch der Überzeugung, richtig gehandelt zu haben. Und was ich falsch gemacht habe, das hat er mir trotz allen Theaters nicht gesagt, der Steiger Fischer", meinte ich.
„Mach dir nichts draus. Kopf hoch, Junge", sagte Albert Marek. „Ich heiße Albert", sagte er und hielt mir die Hand hin. „Günter", sagte ich und schlug ein. Beinahe hätte ich ‚Au!' gebrüllt. Mein Gott, der hatte eine Kraft in den Händen. Als Albert wieder in dem Abbau war und mich nicht mehr sehen konnte, massier-

te ich mir verstohlen die rechte Hand. Ich fuhr am Ende der Schicht mit der Brigade aus.
Steiger Fischer fuhr eher aus, um Schreibarbeiten zu erledigen und mit dem Nachtschichtsteiger zu sprechen. Ich duschte mich und ging in die Steigerstube. Aus meinem Buch übertrug ich die Schichten in die Schichtenlisten. Steiger Fischer war weggegangen, ohne ein ‚Glück auf'. Ein mistiger Anfang, ging es mir durch den Kopf. Ich lief nach Hause, legte mich hin und schlief auch sofort ein.
Am nächsten Morgen ging mir wieder die Schicht vom Vortage durch den Kopf. So richtig zufrieden war ich nicht. Als ich um 13 Uhr wieder auf dem Schacht war und in die Steigerstube kam, sagte der Abteilungssteiger ohne jede Begrüßung oder Einleitung zu mir: „Steiger, die keine Disziplin haben, brauche ich auch nicht in der Abteilung. Beim nächsten Vorkommnis rufe ich die Kaderabteilung an, damit sie dich in eine andere Abteilung versetzen." Ich stand wie vom Blitz getroffen. Das gab es doch gar nicht. Sagt mir dann endlich jemand, was ich verbrochen habe? Bevor ich den Gedanken aussprechen konnte, sagte jemand: „Paul, ich muß dich mal sprechen." Es war Albert Marek, der Brigadeleiter, der nach mir in die Steigerstube getreten war. „Albert, sofort", sagte der Abteilungssteiger wieder. Erst mal ruhig durchatmen, dachte ich, jetzt nicht noch verrückt spielen. Ich ging ins Parteizimmer, um mein Dokument vorzulegen und mich beim APO-Sekretär anzumelden.
„Du bist der Genosse Herold, stimmt's?" fragte mich der APO-Sekretär. „Ja, der bin ich." „Ernst Hübler ist mein Name." „Gut, Ernst", stimmte ich ihm zu. „Du hattest in der ersten Schicht schon Ärger, stimmt's?" „Ja", sagte ich und dachte: Aha, die Partei ist auch schon informiert. „Bloß, was ich falsch gemacht habe, sagt mir niemand", bemerkte ich nebenbei. „Na hör mal", sagte Ernst, „wenn der Steiger Fischer zu dir sagt, es darf im Abbau nicht gesprengt werden, alles soll von Hand aufgemacht werden, dann kannst du dich nicht widersetzen und sprengen lassen. Du hattest Glück, daß nichts passiert ist, aber das ist keine Entschuldigung." Mir wurde rot vor Augen. Dieses Mistvieh, der

Fischer, keine Anweisung und nichts hat er mir gegeben. Nicht einmal den Abbau hat er sich angesehen. Was habe ich ihm getan? „Aber das stimmt alles nicht. Ist nicht wahr", sagte ich. „Es ist aber im Rapportbuch eingetragen, schon gestern abend", sagte Ernst. Stimmt, ins Rapportbuch hatte ich nicht gesehen. Ich kann ihm das Gegenteil nicht beweisen, dachte ich. „Ernst", sagte ich, „wir kennen uns erst die paar Minuten. Aber gesetzt dem Fall, nur mal theoretisch, der Steiger Fischer trägt heute abend wieder etwas gegen mich ein, was wieder nicht stimmt, wie kann ich mich dagegen schützen? Mich wehren? Sag es mir!" Ernst schaute nachdenklich drein. „Noch ein solches Ding und der Abteilungssteiger schmeißt mich morgen raus", redete ich weiter. „Du wärst innerhalb eines Jahres der dritte Ingenieur, den wir bekommen und nach kurzer Zeit wieder weg ist", sagte Ernst nachdenklich. „Na, dann habt ihr ja Übung", konnte ich mir nicht verkneifen zu sagen. „Werd nicht frech." Ernst sah mich böse an. „Entschuldige, aber ich bin verärgert", versuchte ich einzulenken. Nach einer Weile des Schweigens sagte ich: „Ich fahre jetzt ein. Glück auf." „Was? Ach so. Glück auf. Gute Schicht!" rief Ernst mir nach. Diesmal fuhr ich mit der Brigade ein und lief gemeinsam mit den Kumpeln in unsere Abteilung. „Willst du die Arbeiten einteilen?" fragte mich Albert Marek. „Nein, mach du das bitte", sagte ich zu ihm. Er legte präzise fest, wer welche Arbeit und damit verbunden welche Aufgabe zu erfüllen hatte. Dann wurde die Förderung eingeschaltet und los ging es. Albert kam zu mir gelaufen. „Paß mal auf, mein Junge. Was meinst du, wie oft ich schon Dresche bezogen habe?" sagte er. „Berechtigt und unberechtigt. Die Unberechtigten tun besonders weh aber die Arbeit erledigt sich deshalb auch nicht von allein. Und deshalb, Kopf hoch." Wir gingen gemeinsam in den Abbau. Die Förderung lief stabil und Holz zum Verbauen war genügend da. Ich ging zu einem Hauer, der zu Schichtbeginn sagte, daß ihm nicht richtig schön sei. „Der Magen", sagte er. Ich schaufelte, pickerte und verbaute. Der Schweiß quoll aus allen Poren. Die Schaufel lag herrlich in der Hand und der Panzerförderer war voller Kohlen. Je länger ich wühlte, um so besser fühlte ich mich. Ich arbeitete mir die Verärgerung regelrecht ab. Albert sah sich meine Arbeit sachkundig an. „Hm, du warst bestimmt mal ein mittelprächtiger Hauer", sagte er grinsend. „Und jetzt ist Schluß. Frühstück." Er gab das entsprechende Zeichen durch den Abbau. Die Förderung blieb stehen. Ich kann sagen, die Brigade, Albert Marek und ich wurden wie die Finger einer Faust. So fest hielten wir zusammen. Ich tat alles, um meinen Kumpels einen störungsfreien Betrieb zu sichern. Dadurch kam unser Drittel auf gute Leistungen und das Geld stimmte, ohne daß wir uns über Gebühr schwer taten. Wenn es galt, länger zu machen oder auch mal sonntags zu arbeiten, dann konnte ich mich auf meine Leute verlassen. Da ich mit den Leuten sprach, kannte ich bald ihre Sorgen, hier auf Arbeit und auch zu Hause. Auch die Hobbys, die der eine oder andere hatte, kannte ich genau. Mir wurde es dadurch möglich, mitunter durch ein gutes Wort oder durch ein kleines Entgegenkommen auch Hilfe zu geben. Ich bekam so manchen guten Rat und wurde von meinen Leuten unterstützt. Natürlich ging es auch ohne Auseinandersetzungen nicht. Und mit 22 Jahren ist man nun mal keine Respektsperson. Unter den Hauern war ein Kumpel, der täglich eine hohe Normerfüllung brachte, aber sein Ausbau entsprach nicht den Sicherheitsbestimmungen. Ich hatte ihn schon mehrfach ermahnt, seine Stempel senkrecht zu stellen und die Pfändung sachgerecht aufzubringen. Meistens gab er mir gar keine Antwort. Natürlich merkten die anderen Hauer das auch. Vielleicht tat er sich sogar groß damit. Wenn ich den Bock nicht bald umstoße, dachte ich, kann ich zuhause bleiben. Da macht bald jeder, was er will. Meistens machten Albert Marek und ich zusammen Frühstück. Eines Tages sagte ich: „Von deinem dritten Mann vom Panzerkopf aufwärts, dem Thiele, habe ich die Schnauze voll." Albert gab keine Antwort. Nach dem Frühstück ging ich wieder in den Abbau. Als ich beim Hauer Thiele vorbeikam, sah ich, daß er wieder schlampig gearbeitet hatte. „Du bringst jetzt erst deinen Ausbau in Ordnung!" rief ich ihm zu, so daß es noch andere hören konnten. Er reagierte nicht. „Du gehst vom Stoß weg oder bringst deinen Ausbau in Ordnung!" rief ich wieder. Keine Reaktion vom Hauer Thiele. Da sprang ich über den Panzer. Thiele hatte die ganze Zeit ruhig weiter geschaufelt. Ich trat mit einem Fuß auf das große Schaufelblatt und mit dem anderen auf den Stiel. Um nicht zu fallen, mußte er die Schaufel fallenlassen. Daß ich das tun würde, darauf war er nicht gefaßt. Er stand erst einmal ganz verdutzt und wußte nicht, was tun. „Erst Ausbau in Ordnung bringen", sagte ich wieder. „Eher geht hier nichts weiter!" Ich dachte schon, ich hätte gewonnen. Da machte er Anstalten, mich von der Schaufel zu stoßen. In dem Moment stand Albert Marek neben Thiele, faßte ihn am Oberarm und drückte zu. Ich sah, wie Thiele das Gesicht vor Schmerz verzog. Und gleichzeitig sagte Albert: „Du machst, was der Steiger dir sagte." Sie sahen sich nur für einen kurzen Moment in die Augen. Alberts Gesicht sah aus wie gemeißelt. Dann ließ er Thiele wieder los. Der kletterte, ohne ein Wort zu sagen, über den Panzerförderer, holte Kaukamm und Säge und begann, seinen Ausbau in Ordnung zu bringen. Als wir ein Stück weg waren, sagte ich: „Ich danke dir, Albert." „Ich hätte dir soviel Zivilcourage gar nicht zugetraut", sagte Albert. „Ehrlich, ich mußte meinen Mut zusammennehmen", gab ich zur Antwort.

Die Planerfüllung der Abteilung konnte sich sehen lassen. Bei Wettbewerbsauswertungen belegten wir vordere Plätze. Prämien konnten wir fast jede Woche abholen. Ich hatte auch das Gefühl, daß ich vom Kollektiv jetzt anerkannt wurde, zu ihnen gehörte. Auch im Steigerkollektiv hatte ich jetzt Fuß gefaßt. Es hatte in der APO Auseinandersetzungen gegeben. So wurden der Weggang von zwei Jung-Ingenieuren und mein Beinahe-Rausschmiß hart kritisiert. Ernst, unser APO-Sekretär, Albert Marek und der Abteilungssteiger hatten wohl einige längst fällige Dinge angesprochen und Schlußfolgerungen gefordert. Wie mir ein Genosse aus der APO-Leitung sagte, machte besonders der Steiger Fischer jungen Bergingenieuren das Arbeiten unter Tage schwer. Er ist der dienstälteste Steiger in der Abteilung und rechnete damit, eines Tages Abteilungssteiger zu werden. Durch den Krieg und persönliche Umstände bedingt, hatte er nur einen Technikerabschluß machen können. Nun war er der Meinung,

daß die Jung-Ingenieure seine Perspektive vereiteln könnten. Diese Fragen wurden in der APO-Leitung geklärt. Trotzdem, was den Steiger Fischer betraf, saß bei mir der Stachel fest.
Eines Tages, unser Drittel hatte Frühschicht, rief der Nachtschichtsteiger vor sechs Uhr früh aus der Grube an und meldete, daß unmittelbar nach den Sprengarbeiten das Dach aufgebrochen war. Der Panzerförderer stand und ist jetzt fest. Das Nachtschichtkollektiv führte erst einmal Sicherungsarbeiten im Abbau durch. Der Abteilungssteiger beriet sich kurz mit Albert Marek und Ernst und rief dann den Obersteiger Müller an. Der brüllte so laut ins Telefon, daß unser Abteilungsleiter den Telefonhörer etwas weg halten mußte. Albert sah mich an und zwinkerte kurz. Ich gab das Zeichen zurück. Wir werden wohl das Gleiche gedacht haben. Als sich der Sturm im Telefonhörer gelegt hatte, sagte der Abteilungssteiger: „Jawohl, Obersteiger, so wird es gemacht", und legte den Telefonhörer wieder auf. Unser Abteilungssteiger atmete tief durch. „So", sagte er, „nun wollen wir mal. Steiger Fischer geht mit den Leuten in die Nachbarabteilung und belegt in Abstimmung mit dem dortigen Abteilungssteiger alle Stellen, wo es möglich ist, Kohlen zu fördern. Steiger Herold und Brigadeleiter Marek gehen in unseren Abbau und versuchen, den Aufbruch zum Halten zu bringen. Ziel muß sein, daß zum Schichtende die Förderung wieder läuft. Die Mittagsschicht muß unbedingt wieder Kohlen fördern. Und, Albert, such dir gute Leute aus zur Unterstützung."
Wir nickten und verließen die Steigerstube, um unsere Leute einzuteilen. Danach zog ich mich um und fuhr sofort ein. Gleichzeitig mit Albert traf ich an der Aufbruchstelle ein. Die Nachtschichtsteiger waren immer noch da. „Der Abbau ist durchgängig gesichert worden", sagte er. „Am liebsten würde ich hierbleiben und mit aufräumen." Wir fielen ihm ins Wort: „Ihr habt gute Vorarbeit geleistet. Wir machen es. Bis zur Mittagsschicht schaffen wir das bestimmt. Und jetzt sammle deine Leute von der Nachtschicht und schert euch heim!" „Na, geh schon, Dieter", redete ich dem Nachtschichtsteiger zu, „wir geben uns Mühe." „Also dann, macht's gut. Glück auf", sagte er. Albert und ich

stimmten uns kurz ab. Albert fing sofort am Bruch mit noch drei Kumpel an zu arbeiten. Ich holte noch mehr Leute in den Abbau und ließ den Panzerförderer abräumen. Er war gestrichen voll mit Gestein und würde so nicht wieder laufen. „Gebt auch acht, daß die Panzerkette nicht verklemmt ist", ermahnte ich die Leute. Weitere Kumpel beauftragte ich mit Holz schleppen. Da der Abbau an einer Stelle mehrere Meter zugebrochen war, konnte kein Holz über die Förderbänder der Kopfstrecke antransportiert werden. Es blieb kein anderer Ausweg, als das Holz mit Stricken per Hand zu schleppen, die Fußstrecke entlang, also gegen die Förderrichtung, bis zur Aufbruchstelle, wo das Holz dringend benötigt wurde.

Als ich die Arbeit soweit eingeteilt hatte, ging ich wieder zur Bruchstelle selbst. Die Bruchmassen waren inzwischen soweit weggeräumt, daß wir in den Aufbruch hineinschauen konnten. Ein großes Loch von cirka sechs Metern Höhe und drei Metern im Durchmesser befand sich über uns. Was wird jetzt, dachte ich. In der Praxis hatte ich ein solches Problem noch nicht zu lösen und im Lehrbuch stand, das Aufbrüche auszupfeilern sind. Albert ließ noch soviel Gestein wegräumen, daß er in das Loch klettern konnte. Mir war das ganz und gar nicht geheuer. Ich kletterte Albert hinterher, obwohl sich mir das Fell sträubte. In so einen Aufbruch hineinzugehen, war nicht jedermanns Sache. Albert sagte: „Geh nicht in die Mitte des Lochs, bleib am Rand. Wenn ein Stein herunterfällt, dann ist die Flugbahn immer zur Mitte zu." Ich trat wieder an den Rand des Aufbruchs zurück. Ich leuchtete den Aufbruch nochmals ab. Kegelförmig lief er nach oben aus. Im Lehrbuch stand: Die Firste ist zu bereißen. Und keiner sagte mir, was zu machen war, wenn die Firste in sechs Metern Höhe war. Wo nehme ich eine sechs Meter lange Stange her in der Grube, wo man beim Transport von drei Meter langem Rundholz bereits Probleme hatte? Hier war so ein Moment, wo die Bergbausicherheit Leben und Gesundheit des Bergmanns nicht mehr in vollem Umfang sichern konnte. Hier entschieden bergmännische Erfahrung und Instinkte. Ich sagte das, auch wenn es bestritten wurde. Aber die, die das bestritten,

standen noch in keinem Aufbruch. Hier genügte schon ein faustgroßer Stein, um aus sechs Metern Höhe Unheil anzurichten. Beim Bergmann gab es den Begriff ‚Sargdeckel'.
Wir ließen uns von den Kumpeln Rundholz und Kappen durch die Öffnung hereinreichen und begannen, einen Pfeiler aus Rundholz aufzubauen. Die Gesteinsmassen, die noch unten lagen, benutzten wir als Arbeitsbühne, also zum Drauftreten. Beim Pfeilern kam es darauf an, daß das Holz am Gestein anlag, damit ein weiteres Hereinbrechen vermieden wurde. Lage um Lage arbeiteten wir uns hoch. Als wir uns nicht mehr hochreichen konnten, kletterten wir in den Pfeiler, wie einen Kamin. Als der Pfeiler cirka vier Meter hoch war, brachten wir eine starke Prellbühne ein und verkeilten alles fest gegen den Stoß. Als Albert und ich aus dem Loch herauskletterten, war Frühstück vorbei, also nach zehn Uhr. „Frühstück", sagte Albert, und alle suchten sich ein Plätzchen, um sich hinzusetzen. „Wenn wir mit dem Frühstück fertig sind", sagte Albert, „dann kümmere ich mich darum, daß die Förderung läuft. Bis 13 Uhr haben wir die Gesteinsmassen weg. Das geht jetzt schnell." Ich konnte nur nicken. Ich kaute an meinem Frühstück mit vollen Backen. Aber wir ließen uns nur wenig Zeit. Ich lief vor zur Füllstelle und sagte Bescheid, daß die Förderung eingeschaltet werden mußte. „Wenn es losgeht durchziehen und nicht abschalten", sagte ich zu den Förderleuten. Sie wußten es auch ohne meine Bemerkung, daß es keinen Stillstand geben durfte. Als ich wieder in den Abbau zurück wollte, kam der Abteilungssteiger mit dem Obersteiger. Ich blieb stehen und machte eine vorschriftsmäßige Meldung. Als ich zum Schluß bemerkte, daß wir in cirka einer Stunde versuchen wollen, den Panzerförderer einzuschalten, meinte der Obersteiger: „Wenn du recht hast, Genosse Herold, dann hätten wir noch mal Glück gehabt. Wir belegen den Stoß in der Mittagsschicht so, daß der Abbau so weit als irgend möglich auf wird. Die Nachtschicht muß dann auch alle Leute in den Abbau werfen und wir bleiben im Zyklus", sagte der Obersteiger.
„Wir können auch noch zwei Stunden Kohlen fördern", sagte ich. „Vor 15 Uhr ist die Mittagschicht nicht da, und dann können

wir abgelöst werden." „Was meinst du?" fragte der Obersteiger den Abteilungssteiger. „Ich bin einverstanden", sagte dieser, und weiter: „Dann rede schon mal mit deinen Leuten darüber, damit auch alles klappt." Hätte ich nur den Mund gehalten, dachte ich, so was von Binsenweisheit. Die lachen jetzt bestimmt über mich. Mit meinen Leuten brauchte ich nicht groß zu diskutieren wegen Längermachen. „Bleibst du mit hier bis die Mittagschicht da ist?" fragte ich. „Geht in Ordnung, Steiger", kam die Antwort. Ich ging wieder in den Abbau. „Na, bleiben die Leute da?" fragte der Abteilungsleiter. „Ja", sagte ich, „alle." Damit war das Thema beendet. Albert Marek kam aus dem Abbau und sagte: „Du kannst es mal probieren, Steiger." „Glück auf, Albert", sagte der Obersteiger. Sie begrüßten sich wie alte Bekannte. „Gib Signal zum Einschalten", sagte der Abteilungssteiger zu mir. Ich nehme die Signalleine und schlage fort. Der 38-kW Motor heulte auf. Dann wurde ein dunkles Brummen daraus. Aber der Antriebsstern drehte sich, wenn auch langsam; mir schien es viel zu langsam. Das Abbaulicht war dunkler. Die Stromaufnahme gewaltig, und die Spannung fiel ab. Hoffentlich hält das Bimetall, hoffentlich reißt die Panzerkette nicht, hoffentlich schmilzt das Weichlot an der Turbokupplung nicht! Es gab viele Möglichkeiten, daß noch etwas schiefging. Ich spürte fast körperlich, wie der Elektromotor sich quälen mußte. Wir stemmten uns alle mit den Füßen in die Förderkette. Irgendwie wollte jeder helfen, daß es lief. Langsam wurde das Brummen heller. Das Licht brannte wieder normal. Der Antriebsstern lief gleichmäßig durch, die Förderkette bewegte sich in normaler Geschwindigkeit.
Trotzdem ich den Panzerförderer hatte abschaufeln lassen, kamen große Mengen von Kohlen und Gestein, die jetzt vom Kohlenstoß hereinbrachen, aus dem Abbau gequollen. Das Förderband in der Fußstrecke konnte die Massen kaum fassen. Albert hatte im Abbau, unmittelbar am Panzerkopf, Hauer postiert, die versuchten, mit Pickhämmern große Kohlen- und Gesteinsbrocken zu zerkleinern, damit es an den Bandübergängen zu keinen Verstopfungen und damit zu Störungen kam. Er denkt an alles, der Albert. Er ist klasse, ging es mir durch den Kopf.

Der Obersteiger und der Abteilungssteiger machten wieder andere Gesichter, nicht mehr so verbissen. Sie lachten sogar. Mir war es auch leichter ums Herz. Wie versprochen, förderten wir Kohlen, bis die Mittagsschicht kam und uns die Schaufeln und Pickhammer aus der Hand nahmen. Es war eine harte Schicht, aber es hatte sich gelohnt. Wir waren im technologischen Zyklus geblieben. Unsere Abteilung hatte den Plan geschafft. Und wir hatten am Monatsende alle eine anständige Prämie erhalten.
Was mich persönlich mehr und mehr belastete, war die Tatsache, daß wir, das heißt meine Familie und ich, noch keine eigene Wohnung hatten. Reni und ich waren nunmehr drei Jahre verheiratet. Reni, ich und unser Kind, wir wohnten noch immer im kleinen Zimmer in der Wohnung von Renis Mutter. Unsere Ehe bestand darin, daß ich meistens am Sonntag zu Besuch kam; und das nicht mal regelmäßig. Im Monat ein- bis zweimal hatte ich Sonntagsdienst in der Grube. Nun erwarteten wir unser zweites Kind.
Das Getrenntsein von der Familie fing an, mich mürbe zu machen. Und auch für Reni war die Sache nicht einfach zu ertragen.
Eines Tages sprach ich den APO-Sekretär unserer Abteilung an und fragte ihn um Rat. „Mit Wohnungen haben wir viele Probleme", sagte Ernst. „Willst du nicht in der AWG mit bauen?" „Ach, ich bin doch schon drei Jahre in der AWG und habe als Student in den Semesterferien AWG-Stunden geleistet. Aber es dauert mindestens noch zwei bis drei Jahre, bevor wir eine Wohnung bekommen." „Hast du es mal mit einer Zwischenwohnung versucht? Hast du mal danach gefragt?" erkundigte sich Ernst. „Ich habe im AWG-Büro gefragt, aber der Kollege, der dort war, hat nur abgewunken. Keine Aussicht meinte er." Mutlos stand ich vor Ernst. „Weißt du was, wir haben ja auch eine Werkswohnungsverwaltung. Du sprichst am besten mal mit dem Werkleiter über dein Wohnungsproblem." „Du bist wohl nicht gescheit. Ich rede doch nicht mit dem Werkleiter über meine Familie. Der hat doch ganz andere Sorgen. Der weiß doch gar nicht, daß es mich hier gibt." „Dann wird er dich eben

kennenlernen. Und bestimmt hört er dich an." Ernst ließ nicht locker. Er will mir bestimmt helfen, dachte ich, aber die Sache mit dem Werkleiter gefällt mir nicht. Ernst sagte: „Im nächsten Monat hält der Werkleiter seinen Rechenschaftsbericht über Jugendarbeit, Qualifizierung und so weiter. Da gehst du als Vertreter der zehnten Abteilung hin und hinterher sprecht ihr miteinander." Ich mußte lachen. Der Ernst dachte sich ein Zeug zusammen. Da gehörte wirklich Phantasie dazu. „Also, abgemacht", sagte Ernst. „Glück auf!" Ich habe über das Gespräch mit Ernst nicht weiter nachgedacht. Kurze Zeit später bestellte er mich in das Parteizimmer. „Paß auf, Günter", fing Ernst an, „in drei Tagen ist die Rechenschaftslegung, die beim Werkleiter. Da gehst du hin. Und hier habe ich dir ein paar Fakten zusammengestellt über unsere Abteilung, die prägst du dir gut ein. Solltest du gefragt werden, dann kannst du die Fakten zur Beantwortung mitverwenden. Die APO-Leitung hat beschlossen, daß du unsere Abteilung dort vertrittst, Genosse Herold." Ich sah mir die zwei Blätter mit Fakten an. Alles gute Taten unserer Abteilung im Sinne Jugendförderung und Erwachsenenqualifizierung . „Machen wir das wirklich alles, was hier drauf steht?" Ernst sah mich an: „Das meiste schon", sagte er gedehnt. Er nahm mir die zwei Blätter aus der Hand, sah sie nochmals durch und sagte: „Weißt du, Günter, das da behalte ich hier", und zeigte auf eines der beiden Blätter. „Du berichtest so wie es ist und damit basta." Ich hatte ihn geärgert. „Ich wollte dich nicht ärgern, Ernst." „Geärgert hast du mich wirklich nicht, Günter. Aber die Routine, weißt du, sie darf keine Blüten treiben." Mit meiner Wohnungssuche sagte ich da nichts, sonst dachte er sich wieder was aus. „Also in drei Tagen, da ist Donnerstag", sagte ich. „Ja, um 14 Uhr im kleinen Saal", ergänzte Ernst.

Die Beratung fing pünktlich an. Aus jeder Abteilung waren Vertreter anwesend. Der Werkleiter, Genosse Keilbars, gab einen Bericht über die Arbeit mit der Jugend im Betrieb. Der FDJ-Sekretär ergänzte die Ausführungen und kritisierte einige Leiter, die den Jugendlichen in ihren Abteilungen noch keine konkrete

Aufgabe übertragen hatten. Ein Mitglied der BGL forderte die Jugendlichen zur verstärkten Mitarbeit in der Neuererbewegung auf. Für mich war diese Veranstaltung interessant. Erhielt ich doch einen Überblick zur Arbeit im Betrieb und davon abgeleitet, wie unsere Abteilung abschnitt. Die Diskussion war kritisch. Zum Schluß der Veranstaltung faßte der Werkleiter nochmals zusammen und traf Festlegungen, wie die Arbeit auf den genannten Gebieten weiter verbessert werden könnte. Ich notierte die Festlegungen mit, denn Ernst wird bestimmt von mir verlangen, daß ich zu einer Mitgliederversammlung der APO die Rechenschaftslegung des Werkdirektors auswerten soll, und allgemeines Gerede ließ Ernst in der Mitgliederversammlung nicht zu, schon gar nicht vom Referenten. Nach etwa zwei Stunden beendete der FDJ-Sekretär die Beratung und wünschte weiterhin große Erfolge in der Arbeit. Wir standen auf und gingen. „Genosse Herold, du wolltest doch mit mir sprechen. Ernst, dein APO-Sekretär, hat mich angerufen", sagte der Werkleiter. „Wir gehen am besten in mein Zimmer." Da hatte der Ernst nicht nur Quatsch gemacht, der hatte das auch so gemeint. Mensch, Ernst, was hast du mir da eingebrockt.

Das Dienstzimmer des Werkleiters lag im ersten Stock des Verwaltungsgebäudes. „Komm rein." Er öffnete die Tür und ließ mich eintreten. „Nimm Platz." Ich setzte mich an einen großen, rechteckigen Tisch mit vielleicht 15 oder 20 Stühlen darum. „So, Genosse Herold, nun erzählen wir mal ein bißchen." Und er fragte mich, wo ich eingesetzt war; wie es mir in der zehnten Abteilung gefiele; was Albert Marek machte, viele Grüße solle ich ihm bestellen; wie alt ich bin; was ich gemacht hatte, bevor ich zum Studium ging; wie lange ich verheiratet bin; wie viele Kinder wir haben; was ich so in meiner Freizeit mache. „Und nun brauchst du dringend eine Wohnung, um deine Familie mit hierher zu bringen." „Ja", sagte ich, „auf die AWG-Wohnung muß ich bestimmt noch zwei bis drei Jahre warten." „Ich werde mit dem verantwortlichen Genossen im Betrieb sprechen", sagte der Genosse Keilbars. „Sobald etwas in Sicht ist, wirst du umgehend informiert." Ich bedankte mich und ging. Am Wochenende er-

zählte ich Reni haargenau, was sich in den letzten Tagen ereignet hatte. „Ich könnte deinem Ernst einen Kuß geben", sagte Reni. „Das übernehme ich für dich", sagte ich. An diesem Wochenende machten Reni und ich wieder Pläne von wegen Wohnung und so. Als ich wieder weg mußte, sagte Reni: „Und wenn es ein Zimmer wäre, ich würde hinziehen." Einige Wochen vergingen. Wegen meiner Wohnungsangelegenheit hörte ich nichts. Eines Tages aber rief eine Kollegin von der Werkwohnungsverwaltung an, ich solle mal vorbeikommen. Am nächsten Tag war ich dort. „Kollege Herold", sagte die Kollegin von der Werkwohnungsverwaltung, „die Wohnungskommission hat deinen Antrag beraten und entschieden, daß wir dir etwas Passendes anbieten. Du bist verheiratet und hast ein Kind." „Bald zwei", bemerkte ich dazwischen. Die Kollegin machte hinter der Eins bei ‚Kind' in Klammer eine Zwei. „Nun, Kollege Herold, leider haben wir nichts Passendes im Moment." „Und wann ist denn was in Aussicht?" fragte ich. „Das weiß ich nicht vorher." „Dauert das Wochen oder Monate?" bohrte ich weiter. „Ein Jahr", sagte sie zögernd, „oder länger." Dann nützt mir die Sache hier nichts, dachte ich. Die Kollegin war eine erfahrene Kraft und ließ mich in Ruhe überlegen. „Haben Sie denn überhaupt keine Möglichkeit, mir zu helfen?" Meine Stimme klang wirklich verzweifelt. „Eine Zwei-Zimmerwohnung hätte ich. Es sind aber kleine Zimmer. Zwei Familien haben die Wohnung bereits besichtigt und dann die Schlüssel wieder hergebracht." „Bitte geben Sie mir die Schlüssel. Ich möchte mir die Wohnung doch einmal ansehen." Ich bekam die Schlüssel und bat darum, sie übers Wochenende behalten zu dürfen. Es gab keine Probleme. Die Wohnung befand sich in einem Hintergebäude. Das Gebäude selbst war nicht unterkellert. Kohlen, Holz und Geräte wurden in einem Schuppen aufgehoben. Die Dielen waren stellenweise verfault und auch sonst war die Wohnung verwahrlost. Es gab einen Dauerbrandofen, der war kurz vor dem Auseinanderfallen und ein Klo auf der Treppe.
Zum Mut machen sah das wirklich nicht aus. Aber erst einmal alles in Ruhe ansehen. Ich ging dreimal und viermal durch die Zimmer. Dann nahm ich Maß und notierte sie. Dann machte ich

Notizen, welche Arbeiten unbedingt notwendig waren, um die Zimmer bewohnbar zu machen.

Am Wochenende erzählte ich Reni alles im Detail, malte den Grundriß der zwei Zimmer auf Papier und schilderte die Arbeiten, die unbedingt durchgeführt werden mußten. Reni fing an, die zwei Zimmer auf dem Papier einzuräumen. „Hier könnten die Kinderbettchen hin und hier die Liege und die beiden Sessel. Wenn wir hier einen Raumteiler aufstellen, hätten wir eine Eßecke." Reni entwickelte einige Varianten. Jeder Innenarchitekt wäre vor Neid erblaßt. „Einen Teppich kaufen wir auch. Pflegeleicht muß er sein, damit die Kinder darauf spielen können. Grün wäre eine passende Farbe. Wo kann man denn Wäsche waschen? Gibt es dort ein Waschhaus? Wie weit ist es denn bis zur nächsten HO- oder Konsumverkaufsstelle? Wo kann man die Windeln zum Trocknen aufhängen?" Fragen über Fragen, die ich nicht beantworten konnte. Ich merkte, ich hatte hier nur die halbe Arbeit geleistet. Das gesamte Wochenende hatten wir nur ein Thema: Die Wohnung, unsere zwei Zimmer. Als ich Reni fragte, ob wir die Wohnung nehmen oder nicht, sagte sie entschlossen: „Ja, die Kinder und ich wollen mit nach Oelsnitz. Wir wollen doch alle zusammen sein." „Aber da gibt es erst noch viel instand zu setzen an der Wohnung. Viel Arbeit und sicherlich auch ein Materialproblem. Und Ärger wird es auch geben", versuchte ich Reni etwas abzubremsen. „Um so besser wird es uns in unserer eigenen, selbst instand gesetzten Wohnung gefallen", schaltete Reni mit Familienlogik durch. „Na, dann geht es ab Montag los. Mal sehen, was daraus wird", sagte ich. „Du wirst sehen, es wird uns sicher dort gefallen", und Reni sollte Recht behalten.

Die Werkswohnungsverwaltung unterstützte mich mit Material. Und als ich Albert und Ernst erzählte, daß ich eine Wohnung habe, aber daß sie erst noch instand gesetzt werden mußte, da bekam ich Unterstützung von der Brigade. Jeden Nachmittag kamen drei Mann und halfen mit. Albert kannte seine Leute ganz genau. Als ich zum Beispiel die Dielen erneuerte, schickte Albert einen Kumpel, der Zimmermann gelernt hatte. Auch ein gelernter Maurer war in der Brigade. Unter diesen Umständen war ich bald für alle der Handlanger. Aber das Werk gedieh. Nach fünf Wochen war die Wohnung nicht mehr wiederzuerkennen. Und sechs Wochen, nachdem ich die Wohnungsschlüssel erhielt, rollte ein Lkw, er war nur halb voll, mit Möbel und Hausrat von Klingenthal nach Oelsnitz im Erzgebirge.

Meine Zeit, in der ich in der zehnten Abteilung arbeitete, war sehr schön und gleichzeitig lehrreich für mich. Ich hatte Gelegenheit, mich zu bewähren, hatte Genossen und Kollegen gefunden, die mir ihre Erfahrungen übermittelten, die mich als jungen Leiter unterstützten, und vor allem war es das Kollektiv, das die harte Arbeit unter Tage zusammengeschmiedet hatte, was mir immer wieder Mut und Freude an der Arbeit vermittelte. Die deutlich klare Parteinahme zu Fragen der Weltpolitik, vom Standpunkt der Arbeiterklasse aus, das überzeugte Handeln zur Stärkung unserer Arbeiter- und Bauernmacht haben mir für mein Leben den Stempel geprägt. Ernst, unser APO-Sekretär und Albert Marek, der Brigadeleiter, waren es, die die neue Generation im richtigen Sinne in ihrem ureigensten, den der Arbeiterklasse, erzogen. Ihr Vorbild, ihr Wissen, ihr Können und ihre Erfahrungen, aber auch ihre Bescheidenheit pflanzten den unerschütterlichen Glauben an die Sieghaftigkeit des Sozialismus in junge Herzen.

Ein besonderer Tag im Jahr war für uns Kumpel der Tag des Bergmannes der Deutschen Demokratischen Republik. Er fand alljährlich am ersten Sonntag im Monat Juli statt. An diesem Tag wurde die zusätzliche Belohnung, das Bergmannsgeld, ausgezahlt, und besonders verdienstvolle Kumpel erhielten anläßlich eines Festaktes der Regierung hohe staatliche Auszeichnungen. Das Schönste an diesem Tage aber war, daß die Bergleute mit ihren Familien in das Klubhaus und die dahinter gelegenen Parkanlagen, zum Sportplatz, zur Festwiese und zur Freilichtbühne gingen. Das alles trug den Charakter eines Volksfestes, wo sich Menschen, die stolz waren auf das Geschaffene, gemeinsam freuten. Es gab Bier und Limonade, Bockwurst, Broiler, Kuchen und Brötchen, wer Karussell fahren wollte, konnte es tun und hörte sich die

neuesten Witze eines Conférenciers an oder er ließ seine Kinder mit der Ponybahn fahren und kaufte Naschereien oder kaufte sich einen Satz neue Kochtöpfe für Zuhause oder zog Nieten und Gewinne an der Losbude, oder, oder, oder. Das alles hob die Stimmung. Aber ich denke, es war vor allem die Freude, daß sich die Kumpel fast ausnahmslos begegneten gemeinsam mit ihren Familien. Jeder grüßte jeden. Mehrere tausend Menschen waren dort. Und jeder hatte sich gefreut. Und keiner wäre freiwillig zu Hause geblieben.
Als ich mit Reni und den Kindern, das Kleine lag im Wagen, am frühen Nachmittag auf die Festwiese ging, wurden wir von allen Seiten begrüßt und natürlich grüßte ich auch viele Kumpel mit ihren Familien. „Du bist aber hier bekannt. Wieviel Leute du kennst!" „Ja", sagte ich, „wir kennen uns", und war glücklich, mit meiner Familie dazuzugehören.

Auch wenn ich eine Zeitlang dachte, in der zehnten Abteilung erreiche ich das Rentenalter. Es kam doch anders. Wieder einmal hatte uns eine Förderstörung dazu gezwungen, alle Leute, die wir in der Mittagschicht hatten, im Abbau zur Kohlengewinnung einzusetzen. Ich routierte wie verrückt. Erst die Förderung zum Laufen bringen, dann das Holz in den Abbau transportieren und nach dem Frühstück nahm ich wieder Schaufel und Pickhammer mit in die Hand. Wir wollten es erzwingen und den Abbau aufbringen. Mit Steiger Fischer hatte ich abgestimmt, daß er sich um die Lokförderung zwischen Blindschacht und Füllstelle kümmert. Bis jetzt lief auch alles gut. Plötzlich blieb der Panzerförderer stehen. Erst arbeitete ich ruhig weiter, dann nahm ich die Signalleine und fragte an. Als Antwort kam das Signal: „Halt – Störung!" Mist verfluchter, auch das noch! Durchgeschwitzt, wie ich war, lief ich in die Fußstrecke. „Was ist los?" fragte ich den Panzerfahrer. „Ich weiß nicht. Vielleicht ein Querband gerissen?" Das fehlte noch. Das wäre das Aus für heute und den technologischen Zyklus. Ich lief, so schnell ich konnte, zum nächsten Band. Das stand, schien aber in Ordnung zu sein. Was ist denn da bloß los, dachte ich und lief weiter. Das Querband, mit dem in die Hunte gefördert wurde, stand. Der Gummi hing schlaff durch. Bandriß, ging es mir durch den Kopf. Moment mal, das gibt es doch nicht. Der Antrieb läuft ja noch. Was ist denn da vorne los? Ich lief weiter, etwa 60 Meter. Hier ist der Antrieb. Er lief tatsächlich leer durch. Da die Antriebsrollen gegen den Gummi schliffen, roch es bereits versengt. Ich schaltete den Antrieb ab und lief weiter raus zur Füllstelle. Die Gleise waren mit Kohlen zugefahren. Die Umkehrrolle des Förderbandes war ebenfalls zu, verschüttet mit Kohlen. Wenn Kohlen oder Gestein auf das Unterband fielen, dann konnte sich das Band verklemmen und es riß.

Ich erfaßte das alles auf einen Blick. Warum ist denn bloß niemand hier, dachte ich. Ich wollte schon rufen, da sah ich gegenüber beim Telefon auf einer Gezähekiste den Steiger Fischer sitzen. Er hatte sich gegen einen Streckenstempel gelehnt und schlief fest. Ich traute meinen Augen nicht, ging zu ihm hin, packte ihn am Lampenriemen, zog ihn daran hoch und brüllte ihn laut an: „Du faules Schwein, du faules!" Er rang nach Luft und war so erschrocken, daß er sich überhaupt nicht rührte. Ich stieß ihn in seine alte Haltung zurück. Beim Hochziehen am Lampenriemen, der um den Hals getragen wurde, hatte ich ihm für einen Moment die Luft abgeschnitten. Er erholte sich sofort von seinem Schreck und keifte mich an: „Das wirst du büßen! Schlagen in der Grube bedeutet fristlose Entlassung. Diesmal steigst du ein!" Ich achtete nicht weiter auf ihn und lief in Richtung Blindschacht los, um die Förderleute zu suchen. Die Förderleute waren auf der Mitte der Strecke und hatten volle Kohlenhunte, die entgleist waren, wieder aufgerichtet. Jetzt säuberten sie die Gleise. „Warum ist denn niemand von euch auf der Füllstelle geblieben?" fragte ich sie. Der Drittelführer antwortete, daß der Steiger Fischer angewiesen hatte, sie sollten alle die vollen Kohlenhunte wieder eingleisen. Er würde selbst die Füllstelle überwachen." „Es war gerade Frühstück und es kamen keine Kohlen", ergänzte der Drittelführer der Förderleute noch. Ich mußte erst einmal tief Luft holen. In mir kochte alles. „Das Füllband ist gerissen", sagte ich, drehte mich um und lief zurück. Hinter meinem Rücken fluchten zwei Kumpel. Als erfahrene Förderleute wußten sie, was der eine Satz von mir bedeutete. Wir schaufelten gemeinsam das Füllband frei. So schnell wir konnten, flickten wir das Band. Wir hatten gearbeitet bis zum Umfallen. Aber die Gasse hatten wir doch nicht aufgekriegt.

Am nächsten Tag, als ich auf den Schacht kam, sagte ein Kumpel aus meinem Drittel: „Günter, drinnen beim Alten ist großer Bahnhof. Paß gut auf, was du sagst. Sie warten schon auf dich." Da hat der Fischer also doch Meldung gemacht, ging es mir durch den Kopf. „Glück auf", sagte ich, als ich die Steigerstube betrat. Fünf Augenpaare sahen mich durchdringend an. „Genosse Herold", sagte der Abteilungssteiger, „das hier ist ein Genosse von der Sicherheitsinspektion. Hier ein Genosse von der Arbeitsschutzinspektion." Ernst und Steiger Fischer waren auch noch da. „Der Steiger Fischer hat Meldung gemacht, daß du ihn unter Tage geschlagen hast. Stimmt das?" „Nein", sagte ich, „das stimmt nicht." „Er lügt!" rief der Steiger Fischer. „Du bist ruhig und redest erst, wenn du gefragt wirst", fauchte der Abteilungssteiger den Fischer an. „Moment mal", sagte Ernst. „Günther, du erzählst jetzt mal ruhig und der Reihe nach, was gestern in eurer Schicht los war." „Die Förderung stand", begann ich. „Als ich zur Füllstelle kam, war das Band gerissen. Der Antrieb lief leer durch. Die Füllstelle war mit Kohlen vollgefahren. Und der Steiger Fischer schlief auf der Gezähekiste. Von dort, also von der Kiste meine ich, zog ich ihn hoch." „Also haben Sie ihn doch angefaßt?" fragte der Genosse von der Sicherheitsinspektion. „Ruhe", sagte Ernst, „rede weiter, Günter. Was war dann?" „Eigentlich war das alles", sagte ich. „Ich habe den Steiger Fischer nicht angefaßt, nur am Lampenriemen. Er hatte so fest geschlafen. Wenn ich ihn geschlagen hätte, wie er sagt, dann müßte er ja ein blaues Auge oder so was ähnliches haben. Ich habe mich auch nicht weiter um ihn gekümmert. Wir mußten das Füllband wieder zum Laufen bringen." Es kostete mich viel Kraft, um ruhig und gelassen zu sprechen. Ernst gab dem Genossen von der Sicherheitsinspektion ein Zeichen. „Bleiben Sie bei Ihrer Meldung, Steiger Fischer?" fragte er. „Sie haben doch keine Zeugen, daß Sie geschlagen wurden. Oder haben Sie sonst etwas an sich, was Ihre Behauptungen beweist?" Steiger Fischer griff sich an den Hals, als hätte er noch den Lampenriemen dort hängen. „Ich bleibe bei meiner Meldung", sagte Steiger Fischer. „Wir können das jetzt nicht klären", sagte der Genosse von der Sicherheitsinspektion. „Ich mache einen ausführlichen Bericht darüber und stelle diesen dann der Werkleitung zu." „Muß das sein?" fragte Ernst. „Es ist Vorschrift", kam die Antwort. „Aha, Vorschrift", murmelte Ernst.

In der Grube war der Vorfall im Nu bekannt. Keiner hatte es gesehen, aber alle wußten es. Mir war das unangenehm, denn für mich stand außer Zweifel, daß ich falsch gehandelt hatte. Auch wenn es mir gelang, mich bei der Aussprache oder wie immer man das nennen wollte, herauszumogeln, so unbeherrscht darf man einfach nicht sein. Unter Tage schon gar nicht. Ich weiß auch, daß die Beteiligung an einer Schlägerei unter Tage Grund für eine fristlose Kündigung war. Was wird der Werkleiter tun, ging es mir durch den Kopf, wenn der dem Steiger Fischer glaubt, und der ist der Wahrheit ja näher als ich, dann steht der Fakt, daß sich zwei Leiter tätlich angegriffen haben; mindestens aber einer den anderen.
Reni beichtete ich alles. Auch sprach ich die Möglichkeit an, daß ich fristlos entlassen werden könnte. „Es gibt auch einige Menschen auf der Welt, die nicht auf dem Schacht arbeiten", sagte Reni verschmitzt. Wirklich, darüber hatte ich noch gar nicht nachgedacht. Für mich gab es nur den Schacht. Eine ganze Woche verging, ohne daß etwas geschah. Dann erhielt ich die Mitteilung: Sofort zum Obersteiger kommen. Jetzt passiert es, waren meine Gedanken. Hauptsache war, ich darf überhaupt auf dem Schacht bleiben. Ich würde als Hauer bei Albert Marek bleiben.
An der Tür zum Zimmer des Obersteigers holte ich nochmals tief Luft. Ich klopfte kräftig an und auf: „Herein!" trat ich ein. „Ich soll mich hier melden." „Setz dich", sagte der Obersteiger. „Du hast doch bestimmt davon gehört, daß im neunten Revier ein Abbau

mit Untergurtförderern und einer Rahmenschrämmaschine, der Kirowetz, ausgerüstet wird. Es sollen dort in Abstimmung mit der VVB Steinkohle Versuche zur mechanisierten Gewinnung von Kohle durchgeführt werden. Nun ist der Schichtsteiger vom B-Drittel ausgefallen. Er mußte zu einer Untersuchung ins Krankenhaus. Vielleicht muß er sogar operiert werden. Ich habe dich vorgeschlagen als verantwortlichen Schichtsteiger. Der Grubenleiter hat den Vorschlag in der Betriebsleitung unterstützt. Ich kann dir offiziell mitteilen, daß dein Einsatz als verantwortlicher Schichtsteiger bestätigt ist. Hier ist dein Änderungsvertrag. Wenn du willst, dann unterschreibe." Ich biß mir heimlich auf die Lippe, um sicherzugehen, daß ich nicht alles träumte. Sie tat weh, die Lippe. Also ist das hier alles Realität. Ich griff zum Stift und unterschrieb den Änderungsvertrag. „Obersteiger, was wird denn nun..." „Es ist das beste", unterbrach mich der Obersteiger. „Du konzentrierst dich voll auf deine neue Aufgabe. Du mußt mit einem neuen Kollektiv diese schwierige Aufgabe lösen. Und glaube mir, es kommen immer wieder neue und größere Aufgaben dazu. Und denk daran, ich verlaß mich auf dich." Ich verabschiedete mich, steckte den Durchlag des Änderungsvertrages in meine Tasche und ging nach Hause. Reni kannte mich zu gut und stellte keine Fragen, obwohl sie sofort merkte, als ich heimkam, daß etwas mit mir los war. Als abends die Kinder eingeschlafen waren, holte ich den Änderungsvertrag und zeigte ihn Reni. „Ich verstehe das nicht", sagte Reni. „Jeden Tag rechnest du mit der Katastrophe, und jetzt erhöht sich deine Verantwortung. Und das Gehalt haben sie dir von 750 Mark auf 900 Mark erhöht." „Ehrlich, Reni, ich komme auch nicht mit. Aber das hier", und ich zeigte auf den Änderungsvertrag, „ist kein Zufall und auch keine Einzelentscheidung. Es haben hier mehrere Genossen zugestimmt. Weißt du", redete ich weiter, „an der ganzen Sache belastet mich am meisten, daß ich von meiner Brigade, von Albert Marek, Ernst und den ganzen anderen Genossen, weg muß. Es stimmt schon, ich werde wieder ein neues Kollektiv finden. Aber an der zehnten Abteilung, der Zehnten eben, da hänge ich. Es war meine Feuertaufe als junger Steiger." „Jawohl", unterbrach

Reni mein Lamento, „jetzt mit zwei Jahren Praxis bist du ein alter, ehrwürdiger Steiger." Und sie lachte. „Es sind nicht nur die Jahre", sagte ich altklug. Reni nahm mich in die Arme.

Bereits am nächsten Tag mußte ich in das neunte Revier umziehen. Hier blieb mir keine Zeit, mich von meinen Kumpel im zehnten Revier zu verabschieden. Im neunten Revier war in einem Abbau statt eines Panzerförderers ein Gurtförderer eingebaut worden. Dabei lief das Oberband über Stahlstangen, die wenig unterhalb der Panzerkappen befestigt wurden. Das Unterband schleifte auf der Abbausohle, und darauf sollte die Kohle aus dem Abbau in die Fußstrecke gefördert werden.
Den Kumpeln im Abbau machte der Gurtförderer anfangs Spaß. Man konnte sich auf das Unterband setzen und mitfahren. Beim Panzerförderer war das wegen der großen Unfallgefahr streng verboten. Auf Sprengarbeit sollte verzichtet werden. Dafür kam eine Rahmenschrämmaschine zum Einsatz. Die Schrämmaschine, die ich bis dahin kannte, hatte ein Schrämbrett, welches waagerecht angebracht war. Eine umlaufende Kette sägte faktisch einen Schnitt parallel zur Abbausohle in den Kohlenstoß, dem sogenannten Schram. Dadurch entspannte sich die Kohle und konnte mit Pickhammerarbeit relativ leicht gewonnen werden. Diese Schrämmaschine aber, die Kirowetz, hatte kein Schrämbrett, sondern einen Schrämrahmen mit umlaufender Schrämkette. Es wurde faktisch parallel zur Abbausohle ein Kohlenblock von 40 Zentimeter Höhe aus dem Kohlenstoß herausgeschnitten. Allen, die wir in diesem Abbau arbeiteten, war klar, daß das Gelingen dieser Sache vor allem von den geologischen Verhältnissen abhing; natürlich auch von unserem bergmännischen Geschick. Und die Fachleute, die diesen Abbau aussuchten, hatten einen guten Griff getan. Das Dach des Abbaus war glatt wie ein Spiegel, und es brach nur selten auf. Die Gesteinseinlagerungen in der Kohle waren gering und Verwerfungen gab es ebenfalls keine. Aus der Sicht des sächsischen Steinkohlebergbaus alles in allem sehr günstige Bedingungen.

Mit dem Kollektiv, welches im Abbau tätig war, wurden Wettbewerbszielstellungen mit entsprechenden Prämien vereinbart. Von Tag zu Tag erhöhte sich dabei die Leistungsvorgabe. Mit Einsatz der Rahmenschrämmaschine wurde bei den Hauern ein neuer Arbeitsablauf zwingend notwendig. Beim Sprengbetrieb ist es in der Regel so, daß die Hauer über die Länge des aufgelockerten Kohlenstoßes verteilt, gleichzeitig Kohlen gewannen. Mit der neuen Maschine aber mußte im Steigen der Maschine folgend gearbeitet werden. Die Maschine schnitt etwa vier bis fünf Meter vor, dann Stop. Zwei Hauer pickerten den Kohlenüberhang herein, zerkleinerten die großen Stücke und schaufelten die Kohlen auf den Untergurt. Die nächsten zwei Hauer bauten die Kappen ein und weitere zwei Hauer verbauten das neue Stück Gasse komplett. Es entwickelte sich also eine Arbeitsteilung und damit eine Spezialisierung am Kohlenstoß, die es in dieser Form bisher noch nicht gab. Die Leistung stieg schnell an, und die Arbeitsproduktivität lag doppelt so hoch wie beim Sprengbetrieb.
Wir schnitten eine Gasse, also eine Abbaulänge, heraus in zwei Schichten. Und das mit nur zehn Hauern. Bei diesen Leistungen stimmte natürlich auch das Geld. Prämien gab es reichlich. Nachteilig war für uns der Untergurtförderer. Er war bei weitem nicht so leistungsstark wie der Panzerförderer. Vor allem aber fehlte beim Untergurtförderer eine Leiteinrichtung für die Kohlen, so daß ständig Kohlenmassen heruntergeschoben wurden und immer und immer wieder aufgeschaufelt werden mußten. Als der Abbau zu Ende gefahren war, erfolgte gemeinsam mit unserem Kollektiv eine Einschätzung. Es wurde herausgestellt, daß die ideologische Vorbereitung des Kollektivs auf den Einsatz der neuen Technik ein wichtiger Faktor war. Als Genosse und verantwortlicher Leiter einer Schicht vertrat ich die anfangs tägliche Zusammenkunft der Genossen vor Schichtbeginn als besonders wertvoll. Hier wurde der Vortag ausgewertet, Unzulänglichkeiten analysiert und immer wieder neue Gedanken und Vorschläge geboren, wie die Leistung erhöht werden konnte. Der Vorschlag zum rollenden technologischen Zyklus wurde auch in einer sol-

chen Versammlung geboren.

Ein Genosse sagte: „Wenn alles glatt läuft, ohne Störung meine ich, dann ist die Mittagschicht gegen 20 Uhr mit der Gasse fertig. Bis zum Schichtende werden dann nur Nebenarbeiten ausgeführt. Manchmal setzen wir uns auch auf den Arsch und warten einfach, bis die zwei Stunden bis zum Schichtende vergehen. Warum beginnen wir nicht mit der Talfahrt der Maschine und legen den Untergurtförderer wieder auf den Stoß?" „Aber das sind doch Arbeiten der Nachtschicht, des Vorbereitungsdrittels", sagte ein anderer Genosse. „Aber diese Arbeiten bringen wir doch auch", meinten andere. „Und die Nachtschicht erhält einen Vorsprung und kann bereits gegen drei Uhr früh mit der Kohlegewinnung beginnen." „Dann müssen aber mindestens drei Hauer mit in die Nachtschicht fahren", meinte wieder ein anderer Genosse, „denn hinter der Maschine müssen Hauer, eingearbeitete Hauer zum Einsatz kommen."

Wir beschlossen, zwei Hauer in die Nachtschicht abzustellen und forderten unser Gegendrittel auf, das Gleiche zu tun. Mir war klar, daß wir damit die Tradition, zwei Gewinnungsdrittel, ein Vorbereitungsdrittel, durchbrachen. Es mußten jetzt nachts die gleichen Arbeiten verrichtet werden, wie tags im Abbau. Von den Kumpeln verlangte das, sich schnell in bisher ungewohnte Tätigkeiten einzuarbeiten. Auch der rollende Zyklus wurde für uns alle ein Erfolg.

Alle, die bei dieser abschließenden Auswertung dabei waren, waren sich auch einig darüber gewesen, daß solche geologisch günstigen Bedingungen nur selten gegeben waren und daß die Mechanisierung unter unseren geologischen Verhältnissen sehr begrenzt möglich war. An dieser objektiven Tatsache, daran hatte auch der erfolgreiche Einsatz der Rahmenschrämmaschine nichts geändert.

Während dieser Zeit, da ich Schichtsteiger im neunten Revier war, hatte ich am Rande ein Erlebnis, das mir kurios erschien. Eines Tages sagte der Obersteiger zu mir: „Günter, nächste Woche ist beim Generaldirektor der VVB eine Beratung. Dort geht es

um Fragen der Planerfüllung. In Abstimmung mit der APO und der AGL schicke ich dich dort hin. Aus allen Betrieben der VVB sind Steiger eingeladen." „Wenn es sein muß", sagte ich, „gehe ich hin."
Pünktlich war ich an Ort und Stelle. Das Beratungszimmer des Generaldirektors lag im zweiten Stock. Im Zimmer stand ein langer Tisch und daran erinnere ich mich genau, der Tisch war trapezförmig gebaut; eher noch wie ein spitzwinkliges Dreieck. Wir Steiger mußten uns an die langen Seiten setzen. Durch diese ungewöhnliche Tischform konnte jeder den Generaldirektor genau sehen, ohne sich gegenseitig zu behindern. Und der Generaldirektor sah natürlich auch jeden von uns einwandfrei. Der Generaldirektor gab einen Überblick zur Planerfüllung in den einzelnen Betrieben. Dann sagte er, daß die Planerfüllung maßgeblich abhängt von der Arbeit der Steiger. Deshalb hätte er zur heutigen Beratung – und er wolle das auch in Zukunft fortsetzen – gute und schlechte Steiger eingeladen. Die schlechten Steiger sollen mal hören, wie es die guten Steiger machen, den Plan zu erfüllen.
Nach diesen einleitenden Bemerkungen lag eisiges Schweigen in der Luft. Wenn ich das gewußt hätte, wäre ich nicht hierher gekommen, das stand für mich fest. So konnte man das doch nicht machen. So konnte man doch die Menschen nicht behandeln! So einfach jeden anhand von Kennziffern in einen guten und in einen schlechten Menschen, auch wenn es ein Steiger war, einteilen. Das ging doch nicht.
Mir gegenüber saß ein Studienkollege aus der Bergschulzeit. Ich wußte, daß er auf dem Karl-Liebknecht-Schacht als Steiger arbeitete. Da keine Diskussion losgehen wollte, sah der Generaldirektor auf seinen Zettel vor sich. Da nannte er auch einen Namen und forderte den Betroffenen auf, seine Erfahrungen darzulegen. Der ‚gute' Steiger stammelte nur wenige Sätze, dann war es wieder still.
Da kam es von ganz vorne: „Genosse Herold, berichten Sie mal über die Erfahrungen im mechanisierten Abbau."
„Genosse Generaldirektor", sagte ich, „wir hatten sehr gute

geologische Verhältnisse. Da klappt einfach alles. Wir hatten einfach Glück, Bergmannsglück." Dann war ich ruhig. Der nächste Steiger sagte, daß er auf eine Diskussion nicht vorbereitet sei. Das waren die ganzen Weisheiten dieser Runde. Der Generaldirektor bedankte sich für die konstruktive Mitarbeit. Die ‚guten' Steiger erhielten je 200 Mark Prämie. Ich war dabei. Volker Brettschneider bekam keine Prämie und wußte nun, daß er ein schlechter Steiger war. Als der Generaldirektor aus dem Beratungszimmer gegangen war, schimpften alle durcheinander. Eine solche Veranstaltung darf einfach nicht zugelassen werden, dachte ich. Es gab auch nur zwei Veranstaltungen von dieser Sorte. Wer das Stop hineingeschmissen hatte, weiß ich nicht.
Ich ging mit Volker Brettschneider zum Ausgang. Volker war total niedergeschlagen.
„Warum hat mir das nur vorher niemand gesagt?" meinte er. „Wenn du wüßtest, Günter, wie ich mich jeden Tag abrackere. Keinen Tag komme ich pünktlich nach Hause. Immer länger machen. Aber die Umstände sind so, daß wir tun können, was wir wollen. Den Plan schaffen wir einfach nicht. Ja, wenn unser Bunker fertig ist, und wenn wir das Verwerfen wieder aus dem Abbau heraus haben, dann, ja dann kommt auch der Plan wieder." Volker redete und redete. Ich kannte das. Ich hatte solche Phasen auch schon durch. Die ganze Welt schien sich gegen einen verschworen zu haben. „Weißt du was, Volker", sagte ich, „wir gehen gegenüber in das Park-Kaffee und trinken ein Bier zusammen." Es blieb nicht bei einem Bier. Volker hatte einen schlechten Tag erwischt, wie man so schön sagte. Vier Bier und zwei Wodka genügten, und Volker zeigte schon ganz schöne Wirkung. Er stützte den Kopf in die Hand und sagte wehmütig: „Weißt du, Günter, die Bergschulzeit war doch die schönste Zeit. Und jetzt habe ich nun mal dem Generaldirektor gegenüber gesessen, hab ihm direkt in die Augen gesehen, und dann sagte er, ich bin ein schlechter Steiger." „Das hat er nicht zu dir gesagt", bemerkte ich. „In's Gesicht hat er es mir nicht gesagt, das stimmt; da hast du recht." Volker überlegte. Sicher gingen die Gedanken nicht mehr allzu gut zu ordnen. Ich störte ihn nicht und bestellte bei

der Bedienung für uns zwei Kaffee. Wir hatten noch Zeit. Unser Bus fuhr erst in 40 Minuten. „Ich muß doch der schlechteste Steiger gewesen sein", überlegte Volker laut weiter. „Sonst hätte der Generaldirektor mir auch eine Prämie gegeben." „Weißt du was", sagte ich, „wir teilen uns die Prämie, dann ist die Sache ein für alle Mal gegessen." „Ein guter Vorschlag", sagte Volker. Ich zahlte die Zeche für uns und gab Volker 100 Mark. Auf dem Weg zum Bus fing Volker wieder an: „Hast du gesehen, was für ein feines Oberlippenbärtchen unser Generaldirektor hat? Richtig vornehm, stimmt's?" „Ja", sagte ich. Endlich kam der Bus.

Mit dem Auslaufen des Abbaus in der neunten Abteilung und der Auswertung der Erfahrungen, die mit dem Einsatz der Rahmenschrämmaschine und des Untergurtförderer gesammelt wurden, erhielt ich den nächsten Einsatz in einem Abbau des Friedrich-Engels-Schachtes. Dort wurde ebenfalls die Mechanisierung des Abbaus vorbereitet. Der Abbau bestand aus Stahlgelenkkappen und Hydraulikstempeln. Als Förderer kam der Panzerförderer zum Einsatz. Als Kohlegewinnungsmaschine erhielten wir einen Walzenschrämlader. Der Walzenschrämlader fuhr auf dem Panzerförderer und er hatte einen elektrohydraulischen Antrieb mit mehreren Geschwindigkeitsstufen sowie Vor- und Rückwärtsgang. Das Vor- und Rückwärtsfahren der Maschine wurde dadurch ermöglicht, daß auf die Länge des gesamten Abbaus über dem Panzerförderer eine starke Kette gespannt war. Die Kette lief durch den Antriebsteil des Walzenschrämladers hindurch, wo ein Antriebsstern mit der Kette kraftschlüssig verbunden war. Je nach der Drehrichtung des Antriebssterns fuhr die Maschine gegen oder in Förderrichtung. Wenn der Walzschrämlader gegen die Förderrichtung fuhr, dann fräste der Walzenkörper, mit Schrämmeißel besetzt, einen cirka 50 Zentimeter hohen Schram in den Kohlenstoß bei einer Schnittiefe von 70 Zentimeter. Das bedeutete, daß zwei Mal geschnitten und auch der Panzerförderer zwei Mal gerückt werden mußte, bevor eine Gasse komplett heraus war. Hinter der Maschine brachen die Hauer die Kohle herein. Wenn die Maschine an der Kopfstrecke ankam, wurde das Räumschild fest am Maschinenrahmen arretiert. Das Räumschild wirkte ähnlich wie eine Pflugschar. Wenn die Maschine von der Kopfstrecke in Richtung Fußstrecke, also in Förderrichtung, fuhr, dann brauchte sie nicht mehr zu schneiden, sondern das vorgespannte Räumschild schob die Kohlen auf den Panzerförderer. Dadurch kam auch die Schaufelarbeit für die Hauer fast zum Wegfallen. Diese Technologie in Verbindung mit dem Walzenschrämlader war außerordentlich produktiv und brachte in der Kennziffer Arbeitsproduktivität ausgesprochene Spitzenwerte. Mir kamen meine Erfahrungen vom Einsatz der Rahmenschrämmaschine im neunten Revier zugute. So verlief auch dieser Mechanisierungsprozeß positiv; allerdings nicht allzu lange. Nach und nach wurden die geologischen Verhältnisse schlechter. Das Dach brach immer öfter auf. Gesteinsstörungen begannen sich anzuspinnen und wurden von Gasse zu Gasse größer. Der Walzenschrämlader mußte sich immer öfter durch Gestein statt durch Kohle hindurchfressen. Und dann passierte, womit wir insgeheim täglich rechneten: Ein Bruch, der über zwei Gassen fiel und cirka acht Meter lang war, verschüttete die Maschine. Verletzt wurde dabei niemand. Daß der Bruch nicht in meinem Drittel passierte, war kein Können sondern einfach Glück. Auf die strengste Einhaltung der Ausbauregeln und Beachtung aller Arbeitsschutz- und Sicherheitsbestimmungen orientierten wir uns fast täglich und führten auch ständig Kontrollen für deren Einhaltung durch. Da die Gesteinsmassen immer und immer wieder nachbrachen, benötigten wir fast eine Woche, um den Walzenschrämlader wieder frei zu bekommen. Die Werkleitung gab die Anweisung, nach Auswertung aller Umstände, den Walzenschrämlader aus dem Abbau herauszunehmen und wieder zum organisierten Sprengbetrieb überzugehen. Wir praktizierten wieder unsere gewohnte Technologie. Zwei Drittel, die Kohle gewinnen in der Früh- und Mittagschicht und ein Nachtschichtdrittel, das vorbereitet und die Nebenarbeiten erledigte.

Eine Zeitlang, eigentlich jahrelang, war es in unserem

Fernsehprogramm üblich, sonnabends abends 22 Uhr einen Spielfilm zu bringen auf den die Leute erpicht waren. Wieder einmal war Sonnabend, und um 22 Uhr lief im Fernsehen ‚Fanfan, der Husar' mit Gérard Philipe und Gina Lollobrigida in den Hauptrollen.
Ich hatte mit meinem Drittel Mittagschicht. Schichtende also 22 Uhr. Alle zwei Wochen wieder in der Mittagschicht begann der Kampf darum, eher, das heißt möglichst bereits 21 Uhr ausfahren zu können. Nun gab es zwischen uns Steigern und den Kollektiven ein stillschweigendes Übereinkommen, daß, wenn alle Arbeiten erledigt waren und zusätzlich bereits das Sattelholz für das Nachtschichtdrittel in den Abbau geschafft worden war, daß dann geschlossen eher ausgefahren wurde, damit wir alle den Film um 22 Uhr sehen konnten.
Dieser vierzehntätige Sonnabend war für mich sehr lehrreich. Meine Kumpel organisierten die Arbeiten selbst. Sie brauchten keine Anweisungen und keine Ermahnungen. Die Förderung lief und die Kohlen kamen, daß es eine wahre Freude war. Mitunter, wenn die Situation kritisch war, das heißt Gefahr bestand, daß die Gasse bis 21 Uhr nicht ausgekohlt war, dann fragten mich Kumpel aus dem Nebenprozeß, ob sie mit in den Abbau dürften. Natürlich stimmte ich zu. Auch auf das Frühstückmachen wurde dann unter Umständen verzichtet. Keiner wagte irgendwie zu gammeln. Er hätte sich sofort den Unmut der anderen Kumpel zugezogen. Wenn ich noch Reserven erschließen wollte, dann brauchte ich meinen Kumpel nur auf die Hände zu sehen. Sie führten mir in Abständen Hochleistungsschichten vor, auch ohne besonderen organisatorischen Aufwand. Aber uns allen zu Ehren – wir waren sonst auch nicht schlecht. An diesem Sonnabend, von dem ich erzähle, war es ebenso. Gegen 20 Uhr ging ich nochmals durch den Abbau. Der Abbau war erstklassig gesäubert worden. Keine Kohlen lagen mehr herum. Der Ausbau wurde gerade beendet. Gute Arbeit, alles nach Vorschrift, dachte ich. Das erste Holz für die Nachtschicht wurde gerade in den Abbau gefördert und ausgelegt. „Wir treffen uns halb neun am Bunkerfuß", ließ ich durchsagen. Ich konnte mich verlassen, daß

das klappte. Am Bunkerfuß zählte ich meine Leute nochmals durch, um sicher zu sein, daß niemand in der Abteilung geblieben war. Vom Bunkerfuß aus rief ich dann immer am Füllort des Hauptschachtes an, um Bescheid zu sagen, daß wir kamen und ausfahren wollten. Ich wählte die Nummer des Füllortes. Nach mehrmaligem Klingeln meldete sich der Hauptanschläger. „Hier ist Steiger Herold", sagte ich. „In 20 Minuten bin ich mit meinen 32 Leuten am Füllort. Wir wollen ausfahren." „Du kannst mit deinen Leuten hinten bleiben, in der Abteilung", kam die Antwort. „Mach keinen Unsinn", sagte ich, noch in der Annahme, der Hauptanschläger wollte sich einen schlechten Scherz mit uns machen. „Du kannst den Dispatcher anrufen, wenn du mir nicht glaubst. Ab heute ist eher ausfahren streng verboten worden." „Dann mußt du mal eine Ausnahme mit uns machen. Heute jedenfalls. Wir wußten ja noch nichts davon." „Geht nicht. Unser Hauptschacht ist ja kein Hottentotten-Betrieb, wie deine Abteilung." Es knackte. „Aufgelegt", sagte ich. „Was machen wir denn jetzt bloß?" Um mich herum waren die Kumpel längst ruhig geworden. Sie hatten gehört, was ich in das Telefon gerufen hatte und ahnten die Zusammenhänge. „Eher ausfahren ist verboten worden", sagte ich. Die Kumpel um mich herum schimpften. Einige machten auch gleich Witze von wegen des großen Busen der Lollo, und daß wir nur deshalb alle so aufgeregt seien. „Wir gehen trotzdem zum Füllort", meinte ein Kumpel. „Hier herumstehen nützt auch nichts." „Wartet nur mal", sagte ich, „ich ruf den Dispatcher an." Der Dispatcher meldete sich sofort. Ich nannte meinen Namen und sagte, was los war. „Ja", sagte er, „eher ausfahren ist ab heute verboten worden." Und fügte hinzu: „Anweisung vom Obersteiger Schirtel. Tut mir leid", sagte er noch.

„Moment noch", rief ich ins Telefon, „wo ist denn der Obersteiger jetzt?" „Na, wo soll er sein, ich vermute zuhause", antwortete der Dispatcher. „Der Schirtel hat es angewiesen, der Obersteiger", sagte ich zu den Kumpel. „Na, dann ruf ihn doch mal zu Hause an. Der hat doch bestimmt Telefon." „Der Dispatcher kann dich mit der Wohnung verbinden", ergänzte ein anderer. 32

Augenpaare sahen mich erwartungsvoll an. Für die hat der Film bereits begonnen, ging es mir durch den Kopf. Und alles live. Und keiner weiß, was der Obersteiger nach dem Anruf mit mir macht. Die Spannung stieg, als ich erneut den Hörer vom Telefon nahm und den Dispatcher anwählte. „Was willst du denn schon wieder?" fragte mich der Dispatcher. „Verbinde mich mal mit der Wohnung des Obersteigers." Einen Moment war es ruhig am Telefon. „Ist das dein Ernst?" kam die Stimme mit ungläubigem Unterton aus der Hörmuschel. „Nun mach schon, verbinde mich", sagte ich nochmals mit kehligem Klang. Ganz hinten bei den Stimmbändern verengte sich mein Hals etwas. Ich hörte das Rufzeichen und gleich darauf: „Hier ist Schirtel." Moment mal, das war doch eine Frauenstimme. „Ist Ihr Mann zuhause?" „Nein, der ist nicht da", sagte die Frau. „Mit wem spreche ich denn eigentlich?" fragte sie weiter. „Ach, entschuldigen Sie bitte, Frau Obersteiger", sagte ich, „hier ist der Steiger Herold, und ich wollten den Obersteiger fragen, ob wir um 21 Uhr ausfahren können." „Sie sind wohl aus dem Vogtland? Sie singen ein wenig beim Sprechen." „Jawohl, Frau Obersteiger. Ich bin aus Klingenthal." „Klingenthal", rief sie, „wie herrlich. Eine schöne Gegend", und sie seufzte. Dann fragte sie weiter: „Sie sind wohl noch nicht lange bei meinem Mann im Revier?" „Nein, erst zwei Monate", sagte ich. „Sie sind wohl noch sehr jung?" kam die nächste Frage. „Knapp 25 Jahre bin ich alt." „So, so", sagte sie. Dann wurde sie dienstlich: „Den Abbau haben Sie aber auf, und sonst ist doch auch alles in Ordnung?" „Jawohl, Frau Obersteiger, auch das Holz für die Nachtschicht haben wir schon im Abbau." „Das ist gut", sagte sie, „dann gehen sie mit ihren Leuten zum Hauptschacht. Ich rufe den Dispatcher an." „Vielen Dank, Frau Obersteiger." „Keine Ursache", sagte sie. Langsam legte ich den Hörer wieder auf und drehte mich zu meinen Kumpel um. Die sahen mich ganz ungläubig an. „Abmarsch!" rief ich aufgekratzt. „Sonst verpassen wir noch den Film." Am Hauptschacht stand der Förderkorb zum Ausfahren bereit. Der Hauptanschläger machte einen kleinen Witz auf Kosten der Frau Schirtel. Wir lachten alle mit. Ob der Dispatcher das Gespräch mit angehört und gequatscht hatte, weiß ich nicht. Als der Film lief und die Lollo ihre Busen freigiebig Fanfan und den Zuschauern zum Ansehen anbot, war ich bereits im Sessel eingeschlafen.

Am kommenden Montag hatte ich Frühschicht. Pünktlich war ich auf dem Schacht. Zwei Steiger waren bereits vor mir da. „Du sollst dich sofort beim Alten melden, beim Obersteiger Schirtel", sagte einer. „Was hat er denn?" fragte ich. Anstelle einer Antwort lachten beide. „Nun sagt schon, was ist los?" ließ ich nicht locker. Immer noch lachend erzählten sie, daß, als der Obersteiger Sonnabend abend beim Dispatcher anrief, ob in der Grube alles in Ordnung sei, der Dispatcher meldete, daß seine Frau Anweisung gegeben hatte, den Steiger Herold und seine Leute ausfahren zu lassen. Darauf hatte der Obersteiger Schirtel den Dispatcher angebrüllt und gesagt, daß er ein ‚hirnverbrannter Ochse' sei. Der Dispatcher hatte sich erlaubt zu fragen, wieso er der Ochse sein soll. Dann hat sich der Obersteiger mit seiner Frau gestritten. Die soll gesagt haben, wenn er, statt sich um seinen Schacht zu kümmern in der Kneipe herumsitzt, daß sie dann eben für ihn die Entscheidung treffen muß. Und das ist nun bei den Kumpeln rum; alle lachten. Also läuft der Film immer noch. Da habe ich ja wieder was angerichtet. Dabei habe ich mich nur für meine Leute einsetzen wollen. Ich atmete wieder einmal vor einer Vorgesetztentür tief durch, klopfte lauter, als ich eigentlich wollte und trat ein, nachdem „Herein!" gebrüllt worden war. Der Obersteiger Schirtel saß hinter seinem Schreibtisch. Als er hochblickte, sagte ich: „Genosse Obersteiger, ich soll mich bei dir melden." Er schien mit ganzer Kraft gegen einen Wutanfall anzukämpfen. Ich blieb an der Tür stehen und ging keinen Schritt in das Zimmer hinein. Er sah mich einige Sekunden lang an, dann brüllte er: „Raus!!" Ich machte sofort kehrt und raus aus dem Zimmer. „Da hast du aber Glück gehabt", meinten die Kollegen.

Meine Arbeit ging normal weiter mit Höhen und Tiefen. Eines Tages wurde ich zum Produktionsleiter bestellt. Er erklärte mir, daß die VVB Steinkohle eine Arbeitsgruppe bilden möchten, die sich mit dem Problem des Holzverbrauchs beschäftigen soll. Die

Arbeitsgruppe kam im VEB Steinkohlewerk Martin Hoop zum Einsatz. Dort ist zur Zeit der höchste spezifische Holzverbrauch zu verzeichnen und es muß unbedingt eine Senkung erreicht werden. „Du arbeitest als Vertreter des VEB Steinkohlewerk Oelsnitz in dieser Arbeitsgruppe mit", sagte der Produktionsleiter zu mir. „Wie lange wird denn der Einsatz dauern?" fragte ich. „Etwa vier Wochen meinen die von der VVB. Und noch etwas", sagte der Produktionsleiter, „du bereitest dich in den nächsten Tagen gründlich auf deinen Einsatz vor. Geh in die Abteilung Technik und sehe dir die Unterlagen an. In der Abteilung Materialwirtschaft erkundigst du dich über die Verträge und über das Bestellsystem. Auch die Planung ist wichtig, vergiß das nicht." Der Produktionsleiter gab mir noch eine ganze Reihe Hinweise, die ich auch konkret befolgte. Ich sah mir die Verbrauchsnormative an und ihre Einhaltung. Auch errechnete ich eine Reihe spezifischer Werte bezogen auf Kubikmeter ausgekohlten Raums, um dann Vergleichsmöglichkeiten zu haben.
Als der Termin zum Beginn der Arbeitsgruppentätigkeit heran war, fuhr ich gut vorbereitet nach Zwickau auf das Martin-Hoop-Werk.
Wie das meistens so war, die Arbeitsgruppen hatte sich weniger mit objektiven Problemen, vielmehr mit einer ganzen Reihe subjektiver Fragen zu beschäftigen. Die Verantwortlichen des Martin-Hoop-Werkes pochten auf die Besonderheiten ihres Grubenbetriebes, obwohl der auch nichts Besonderes war. Es wurden Behauptungen aufgestellt, die dann bei Überprüfung vor Ort nicht zutrafen. Mir gefiel in dieser Woche Arbeitsgruppentätigkeit, daß ich den Grubenbetrieb umfassend kennenlernte. Ich fuhr in jedes Revier und traf viele Kumpel wieder, die mich aus meiner Lehrzeit oder aus meiner Hauertätigkeit her kannten.
In der Arbeitsgruppe wirkten auch Genossen der Betriebsleitung des Martin-Hoop-Werkes mit. Gemeinsam mit ihnen erarbeiteten wir, ausgehend von Analysen und Vorschlägen, wie der Holzverbrauch gesenkt werden kann. Den Vorschlägen lagen rationelle Gedanken und persönliche Erfahrungen von uns allen zugrunde. Bei meinen Befahrungen diskutierte ich diese Gedanken

mit einer Reihe von Kumpel und vermerkte genau, welche ohne Vorbehalt und welche mit Skepsis aufgenommen wurden. Die Letzteren stellte ich in der Arbeitsgruppe erneut zur Diskussion. Ich darf einschätzen, daß wir uns alle große Mühe gaben.
Der Zeitpunkt, da die Arbeitsgruppe das Ergebnis ihrer Arbeit vor einem Gremium, bestehend aus Mitarbeitern der VVB Steinkohle und Mitgliedern der Werkleitung des Martin-Hoop-Werkes vorgetragen und verteidigen sollte, rückte immer näher. Zwei Tage vor dem festgesetzten Termin wurde der Leiter unserer Arbeitsgruppe krank. Er war Abteilungsleiter auf dem Martin-Hoop-Werk. Sollte der Angst bekommen haben, mit dem Vortragen der Ergebnisse unserer Arbeit seine eigene Werkleitung zu kritisieren, überlegte ich. Sicherlich war das nicht angenehm. Aber deshalb kneifen? Vielleicht waren meine Überlegungen auch falsch. Letztlich war jeder Vorschlag, etwas Neues zu tun beziehungsweise etwas anderes zu machen als bisher, Kritik am Bestehenden. Oder aber, der Abteilungsleiter kannte seine Genossen und wußte genau, was kam.
Wir berieten gemeinsam, was zu tun war. Der Bericht der Arbeitsgruppe wurde noch einmal überarbeitet. Der Mitarbeiter der VVB Steinkohle machte den Vorschlag, daß der Genosse Herold den Bericht vortragen solle. Alle waren dafür. Wieder ich, ging es mir durch den Kopf. Ich wäre auch froh, wenn ich den Bericht nicht vortragen müßte.
Zum festgesetzten Termin begann die Beratung. Ein Vertreter des Generaldirektors eröffnete die Veranstaltung. Danach kam ich dran, verlas den Bericht der Arbeitsgruppe und begründete ausführlich die Vorschläge zur Senkung des spezifischen Holzverbrauches.
Anschließend begann die Diskussion. So richtig wollte sie aber nicht in Gang kommen. Da sagte der Werkleiter des Martin-Hoop-Werkes: „Ich verlange, daß der Genosse Hirmer, der Mitglied der Arbeitsgruppe ist und die Werkleitung vertritt, zu den hier gemachten Vorschlägen Stellung nimmt." Der Genosse Hirmer war von Anfang an bei der Arbeitsgruppe dabei. Was mir an ihm aufgefallen war, war die Tatsache, daß er stets

schwieg und sich nicht an der Fachdiskussion beteiligte. Als ich und andere Kollegen ihn ab und zu mal fragten, was er denn für eine Meinung hat zu dem einen oder anderen Problem, dann gab er meistens eine ausweichende Antwort. Wir gaben es bald auf, ihn zu fragen. Der große Schweiger würde also jetzt sprechen.
„Genossen", begann er, „ich habe einige Zeit versucht, gewisse Erscheinungen, die der Arbeitsgruppe aufgefallen waren, richtig zu erklären. Sicherlich hatten sich alle nach besten Kräften bemüht, aber die Schlußfolgerungen trafen meistens nicht den Kern." Und nun begann er, die Vorschläge Punkt für Punkt zu bekritteln, zu widerlegen oder für nicht zutreffend zu erklären. Vor lauter Staunen fiel mir das Kinn herunter, und ich sah zu den anderen Arbeitsgruppenmitgliedern hin. Die trauten ihren Ohren wahrscheinlich auch nicht und schüttelten mit dem Kopf. Als Genosse Hirmer geendet hatte, stellte der Werkleiter fest: „Mir scheint, daß die Mitglieder der Arbeitsgruppe noch nicht einig darüber sind, was sie überhaupt vorschlagen wollen." Betretenes Schweigen herrschte in der Runde. „Vielleicht ergänzt die Arbeitsgruppe ihre Vorschläge", sagte der Stellvertreter des Generaldirektors. Wir sahen uns an. In mir kam langsam die Wut hoch. Dachten die vom Martin-Hoop-Werk vielleicht, wir haben drei Wochen lang auf dem Arsch gesessen? Oder dachten die, wir ziehen die Hose mit der Beißzange an? „Darf ich sprechen?" fragte ich. „Ja, bitte", sagte der Werkleiter. „Ich finde, es ist eine Schande", begann ich, „und eines Genossen unwürdig, wie der Genosse Hirmer hier auftritt. Er hat drei Wochen lang in der Gruppe mitgearbeitet, an jeder Beratung teilgenommen und ausnahmslos geschwiegen. Heute spricht er hier wie frisch geölt als der große Kritiker. Hätte er als verantwortlicher Leiter den gleichen Gehirnschmalz zur Senkung des spezifischen Holzverbrauches eingesetzt, statt dagegen zu sein, was wir heute hier vorschlagen, dann wäre auf dem Martin-Hoop-Werk der Holzverbrauch bereits zurückgegangen." Der Genosse Hirmer wollte aufbegehren, aber der Werkleiter brachte ihn sofort zur Ruhe. Der Moment der Unterbrechung genügte für mich, zu erkennen, daß ich unsachlich geworden war. Ruhig und weniger laut legte ich noch

nach, daß wir die Vorschläge für real halten und daß wir sie mit den Kumpeln vor Ort diskutiert hatten, daß die Kumpel den grundsätzlichen Gedanken der Arbeitsgruppe zustimmten. Und schließlich bestand die Arbeitsgruppe aus Männern, die sonst unter Tage ihren Plan zu erfüllen hätten und deshalb stehen wir zu jedem Wort, das im Bericht stehe. Und dann sagte ich noch, daß wir uns auch bei den Kumpeln unter Tage bedanken möchten, die uns bei dieser nicht leichten Aufgabe unterstützt hatten. Ansonsten hätte ich keine Ergänzungen. Der Werkleiter sagte: „Genossen, ich habe euren Bericht aufmerksam gelesen und bin zu der Überzeugung gelangt, daß einige Vorschläge sofort umgesetzt werden müssen, Anwendung finden müssen in der Praxis, ohne wenn und aber. Einige Gedanken und Vorschläge bedürfen noch einer weiteren Untersuchung, Bearbeitung und vor ihrer Einführung einer gründlichen ideologischen Vorbereitung in den Kollektiven. Wir dürfen gemeinsam die subjektive Seite dieser Angelegenheit nicht unterschätzen. Wir werden zu dem gesamten Komplex der Senkung des spezifischen Holzverbrauches eine Betriebsanweisung erarbeiten, die Termin und Verantwortlichkeit der Durchsetzung exakt regelt und eine strenge Kontrolle ermöglicht. Ich bin der Auffassung, daß die Tätigkeit eurer Arbeitsgruppe eine wirkliche Unterstützung für das Kollektiv des Martin-Hoop-Werkes war, und dafür möchte ich euch danken, Genossen." Nachdem der Werkleiter gesprochen hatte, sagte auch der Stellvertreter des Generaldirektors noch einige passende Worte. Die Arbeitsgruppe stellte ihre Tätigkeit ein.
Als wir uns verabschiedeten, bat mich der Werkleiter zu sich in sein Zimmer. Er wollte von mir wissen, was ich bisher gemacht habe, und als was ich zur Zeit im Steinkohlewerk Oelsnitz eingesetzt war. Wir tranken zusammen Kaffee, als ich erzählte, daß ich auf dem Martin-Hoop-Werk gelernt und gearbeitet habe und erst nach dem Studium an der Bergingenieurschule zum Steinkohlewerk Oelsnitz kam, meinte er: „Dann bist du also nur nach Oelsnitz verborgt?" und lachte. Er verabschiedete mich herzlich.
Am nächsten Tag meldete ich mich bei meiner Abteilung auf

dem Friedrich-Engels-Schacht zurück. Die Arbeit lief kontinuierlich und der Plan wurde erfüllt. Alles stimmte. Die Jahre harter Arbeit auf dem Schacht wirkten sich positiv auch im persönlichen Leben aus. Wir konnten unsere zweieinhalb Zimmer AWG-Wohnung in Lichtenstein beziehen. Die AWG-Stunden waren abgeleistet und die Beiträge bezahlt. Wir zogen Ostern 1964 nach Lichtenstein. Wie anders konnte es sein – während unseres Umzugs nach Lichtenstein regnete es, was es konnte, und die oben hatten viel Wasser. An dem Wohnblock stand noch das Baugerüst und die Fenster waren mit Ölpapier zugeklebt. In das Treppenhaus gelangten wir über 20 Meter Schlammweg und zwei Holzbohlen, die verdächtig schwankten. Sie ersetzten die Hauseingangsstufen. Das Stadtgas war noch nicht angeschlossen, so daß wir anfangs nicht wußten, wie wir kochen sollten. Bei Bekannten in Oelsnitz liehen wir uns eine elektrische Kochplatte. Als die Kinder das Klo und die Badewanne sahen, wollten sie sofort alles ausprobieren. Reni machte einen großen Topf Wasser warm, der Gasdurchlauferhitzer ging ja noch nicht, und dann fand die erste Wasserschlacht in der Badewanne statt. Die Kinder patschten und spritzten alles naß. Aber es war herrlich. Nach wenigen Stunden Aufenthalt in der neuen Wohnung klingelte es Sturm. Die Mieter aus parterre baten darum, keine WC-Spülung mehr zu ziehen und auch sonst nichts mehr weglaufen zu lassen. Im Keller sind die Schleusen verstopft und die Brühe stieg schon bis in die Badewanne der Parterrewohnung, meinten sie.
Wir versuchten alle Tricks, die Schleusen wieder freizubekommen. Aber vergebens, die Verstopfung mußte außerhalb des Kellerbereiches liegen. Was tun? Ein Hausbewohner sagte: „Da benutzen wir eben das Häuschen der Bauarbeiter, das mit dem Herz an der Tür. Es steht etwa 80 Meter vom Haus weg." „Was wollten wir tun; die Notlösung wurde angenommen. Unsere Wohnung mit Kinderzimmer hatte auch einen kleinen Balkon. Die Aussicht vom zweiten Stock war wunderschön. Immerhin, vom Hinterhaus zu ebener Erde ohne Keller und jetzt in den zweiten Stock mit Balkon – das war überwältigend! Die Kinder freuten sich unbeschreiblich über ihr eigenes Zimmer. Vor

Begeisterung waren sie einige Tage unnatürlich artig und folgsam. Sie hörten auf jedes Wort. Natürlich war unsere Wohnung noch lange nicht komplett eingerichtet. Wir machten Pläne, was wir kaufen wollten, welche Farben in Frage kämen und so weiter. Wenn man den Begriff ‚glückliche Familie' gebrauchen kann, dann traf das auf uns zu. Wir waren glücklich.
Selbst, daß die Bauarbeiter noch sechs Wochen brauchten, bevor die Gerüste fielen, machte uns nichts aus. Nach und nach kam alles ins Lot.

Eines Tages rief die Sekretärin des Werkleiters in unserer Abteilung an. Der Genosse Herold solle sich am nächsten Tag, 7:30 Uhr beim Werkleiter melden.
So sehr ich mich auch bemühte herauszubekommen, worum es dort ging, ich konnte nichts in Erfahrung bringen. Ich überlegte und grübelte, aber es fielen mir keine Sünden ein. Am nächsten Tag meldete ich mich pünktlich im Sekretariat des Werkdirektors.
Die Sekretärin sagte: „Sie können schon eintreten, Genosse Herold." Ich ging in das Zimmer des Werkleiters. Hier war ich schon vor Jahren mal gewesen wegen meines Wohnungsproblems, erinnerte ich mich. Alles schon Geschichte.
„Glück auf", sagte der Werkleiter. „Glück auf", sagte auch ich. Ich setzte mich. „Kommen wir gleich zur Sache", sagte der Werkleiter. „Anschießend an eine Beratung in der VVB Steinkohle hat mich der Werkleiter vom Martin-Hoop-Werk angesprochen mit der Bitte, dich auf das Martin-Hoop-Werk zu schicken. Für immer, meine ich. Was sagst du dazu?" Ich überlegte kurz und antwortete: „Ich habe keinen Grund hier wegzugehen." „Versteh das nicht falsch, Genosse Herold", sagte er wieder. „Ich habe keinen Grund dich wegzuschicken, auch nicht wegzuloben. Aber der Werkleiter des Martin-Hoop-Werkes hat dich persönlich kennengelernt, wie er mir sagte, und er möchte dich in seinem Werk haben. Was er mit dir vorhat, weiß ich nicht, davon hat er mir nichts gesagt." Ich saß da und wußte nicht, was ich sagen sollte. Lieber die Taube in der Hand als den

Spatz auf dem Dach, dachte ich wie ein ordentlicher Kleinbürger in Abwandlung dieses sinnigen Spruches. „Ich möchte hier bleiben", sagte ich. „Ist gut", sagte der Werkleiter. „Aber vielleicht überdenkst du noch einmal alles in Ruhe. Und wenn du nur gucken willst, was die auf dem Martin-Hoop-Werk von dir wollen, und es sagt dir nicht zu, dann kannst du jederzeit wieder hierher zurück. Das verspreche ich dir." Da hat der mich also schon so gut wie verkauft, überlegte ich. Die sind sich längst einig. Jetzt erprobt er nur die günstigste Methode, mich zu überzeugen, um die Zusage seinem Amtsbruder gegenüber einzuhalten. „Genosse Werkleiter", sagte ich, „darf ich dich morgen anrufen wegen dieser Sache. Ich möchte erst mit meiner Frau darüber sprechen." „Gut, ich bin einverstanden, Genosse Herold. Dann Glück auf." „Glück auf." Zuhause erzählte ich Reni von diesem Gespräch. „Da läßt sich schlecht raten", sagte sie, „bevor du nicht weißt, was sie auf dem Martin-Hoop-Werk von dir wollen." Am nächsten Tag rief ich den Werkleiter an und sagte, daß ich bereit bin, auf das Martin-Hoop-Werk zu gehen.

Bereits wenige Tage später meldete ich mich auf dem Martin-Hoop-Werk. Mein Einsatz erfolgte als Reviersteiger. Ich ging zum Produktionsleiter, nannte meinen Namen und sagte, daß ich der neue Reviersteiger bin. „Waas? Reviersteiger wollen Sie sein?" brüllte der plötzlich los. Und mit markantem Dialekt: „Ich werde Ihnen beweisen, daß Sie nichts können! Wer sind Sie eigentlich? Wir alt sind Sie eigentlich?" „25 Jahre bin ich alt, Produktionsleiter." „Na, sehen Sie." Er schüttelte mit dem Kopf. „Wer hat Ihnen denn gesagt, daß Sie Reviersteiger sind?" fragte er knurrend. „Der Werkleiter", trumpfte ich auf. „Gehen Sie weg; was der Werkleiter schon sagt", bemerkte er wegwerfend.
Das es so was gibt als Produktionsleiter hatte ich nicht für möglich gehalten.
Ich erhielt den Auftrag, mich in der Abteilung Technologie mit dem ungarischen Abbauverfahren einer neuen Gewinnungsmethode vertraut zu machen. Ich erhielt auch das Revier, das dieses neue Verfahren erproben sollte. Es wurde ein Flöz in drei Scheiben,

das heißt in drei Abbauen von oben nach unten abgebaut. zwei Abbaue wurden in das Feld getrieben, der dritte Abbau wurde im Rückbau, also zum Ausgangspunkt zurück, betrieben. Im ersten Abbau, im obersten also, wurde auf die Sohle Maschendraht ausgelegt und die Bahnen gewissenhaft miteinander verknüpft. Im zweiten Abbau sollte dieser Maschendraht mit dem Versatz darauf das Dach bilden. Ich möchte nicht schildern, und es sträubt sich alles, wenn ich daran denke, wie verheerend das manchmal aussah. Die Abbaue selbst waren nur 30 Meter lang und wurden von Verwerfungen begrenzt. Um den Plan zu schaffen, mußte der technologische Zyklus täglich gebracht werden. Das stellte vor allem an die Kumpel im Nebenprozeß äußerst harte Bedingungen. Nacht für Nacht mußten zwei Panzerförderer gerückt, Kopf- und Fußstrecke verlängert und das Rohrleitungssystem nachgebracht werden. Die geologisch-tektonischen Bedingungen – kurze Abbaue, begrenzt durch Verwerfungen – führten immer wieder zu Aufbrüchen. Es war mit Sicherheit dem bergmännischen Können der Kumpel im Revier und dem harten Ringen um die Erfüllung der Planaufgaben zu danken, daß die Abbaue bis zur natürlichen Endschaft betrieben wurden. Das ungarische Verfahren selbst hatte sich im Zwickau-Oelsnitzer Steinkohlerevier nicht bewährt.

Die Zeit war hart für mich gewesen. Bei jedem Aufbruch mußte ein Protokoll geschrieben werden. Ich wußte schon lange nicht mehr, was ich als Begründung schreiben sollte. Nie und nimmer war es Verschulden der Kumpel. Sie gaben ihr bestes und ihre langjährige Erfahrung sagte ihnen, daß diese Abbaue besonders gefährlich sind. Die Arbeitsschutz- und Sicherheitsbestimmungen wurden gewissenhaft eingehalten. Selbst strenge Untersuchungen, die nach Aufbrüchen durchgeführt wurden und ständige Kontrollen bei laufendem Betrieb führten in keinem Fall zu Disziplinarverfahren, weder bei den Leitern noch bei den Kumpeln. Eines Tages kam ein Genosse in das Revier, der sich als Mitarbeiter der VVB Steinkohle vorstellte und sehr freundlich war. Er ließ sich die Abbaue zeigen, sprach mit den Kumpeln; mir gefiel er. „Genosse Herold", sagte er, „du warst

doch Steiger im Steinkohlewerk Oelsnitz. Und jetzt bist du schon acht Monate Reviersteiger hier auf dem Martin-Hoop-Werk. Was ist denn deine Meinung zu allem hier?" Keine innere Stimme hat mich gewarnt; keine übernatürliche Kraft gab mir ein Zeichen. Ich erzählte frei von der Leber weg, was mich bedrückte und was ich für falsch hielt. Der Genosse hörte mir sehr interessiert zu. „Meiner Meinung nach dürften so kurze Abbaue zwischen zwei großen Verwerfungen die sich nach unten öffnen, wo sich ständig Hangendschichten lösen, nicht mit dieser Technologie betrieben werden", sagte ich. „Wir stecken hier wie in einer Mausefalle. Und nur das Tempo, in welchem wir die Abbaue vorantreiben, hat uns bis jetzt vor einem größeren Abbaubruch bewahrt. Aber wenn es einen Bruch gibt, dann ist der gesamte Abbau zu. Hoffen wir, daß dann alle Leute raus sind." Weiterhin antwortete ich auf seine Fragen bezüglich des ungarischen Verfahrens, daß für solche Versuche Abbaue mit günstigen geologisch-tektonischen Verhältnissen ausgewählt werden müssen. „Wenn es die nicht gibt, muß man die Hände davon lassen." Der Genosse von der VVB Steinkohle bedankte sich für meine offenen Worte, wie er sagte und verabschiedete sich herzlich. Ich ging wieder in den Abbau, um nach dem Rechten zu sehen. Die Förderung lief gut, und in den Abbauen war ein normaler Ablauf zu verzeichnen. Ich fuhr pünktlich aus, duschte mich und ging in die Steigerstube.
Da ging die Tür auf. Der Produktionsleiter polterte herein und fing aus der Drehung heraus an zu brüllen wie ein Vieh. Er beschimpfte mich mit unflätigen Ausdrücken. Bedingt durch seinen Dialekt konnte ich nicht alles fehlerfrei verstehen. Als er doch einmal Luft holen mußte, fragte ich dazwischen: „Was ist denn eigentlich los, Produktionsleiter?" Die Wirkung war die gleiche, als hätte ich Benzin ins Feuer gegossen. Alles Geschimpfe ging noch einmal von vorne los. Diesmal begriff ich, um was es ging. Der Genosse von der VVB Steinkohle, dem ich sagte, was ich dachte, ist sofort, nachdem er ausgefahren war, zum Produktionsleiter gelaufen und hatte ihm haarklein erzählt, was er von mir gehört hatte. Und das war zuviel. „Das eine sag ich Ihnen", brüllte er zum Schluß, „Sie sind bei mir nicht mehr lange Reviersteiger!

Ihre Tage sind gezählt!" Krachend schlug die Tür zur Steigerstube wieder zu. Ich brauchte noch eine ganze Weile, um wieder klar denken zu können. Reden ist Silber, Schweigen ist Gold, ging es mir durch den Kopf. Diese Kleinbürger – sollten sie doch recht haben mit ihren Sprüchen? Wie wahr!

Von dieser Stunde an konnte ich machen, was ich wollte. Nichts war mehr richtig. Ob Grubenleiter oder Obersteiger, jeder meiner Vorgesetzten fand immer etwas Kritikwürdiges im Revier. Scheinbar stand ich auf der Abschußliste. Mindestens zweimal in der Woche wurde ich abwechselnd zum Obersteiger und zum Grubenleiter bestellt und dort ‚runderneuert'. Meine Uhr tickt, dachte ich, es wird nicht mehr lange dauern, und ich werde wegen Unfähigkeit abgelöst. Auch wurde ich langsam mürbe. Ich spürte das ganz genau. Irgendwann passiert mir doch ein entscheidender Fehler. Ob ich besser von selbst aufgäbe?

Im großen Saal des Kulturhauses des Martin-Hoop-Werkes fand eine Veranstaltung statt. Vorher legten die Kollektive Rechenschaft ab über den Stand der Planerfüllung. Wir waren keine Spitze, aber den Plan hatten wir mit letztem Einsatz erfüllt. Wir freuten uns ehrlich darüber. Im großen Saal waren die Tische gedeckt mit Limonade, Bier und belegten Brötchen. Ich war später ausgefahren und hatte noch nichts gegessen. Wie alle, so langte auch ich zu. Ich hatte den ersten Bissen noch nicht heruntergeschluckt, da kam der Produktionsleiter an unseren Tisch, sah mich an und sagte: „Na, Herold, wenn Sie den Plan erfüllen würden, wie Sie hier fressen können, dann wären Sie ein Kerl." Sein Atem roch auf Abstand nach Schnaps, und er hatte Mühe das Schwanken zu unterdrücken. Als er weg war, stand ich auf und ging. Am nächsten Tag grübelte ich, was ich tun konnte, wie ich mich gegen solche Unverschämtheiten wehren könnte. Ich kam zu keinem Ergebnis. Es war auch nicht mehr nötig. Der Produktionsleiter wurde über Nacht krank und kam auch nicht wieder.

War das die Schule fürs Leben? Ich glaube nicht. bei mir hatte sich im Innersten gegen diesen Menschen ein Haß entwickelt, der sich nur schwer unterdrücken ließ. Manchmal konnte ich nicht einschlafen deswegen.

Natürlich konnte ich als Reviersteiger gegenüber meinen Leitern und Kumpel auch nicht nur Süßholz raspeln. Ordnung, Sauberkeit und vor allem bedingungslose Einhaltung der Bestimmungen des Arbeitsschutzes und der technischen Sicherheit mußten ständig durchgesetzt werden. Wer sich den harten Regeln unseres gefährlichen Berufes nicht unterordnen wollte und damit unser gesamtes Kollektiv in Gefahr bringen konnte, wurde von mir, als verantwortlicher Leiter, zur Verantwortung gezogen.

Ich erinnere mich genau, wie ich einem älteren Kumpel zehn Tage Untertageprämie abzog, weil er wiederholt mit dem Förderband mitfuhr, obwohl das aus Sicherheitsgründen streng verboten war. 50 Mark fehlten ihm damit am Monatsende. Wenige Tage nachdem ich den Abzug an das Lohnbüro schriftlich angewiesen hatte, und natürlich habe ich ihm das vorher persönlich gesagt, wartete er vor dem Werktor auf mich. Wie meistens war es später geworden und vom Schichtwechselbetrieb war nichts mehr zu spüren. Auch die Schichtbusse waren bereits weg und brachten die Kumpel in ihre Wohnorte. Da stand er also, der erfahrene Hauer Paul Seidel und wartete auf mich. „Reviersteiger", sagte er, „ich möchte dich zu einem Glas Bier einladen. Gehst du mit?" Ich sah ihn an. Er stand da, kein bißchen aufgeregt, vielleicht ein wenig verlegen. „Ich komme mit", sagte ich und ohne weiteres Gerede gingen wir in die nur wenige Meter entfernte HO-Gaststätte, die Kumpel nannten sie ‚Kremel'.

Paul und ich setzten uns an einen Tisch in der Ecke. Paul bestellte zwei Bier und zwei Weiße. „Zum Wohl." „Zum Wohl." Nach der Schicht war ein Glas Bier etwas ganz besonders Angenehmes. Nachdem der Trinkgenuß in der Kehle abgeklungen war, sah ich Paul in die Augen. Ich ahnte, was kommen sollte.

„Hat es dir Spaß gemacht, Reviersteiger, mir 50 Mark abzuziehen?" fragte Paul „Warum willst du das wissen?" fragte ich ausweichend zurück. „Die Sache quält mich irgendwie. Nicht wegen der 50 Mark, sondern weil es überhaupt passiert ist. Zehn bis fünfzehn Jahre bin ich älter als du, mindestens das dreifache

an Grubenjahren habe ich auf dem Buckel. Drei Kinder habe ich großgezogen und du bestrafst mich!" Er sah mich an und wartete, was ich sagen würde. „Wir können offen miteinander reden, Paul, wie alte Freunde?" fragte ich. Paul nickte, nahm den Weißen in die Hand, wir stießen an. Und so begann ich.
„Einen Kumpel zu bestrafen oder eine Disziplinarmaßnahme durchzuführen oder zu einem Kumpel zu sagen, daß er seinen Befähigungsnachweis nicht erhält, weil er fahrlässig gearbeitet hatte, das alles sind Dinge, die mir bestimmt keinen Spaß machen." Ich sah Paul an, er senkte die Augen, unterbrach mich aber nicht. „Ich ringe lange mit mir, ob ich jemand zur Verantwortung ziehe oder nicht. Wenn ich es tun muß, dann kann ich dem Betreffenden auch in die Augen sehen und auch ein Bier zusammen trinken, wenn er will." Wieder sagte Paul kein Wort, aber er hörte mir aufmerksam zu. „Vor wenigen Jahren, ich war erst kurze Zeit von der Bergingenieurschule weg und als Steiger eingesetzt worden, erhielt ich den Auftrag, das Nachtschichtdrittel im elften Revier vertretungsweise zu übernehmen. Ich begann meine Arbeit korrekt und führte die Arbeitsschutzbelehrung vorschriftsmäßig durch. Die Kumpel unterschrieben die Belehrung im Belehrungsbuch. Der Arbeitsablauf verlief bis zur Schichtpause ohne besondere Probleme. Ich kontrollierte alle belegten Arbeitspunkte und gab, wo notwendig, entsprechende Anweisungen. Als ich in den Fußstreckenvortrieb kam, fiel mir auf, daß noch keine Stahlschienen, die als Kappen eingebaut werden mußten, vorhanden waren. Als ich danach fragte, meinten die zwei Hauer, ich solle mir keinen Kopf machen, sie brächten in jeder Nachtschicht ihre zwei Baue, und bevor die Sprengarbeiten beginnen, sind sie fertig. Gegen vier Uhr morgens kam ein Kumpel zu mir gerannt und berichtete mir, daß am Fuß vom Holzberg ein Unfall passiert sei, wahrscheinlich ein schwerer Unfall, ich solle sofort kommen. Da ich gerade mit dem Dispatcher telefonierte, gab ich die Meldung durch und lief zum Holzberg. Auf der gesamten Länge des Holzberges befand sich eine Schüttelrutsche. Das sind Stahltröge, drei Meter lang, die aneinander geschraubt werden. In dieser Stahlrinne wurde das Abbauholz den Berg

hinabgelassen. Brannte an den Zugängen zum Berg rotes Licht, so wurde Holz gefördert und niemand durfte den Berg betreten. Brannte grünes Licht, dann wurde das Holz am Fuß des Berges weggeräumt und weitertransportiert. Streng verboten ist es, in einer Schüttelrutsche Stahl zu transportieren. Auch die beiden Hauer im Fußstreckenvortrieb wußten das, aber Nacht für Nacht legte der eine von ihnen, der zweite Mann, die Stahlschienen am Kopf des Berges in die Schüttelrutsche. Nacht für Nacht jagten die Stahlschienen mit ungeheurer Geschwindigkeit durch die Stahlrinne und bohrten sich am Fuß des Berges in die Prellwand, wo sie der erste Mann wieder herauszog und weitertransportierte.
In dieser Nacht nun, wo ich Aufsicht hatte, lag vor der Prellwand noch Abbauholz herum. Die Schienen zerdroschen diese Hölzer, und ein Holzspeller flog im rechten Winkel weg in die Strecke hinein und traf den ersten Mann der beiden Hauer an den Kopf. Er hatte Schädelbasisbruch und atmete stark röchelnd als ich eintraf. Das Gesicht quoll immer mehr auf. Er war bis zur Unkenntlichkeit entstellt.
Wir packten ihn in einen Schleifkorb, drehten ihn darin so, daß er an seinem Erbrochenen nicht ersticken konnte, ich zog ihm die Zunge nach vorn und wir rannten im Laufschritt Richtung Hauptschacht. Bevor wir dort eintrafen, kam uns bereits der Bereitschaftsarzt und ein verantwortlicher Genosse der Betriebsleitung entgegen. Der Arzt verabreichte Injektionen, aber der Kumpel verstarb noch in der Grube.
Am Schichtende, über Tage, nahmen mich Genossen der Sicherheitsinspektion in Empfang und untersagten mir, nach Hause zu gehen. Gegen neun Uhr wurde ich vernommen, cirka 40 Minuten lang. Ich sagte, was ich wußte und berichtete alles so, wie in dieser Nacht die Arbeiten abgelaufen waren. Als ich nach zehn Uhr zu Hause war, war mir speiübel, die Spannung legte sich. Obwohl ich unendlich müde war, konnte ich nicht schlafen. Hätte ich nur weinen können, es wäre mir schneller leichter geworden. Die Untersuchungen ergaben, daß ich als Aufsicht keine Schuld am tödlichen Unfall hatte. Trotzdem hat mich die

ganze Sache lange beschäftigt. Vertreter des Kollektivs waren mit zur Beerdigung. Der verunglückte Kumpel hatte Frau und zwei Kinder. Zwei Jahre alt war der Sohn und erst vier Monate alt die Tochter. Er könnte heute noch leben, wenn er Kumpel gehabt hätte, die ihn notfalls gezwungen hätten, die Arbeitsschutzbestimmungen einzuhalten." Ich bestellte eine zweite Runde Bier mit einem Weißen dazu. Noch immer sagte Paul Seidel kein Wort. Auch ich schwieg jetzt und schaute in mein Bierglas. „Was ist aus der Familie geworden? Ich meine, aus der Frau und den Kindern?" fragte Paul endlich. Aber ich wußte es nicht und zuckte nur mit den Schultern. Nach einer weiteren Pause fuhr Paul fort: „Mich zu bestrafen ist dir das kleinere Übel, stimmt's?" „Es ist zu wenig, verstehst du? Viel zu wenig", sagte ich. „Du weißt genau, daß dich das Förderband erwischen und in die Umkehrrolle oder in den Antrieb ziehen kann. Du wärst nicht einmal der erste, es ist leider schon alles mehr als einmal passiert. Deine Frau und die Kinder würden mich fragen, warum ich nur mit 50 Mark Strafe versucht habe, dich von diesem Unfug abzuhalten, und sie würden mir vorhalten, nicht alles getan zu haben, ihnen den Mann und Vater zu erhalten. Und wenn ein älterer, erfahrener Kumpel solchen Unfug treibt, werden die jüngeren, unerfahrenen das Mitfahren auf dem Förderband auch versuchen wollen." Beide schwiegen wir eine Weile. Ich sah zur Uhr und trank mein Bierglas aus. Paul bemerkte, daß ich fort wollte. „Günter", sagte er, „wir hätten eher miteinander reden können." Jetzt wendete ich den Blick weg und nickte. „Ich halte für richtig, was du gesagt hast", fuhr er fort. „Wir sollten das Thema mal auf einer Brigadeversammlung diskutieren. Meinetwegen nimm mich als das negative Beispiel", meinte er schmunzelnd. „Die Meinungen über dich als Reviersteiger sind geteilt. Einige meinen, du bist ein ganz scharfer und noch grün hinter den Ohren. Andere, und das werden von Woche zu Woche mehr, stehen auf deiner Seite und wissen, daß mit einer straffen Leitung Ordnung und Sauberkeit in das Revier einziehen, und das bedeutet Planerfüllung und damit eine volle Lohntüte."
Jetzt war ich derjenige, der schwieg und nachdenklich in ein

Bierglas schaute. Er hat recht, der Paul, dachte ich, ich muß mir mehr Zeit nehmen, mit meinen Kumpeln zu sprechen. Ich nehme als selbstverständlich an, daß sie für richtig halten, was ich entscheide. Aber Gedanken, die ich mir mache, bevor ich eine Entscheidung treffe, kennt niemand, kann auch niemand erraten. Und dann ist noch lange nicht gesagt, ob das dann auch die optimale Entscheidung ist. Der Paul hat recht, ja, ich muß mich noch mehr mit den Kumpeln, mit den Genossen beraten, die der progressive Kern im Kollektiv sind.

„Ich danke dir für das Gespräch, Paul", sagte ich. Paul Seidel lachte und meinte, daß er ja was von mir wollte. Wir zahlten und verließen den ‚Kreml'. Wir drückten uns zum Abschied fest die Hand und jeder ging zu seiner Bushaltestelle.

Die Kumpel in unserem Revier schweißten sich immer mehr zu einem festen Kollektiv zusammen. Die Schlacht um Kohle tobte, und wir kämpften verbissen um die Erfüllung des Staatsplanes. Wenn es die Situation erforderte, blieb ich auch zwei Schichten hintereinander in der Grube, und ich war kein Einzelbeispiel. Hart wurde um die Erfüllung des Tagesplanes gerungen, und wurde der Wochenplan nicht geschafft, dann mußte der Sonntag herhalten, um den eingetretenen Rückstand in der Kohleförderung wieder wettzumachen.

Wir erbrachten oft große körperliche Anstrengungen unter Hintenanstellen persönlicher Belange und gewaltige Leistungen zur ökonomischen und politischen Stärkung der DDR. Unser aller Bemühen brachte Erfolge. Gegen den erbitterten Widerstand der BRD mußten die imperialistischen Mächte auf einem wichtigen Teilgebiet der internationalen Politik die gleichberechtigte Stellung der DDR erstmals anerkennen, denn 1963 unterzeichnete die DDR den Moskauer Vertrag über das Verbot der Kernwaffenversuche.

In den Jahren, in denen ich als Reviersteiger arbeitete, gewann ich von Jahr zu Jahr mehr Erfahrungen bei der Beherrschung von Leitungsprozessen. Meine Entscheidungen waren fun-

diert und überlegt. Auch meine politischen Ansichten hatten sich gefestigt. Meine Entscheidungen vom Standpunkt der Arbeiterklasse aus zu treffen, war keine Redensart mehr, sondern hatten einen tiefen politischen Gehalt. Unsere Handlungen als Kollektiv waren bewußter geworden und auf das Ziel gerichtet, die Beschlüsse unserer Partei in konkrete Realität umzusetzen. Ich erkannte meine und meiner Kumpel Arbeit in größeren Zusammenhängen und verfolgte sehr genau die internationalen Entwicklungen. Immer und immer wieder sprach ich in den Mitgliederversammlungen vom Kampf um die Durchsetzung des Prinzips der friedlichen Koexistenz zwischen den Staaten gegensätzlicher Gesellschaftsordnung und daß es bei diesem Kampf um die Sicherung des Friedens geht, und daß der Frieden um so sicherer ist, je mehr jeder einzelne von uns sich anstrengt, Tag für Tag zuverlässig seinen Staatsplan zu erfüllen. Wir diskutierten in der Mitgliederversammlung der APO offen die Frage, daß Planschulden politische Schulden sind und daß der Kumpel, der Planschulden verursacht, zu wenig tut zur Erhaltung des Friedens, und daß der Kumpel, der nicht mit Hand anlegt, die Planschulden abzubauen, auch nicht die richtige Einstellung zur Sicherung des Friedens hat.
So konkret angesprochen zum Thema Kampf um Frieden und Einheit mit der Stärkung der Wirtschaftkraft der Republik wollte selbst einigen Genossen nicht gefallen. Aber es war immer besser, Klartext zu reden und von sich selbst, als immer von der großen Linie und so zu tun, als ginge das nur andere an und nicht einen selbst.
Natürlich traten da auch Überspitzungen auf. Zu einem Kumpel zu sagen, er sei nicht für den Frieden, weil er heute keine Überstunden machen kann, ist doof oder bewußt provoziert worden. Das durfte nicht geduldet werden.

Parteisekretär

Im Januar 1969 wurde ich in die Kreisleitung der SED bestellt gemeinsam mit dem ersten Sekretär der BPO des Steinkohlewerks Martin Hoop, dem Genossen Fanghänel. Auch Genossen der Werkleitung, der BGL und der FDJ waren in die Kreisleitung bestellt worden. Ich überlegte, worum es hier gehen könnte. In Erfahrung bringen konnte ich bisher nichts. Der Genosse Fanghänel sagte mir, daß eine Sekretariatssitzung stattfindet.
Ich analysierte eingehend den gegenwärtigen Stand der politischen Arbeit in meinem Revier und sah mir auch die Zahlen, die die Planerfüllung ausdrückten, genau an. Sonderlich unruhig war ich allerdings nicht.
Zum genannten Termin begann die Sondersitzung des Sekretariats der SED-Kreisleitung. Der Erste Sekretär der Kreisleitung eröffnete die Beratung. Er ging aus von den wissenschaftlichen fundierten Beschlüssen der Parteiführung, erläuterte dann die ökonomischen Aufgabenstellungen der Kreisparteiorganisation und kam dann auf unsere Steinkohlenförderung zu sprechen. Er würdigte die Leistungen der Kumpel unter Tage, schätzte die Kampfkraft und die Erfahrungen der Kommunisten unserer BPO ein und brachte zum Ausdruck, daß das Jahr 1969 die bisher höchsten Anforderungen an die Kumpel und Kommunisten des Steinkohlenwerkes Martin Hoop stellte. Die Wirtschaft der DDR erwartete von uns in diesem Jahr eine Million Tonnen Steinkohle. Das ist eine Fördergröße, wie sie bisher noch nicht erreicht wurde. Und weiter erläuterte uns der Erste Sekretär der SED-Kreisleitung, wie, um dieses Leistung zu schaffen, alle Kumpel für diese Aufgabe zu begeistern sind, welche ökonomische und politische Bedeutung die weitere Stärkung der Grundstoffindustrie in unserer Republik und international hatte.
Ausführlich und anschaulich begann er, uns dann den objektiven Zusammenhang zwischen der notwendigen Erhöhung der Qualität der Parteiarbeit und der wirtschaftlichen Entwicklung in unserem Lande bis zur sozialistischen ökonomischen Integration zu erläutern. Was dann kam, war eigentlich die neue

Führungskonzeption des neuen Kampfprogramms unserer Betriebsparteiorganisation in einer Qualität und Konkretheit, wie ich sie bisher noch nicht kannte.
Wenn ich hier mit wenigen Fakten versuche, die Sekretariatssitzung wiederzugeben, dann fehlt leider die emotionale Seite. Der Erste Sekretär der SED-Kreisleitung war ein Kommunist, der im besten Sinne des Wortes ‚brannte' für unsere Sache, was er weder unterdrücken konnte noch wollte. Er gehörte zu den Propagandisten unserer Partei, die Menschen begeistern konnte für die Lösung der schwierigsten Aufgaben. Er erreichte die Herzen der Menschen und wirkte als Vorbild.

Verstohlen schaute ich mich in der Runde um. Meine Genossen vom Schacht hörten konzentriert den Ausführungen des Ersten Sekretärs zu. Einigen war die Begeisterung vom Gesicht abzulesen. Besonders der Produktionsleiter schien jeden Moment los reden zu wollen. Hoffentlich versprach er nicht noch ein paar Tonnen Steinkohle zu der einen Million, die wir bisher noch nicht geschafft hatten, dazu. Zuzutrauen war ihm das. Wenn ich gefragt werde, überlegte ich weiter, bekenn ich mich zum Staatsplan. Plan ist Gesetz. Aber eine Verpflichtung zu mehr, übernehme ich nicht. Schließlich ist das Jahr erst wenige Tage alt. Ich werde sagen, daß eine Verpflichtung erst mit den Kumpeln beraten werden muß, da kann schlecht dagegen gehalten werden.
Die Diskussion konzentrierte sich auf Probleme der Parteiarbeit im Betrieb. So viel ich konnte, schrieb ich mir auf, denn von dieser erweiterten Sekretariatssitzung würde ich in meiner APO-Leitung im Revier ausführlich informieren und auch in der Mitgliederversammlung darüber sprechen. Sicher konnten wir unser Kampfprogramm auch verbessern.
Nachdem die Genossen des Sekretariats zu Diskussion gesprochen und auch die Mehrzahl der geladenen Gäste ihren Standpunkt vorgetragen hatten, faßte der Erste Sekretär der Kreisleitung die Diskussion zusammen und das Sekretariat beschloß konkrete Maßnahmen zur Erhöhung der Qualität der Arbeit der Parteiorganisation im VEB Steinkohlewerk Martin Hoop. Auch

wurde festgelegt, welche konkrete Unterstützung das Sekretariat der Kreisleitung der Parteileitung unseres Betriebes gewährte.
So, eine runde Sache war das alles, dachte ich und freute mich, diese Sekretariatssitzung miterlebt zu haben.
Da begann der Erste Sekretär der Kreisleitung der SED noch einmal.
„Genossen", sagte er, „euer Erster Sekretär, der Genosse Fanghänel, ist mit der Bitte an uns herangetreten, von seiner Funktion entbunden zu werden. Ihr wißt, daß Genosse Fanghänel ein der Sache der Arbeiterklasse und ihrer Partei treuergebener Genosse ist. Aber sein Gesundheitszustand ist leider so, daß er die Anforderungen eines Ersten Sekretärs der BPO nicht mehr erfüllen kann. Wir möchten den Genossen Fanghänel hier im Haus der Kreisleitung eine angemessene Aufgabe übertragen. Das, Genossen, erfordert aber die Wahl eines neuen Ersten Sekretärs." Hier machte er eine Pause. Jetzt wird es noch einmal spannend, dachte ich und auch die anderen Genossen richteten sich unwillkürlich auf ihren Stühlen etwas auf.
„Genosse Günter Herold", hörte ich die Stimme des Ersten Sekretärs der Kreisleitung.
„Hier", sagte ich automatisch.
„Steh doch mal auf", hörte ich wieder die Stimme. Automatisch zogen die für das Aufstehen verantwortlichen Beinmuskeln an. Ich stand. Es fing an, in der Luft zu knistern, als wäre sie statisch aufgeladen. Sicherlich nicht nur von meinen Gedanken, auch die Gedanken meiner Genossen vom Martin-Hoop-Werk würden sich in toller Jagd bewegt haben.
„Das Sekretariat der Kreisleitung wird dich, Genosse Herold, der Zentralen Parteileitung des Steinkohlewerkes Martin Hoop vorschlagen, zum Ersten Sekretär der BPO zu wählen." Da war es heraus. Mein inneres Echo wiederholte diesen Satz noch einige Male. Ich konnte nichts dazu sagen, mir fiel auch nichts ein, die berühmte Leere im Kopf, nicht das geringste hatte ich geahnt.
„Genosse Herold", hörte ich den Ersten Kreissekretär sagen, „bist du für den Frieden?"
„Für den Frieden immer, Genosse Erster Sekretär."

„Gut, dann setz dich wieder hin. Genossen, damit ist die Sekretariatssitzung beendet. Glück auf!"
Wir erhoben uns von den Plätzen, die Genossen des Sekretariats verließen den Beratungsraum. Noch immer war ich mir nicht ganz sicher, ob das auch alles Wirklichkeit war. Aber die Hände, die mir auf die Schulter klopften, waren Realität.
Die Frage nach dem Frieden hatte er bestimmt nur gestellt, um mich aus meiner Erstarrung zu erlösen. Gemeinsam gingen wir aus dem Beratungsraum, die Treppe hinunter und auf den Ausgang zu. Die Genossen waren noch voller Begeisterung. Die Sekretariatssitzung hatte allen eine Menge Anregung gegeben für die zukünftige Arbeit. Und bereits vor dem Haus der Kreisleitung gab es erste Gedanken und Vorschläge, wie das und jenes angepackt werden mußte, um schneller voranzukommen. Ich war mit dem Bus vom Werk zur Kreisleitung gefahren und wollte mich nun von den Genossen verabschieden, um zur Haltestelle zu laufen. Aber da boten mir der Werkleiter, der Produktionsleiter und der Zweite Sekretär der BPO einen Platz in ihrem Dienstwagen an. So viele Fahrtmöglichkeiten auf einmal, dachte ich. Ich entschied mich für den Platz im Dienstwagen der BPO.

Als ich an diesem Tag nach Hause kam, merkte Reni wieder sofort, daß etwas nicht stimmte.
„Wieder Ärger gehabt?" fragte sie.
„Eigentlich nicht", gab ich zur Antwort. Und dann erzählte ich Reni von der Sekretariatssitzung und davon, daß es den Vorschlag gab, daß ich Erster Sekretär der BPO auf dem Martin-Hoop-Werk werden soll. Reni war auch für einen Moment die Luft weg, und sie mußte sich erst mal setzen.
„Reni", sagte ich, „wir können beide nicht ermessen, wie groß die Verantwortung ist, die mir da übertragen werden soll. Über sechstausend Kumpel gibt es auf dem Marin-Hoop-Werk und 1.763 davon sind Kommunisten. Eine Million Tonnen Steinkohle sollen in diesem Jahr gefördert werden, eine solche hohe Jahresleistung gab es noch nicht. Und ich bin erst 29 Jahre alt."
„Eine Vorschrift, wie alt ein Parteisekretär zu sein hat, gibt es

eben nicht", sagte Reni schon wieder spitz. „Du hast den Vorteil und bist einer von ihnen, kennst viele von den Kumpeln und viele kennen auch dich. Du kennst die Arbeit unter Tage." Da unterbrach ich sie und bemerkte giftig: „Der Vorschlag, daß ich Parteisekretär auf dem Schacht machen soll, könnte von dir stammen." Reni lachte und meinte spitzbübisch: „Vielleicht war ich's?" Ich knurre irgend etwas vor mich hin. Eigentlich hätte ich sie gleich in die Arme nehmen wollen, aber so schnell gab man schließlich nicht nach.

„Was hast du eigentlich geantwortet, als du gefragt worden bist, ob du die Funktion übernehmen willst?" Reni sah mich gespannt an.

„Ich habe nichts geantwortet."

„Nichts?" Reni wurde mißtrauisch.

„Nein, eigentlich nichts. Ich bin nämlich gar nicht gefragt worden, ob ich will. Ich bin gefragt worden, ob ich für den Frieden bin, und da habe ich laut und deutlich ‚ja' gesagt!"

Reni schüttelte sich vor Lachen und ich mußte mitlachen, obwohl mir eigentlich nicht danach zumute war.

„Weißt du, Reni, ich bin echt stolz darauf, daß mich das Sekretariat vorgeschlagen hat, und wenn ich nach Ausreden suchen müßte, um die Funktion nicht zu übernehmen, dann wäre ich auch nicht der Richtige. Eigentlich bin ich froh darüber, daß mir die Genossen keine Entscheidung in Form einer Alternative ‚ja oder nein' gegeben haben. Ich habe einen Auftrag erhalten, diese Funktion zu übernehmen, und ich werde alles, was in mir steckt, daransetzen, diese Aufgabe zu erfüllen."

Nachdenklich saßen wir da. „Deine Zeit für uns, für die Kinder und mich, wird noch weniger werden."

„Ja", sagte ich.

„Mach dir keine Sorgen um uns, wir kommen schon klar", meinte Reni.

„Es wird nicht leicht werden, Reni."

„Und morgen wird die Zentrale Parteileitung die Entscheidung treffen?" fragte Reni.

„Ja, morgen."

„Ich drücke dir die Daumen."
„Es wird helfen, Reni."
Am nächsten Morgen um sechs Uhr begann die Sondersitzung der Zentralen Parteileitung des Martin-Hoop-Werkes. Dem Antrag des Genossen Fanghänel, ihn als Ersten Sekretär der Betriebsparteiorganisation zu entbinden, wurde nach gründlicher Diskussion zugestimmt. Der Vorschlag, den Genossen Günter Herold in die Zentrale Parteileitung zu kooptieren und als Ersten Sekretär zu bestätigen, wurde zur Diskussion gestellt und beschlossen.
Nun begann für mich ein neuer Lebensabschnitt. Nicht alle Mitglieder der Zentralen Parteileitung waren vorbehaltlos für einen staatlichen Leiter als neuen Parteisekretär. Auch von den APO-Sekretären dachten einige mit Sicherheit ‚erst mal abwarten, was da kommt'. Ich mußte erst das Vertrauen der Genossen erringen, und das kann man wohl am besten dadurch, daß die Beschlüsse unserer Partei in die Praxis umgesetzt werden, ohne wenn und aber. Es hatte sich in letzter Zeit in unserer Parteiorganisation das Argument ‚von den besonderen Bedingungen', die wir hätten, breit gemacht, und ‚der Schacht sei auch keine Schokoladenfabrik'. In Wahrheit wurde nicht kompromißlos um die Durchsetzung der Parteibeschlüsse gekämpft.
Ehrlich gesagt, ich hatte mir die Arbeit als Parteisekretär doch etwas einfacher vorgestellt. In den Räumen der Zentralen Parteileitung war ein ständiges Kommen und Gehen. Viele Kumpel wandten sich vertrauensvoll an uns Parteifunktionäre, brachten ihre Sorgen und Probleme vor oder machten Vorschläge, was ihrer Meinung nach geändert werden soll. Ich gab mir die größte Mühe, jedem gerecht zu werden und alle Probleme zu lösen. Ich rackerte von früh bis spät und irgendwie hatte ich doch das Gefühl, mich nur im Kreis zu drehen und meine wirkliche Aufgaben, die Führungsaufgaben der Parteiorganisation, zu vernachlässigen. Wie komme ich nur aus diesem Teufelskreis heraus? Auch das Berichtswesen, das die Parteileitung an die Kreisleitung zu erfüllen hatte, durfte keiner unterschätzen; es war umfassend. Wofür ich verantwortlich war, hatte nie jemand aufgeschrieben. Meines Wissens gibt es keinen Funktionsplan für Parteisekretäre.

Aber trotzdem, wenn der Kandidatengewinnungsplan termin- und qualitätsgerecht erfüllt wurde, wenn die Alarmzeiten bei der Kampfgruppenausbildung unterboten wurden, wenn die FDJ-Grundorganisation ihre Aufgaben erfüllte, wenn die DSF-Gruppen arbeiteten, wenn die Parteigruppe der Betriebsgewerkschaftsleitung die führende Rolle durchsetzte, wenn die politischen Qualifizierungsmaßnahmen planmäßig liefen, wenn die Kultur am Arbeitsplatz nicht unterschätzt wurde, wenn die Patenschaftsarbeit mit der Patengarnison, mit der LPG, mit der Polytechnischen Oberschule klappte, wenn der Betrieb seinen Staatsplan allseitig erfüllte, ohne Unfälle und Havarien, dann, aber nur dann konnte der Parteisekretär zu der Vermutung kommen, daß er seine Aufgaben möglicherweise erfüllte.
Ich schreibe das deshalb etwas ironisch, und hoffentlich wird das auch so verstanden, weil mein Aufgabengebiet als staatlicher Leiter wesentlich abgegrenzter verlief. Täglich, wenn der Plan erfüllt wurde, hatte ich ein Erfolgserlebnis, und so war es zum Monat und zum Jahr.
Wie gesagt, ich versuchte alles zu packen, aber irgendwie fehlte mir das tägliche Erfolgserlebnis oder vielleicht auch ein Maßstab, von dem ich ablesen konnte, ob ich gut oder schlecht arbeitete. Zum Beispiel bekam ich Lob für die gute Zusammenarbeit mit dem Wohnbezirk. Aber darum hatte ich mich überhaupt noch nicht gekümmert. Obwohl ich mich persönlich um die Kandidatengewinnung kümmerte, schafften wir das Ziel nicht. Gezielte Kritik an meiner Person war die Quittung.
Aber nach und nach gewann ich Boden unter den Füßen. Zweimal in der Woche wollte ich in die Grube einfahren. Ich sagte mir, wenn ich als Parteisekretär nicht mehr zu den Kumpeln komme, dann ist etwas anderes faul und nicht ich. Und siehe da, es ging. Systematisch, eines nach dem anderen, befuhr ich die Reviere. Ich sprach viel mit den Kumpeln über alle möglichen Themen, über große politische Zusammenhänge und über kleine persönliche Dinge. Richtiger muß ich aber sagen, daß die Kumpel mit mir sprachen, denn wenn ich ins Revier kam, wurde ich bereits erwartet. Und so konnte ich mit ihnen wichtige

Dinge vorberaten und mehrere Meinungen hören, bevor sie in der Zentralen Parteileitung zum Beschluß wurden. Dadurch waren die Beschlüsse fundiert, wurden verstanden, und ich hatte durch die vielen persönlichen Kontakte mit den Kumpeln an ihrem Arbeitsplatz eine unbestechliche Aussage, ob und wie die Beschlüsse vor Ort durchgesetzt wurden. Ich kannte die Sorgen der Kumpel ganz genau und auch ihren Ärger über schlampige Leitungstätigkeit.

In Vorbereitung auf die bevorstehenden Parteiwahlen nahm die Zentrale Parteileitung Berichte der Obersteiger entgegen. Der erste Obersteiger las seinen Bericht vor und sprach von der Aufgeschlossenheit der Kollektive, den heldenhaften Kampf um die Planerfüllung, überall sei beste Stimmung, die Planerfüllung ist gesichert. Ich wußte aber ganz genau, daß sich die Planerfüllung in seinem Bereich von Tag zu Tag verschlechterte, daß die Hauer bereits über Stunden das Kohlen einstellen mußten, weil kein Holz in den Abbau kam, und war einmal Holz da, dann riß bestimmt das Förderband in der Fußstrecke. Vor zwei Tagen erst war ich in diesem Revier und die Genossen dort baten mich, ihnen zu helfen, denn die Schlampereien zögen sich schon längere Zeit hin, und sie wollten in Vorbereitung der Parteiwahlen auf keinen Fall Planschuldner sein. Und jetzt haute uns dieser Obersteiger die Taschen voll, daß sich alles bog und krachte.

„Genosse Obersteiger", unterbrach ich seinen eigens für die Zentrale Parteileitung verfaßten Lobgesang, „du hast dich doch auf die heutige Berichterstattung vor der Zentralen Parteileitung gründlich vorbereitet, stimmt's?"

„Ja, das stimmt", gab er zur Antwort.

„So konnte ich also feststellen", redete ich weiter, „daß du überlegt und mit vorbedacht versuchst, die Genossen der Zentralen Parteileitung zu belügen, und das ist nach dem Statut unserer Partei ein schweres Vergehen."

Kalt ist es plötzlich im Beratungszimmer der Zentralen Parteileitung. Ich informierte die Genossen der Zentralen Parteileitung über die tatsächlichen Zustände im Bereich des Obersteigers. Sofort kam eine heiße Diskussion auf, die sich vernichtend für den Obersteiger entwickeln konnte.

„Aber Genossen", sagte da in einer Pause der Obersteiger, „den Bericht halte ich doch fast wörtlich mindestens das vierte Mal, und jedes Mal wurde er bestätigt. Ich weiß, daß hier viel beschönigt wurde und ich möchte mich dafür entschuldigen." Ich sah mich in der Runde um. Keiner sprang auf und verwahrte sich gegen diese Behauptung.

„Dein Bericht wird heute nicht bestätigt, Genosse Obersteiger", sagte ich und der Zentralen Parteileitung schlug ich folgenden Beschluß vor:

„Erstens: Der Obersteiger erhält den Auftrag, gemeinsam mit den Brigadeleitern seines Bereiches und den gewählten Vertretern der gesellschaftlichen Organisation eine reale Analyse über die Situation in seinem Bereich zu erstellen. Ausgehend von dieser Analyse sind wenige aber wirksame Maßnahmen durchzusetzen, die zu einer schnellen Abstellung der Mißstände im Bereich führen.

Zweitens: Die Maßnahmen sind in der Abteilungsparteiorganisationsleitung zu beraten und zu bestätigen. Alle Genossen des Bereiches sind über die beschlossenen Maßnahmen zu informieren und von der Notwendigkeit zu überzeugen, die Durchsetzung im Bereich zu unterstützen.

Drittens: Einen neuen Bericht des Obersteigers nimmt die Zentrale Parteileitung heute in zwei Wochen entgegen."

Die Genossen der Zentralen Parteileitung stimmten dem Vorschlag zu.

Am 1. März begannen die Parteiwahlen. Seit Wochen liefen die Vorbereitungen hierzu auf Hochtouren. Parteiwahlen sind schon immer Perioden höchster politischer Aktivität. Sie halfen, die Genossen und Kollegen politisch und fachlich für die großen vor uns stehenden Aufgaben zu rüsten. Die Arbeit konzentrierte sich auf die Durchführung der Grundaufgaben, der allseitigen Stärkung der Deutschen Demokratischen Republik und die Erhöhung ihrer internationalen Autorität durch die konsequente Weiterführung unserer Friedenspolitik. Und auch deshalb waren

unsere Parteiwahlen nicht nur eine parteiinterne Angelegenheit, sondern Sache des ganzen Volkes.
Ich richtete mein Augenmerk besonders auf die Wahlen in den Parteigruppen. Aus eigener Erfahrung wußte ich, daß die Leistung, die Arbeitsmoral und die Arbeitsdisziplin eine ganze Reihe von subjektiven Problemen in einer Brigade entscheidend von der Arbeit der Parteigruppe bestimmt wurde. In der Parteigruppe, in der Brigade vor Ort wurde alles, was beschlossen und vorher erdacht wurde, in die konkrete Praxis umgesetzt, also materielle Gewalt. Hier wurden die Initiativen geboren, die den gesellschaftlichen Fortschritt vorantreiben halfen, hier wurden die jungen Arbeiter erzogen und entwickelt, die die Reihen unserer Partei stärkten. Von hier aus wurden junge, klassenbewußte Arbeiter zum Studium delegiert oder meldeten sich zu den bewaffneten Kräften unseres Landes. Von hier kamen die Wettbewerbsinitiativen, denen sich andere Kollektive, oft landesweit, anschlossen. Es war für mich unstrittig, daß der Parteisekretär vor allem mit den Parteigruppenorganisatoren ein enges, vertrauensvolles Verhältnis haben mußte, und daß er den Parteigruppenorganisatoren und ihren Stellvertretern jede Unterstützung zuteil werden lassen mußte.
Eine der ersten Parteigruppen in unserem Werk, die ihre Berichtswahlversammlung durchführte, war die Gewinnungskomplexbrigade im sechsten Revier. In Anwesenheit des Ersten Sekretärs der SED-Kreisleitung legten die Genossen des A-Drittels eine umfassende Bilanz ihrer Arbeit in der vergangenen Wahlperiode ab. In ihrem neuen Arbeitsprogramm ging es schwerpunktmäßig darum, die politisch-ideologische Arbeit innerhalb der Parteigruppe wesentlich zu verstärken und die politische Massenarbeit im Brigadekollektiv zu verbessern.
So, wie ich vor Jahren meinem Meister während der Lehrausbildung auf die Hände geschaut und von meinem Lehrhauer die Kniffe mit den Augen gemaust hatte, so studierte ich die Argumente und das propagandistische Auftreten des Ersten Kreissekretärs. Er kam nicht nur an bei den Menschen, sondern verstand es auch, die Zusammenhänge zwischen unse-

rer täglichen Arbeit und der internationalen Politik verständlich zu machen. Jeder begriff in diesem Moment, wie wichtig seine persönliche tägliche Leistung für das große Ganze, für den gesellschaftlichen Fortschritt war. Dabei wurde kein Süßholz geraspelt, sondern gesagt, was gesagt werden mußte, auch wenn es nicht jedem schmeckte. Er begeisterte die Genossen.
Ein Parteisekretär war natürlich auch nur ein Mensch, Gott sei Dank. Und als Mensch konnte er nicht nur rational denken und handeln, sondern auch das Emotionale spielte eine wesentliche Rolle, wobei ich mich hier auf die dienstliche Seite beschränken will. Aber im Eifer des Gefechtes platze ich eben auch mit Dingen heraus, die nicht wohldurchdacht waren, und eine gewisse Spontanität ist mir auch eigen. Eigentlich wollte ich sagen, daß ich auch ab und zu einmal zur Sau werde. Es darf nur nicht zur Gewohnheit werden.

Im April fand unsere Betriebsdelegiertenkonferenz statt. Die neue Leitung wurde gewählt und neue Aufgaben gab es mehr als genug. Im Brennpunkt unseres Wirkens aber stand die Forderung, eine Million Tonnen Steinkohle in diesem Jahr zu fördern.
In der Zeit der Vorbereitung und Durchführung der Parteiwahlen gab es eine große Anzahl von Spitzenleistungen. So gelang es zum Beispiel der Brigade ‚Kosmos I' in neun Tagen 80 Meter Abbau aufzufahren. Die Kumpel der Brigade unterschritten mit dieser Leistung den vorgegeben Termin um vier Tage. Solche und ähnliche Meldungen erreichten die Parteileitung täglich. Ich hatte meine liebe Not, um die Übersicht zu behalten. Und ich merkte, daß trotz all dieser echten und lobenswerten Leistungen die Planerfüllung absackte und rasch dazu. Ende April hatten wir fast 4.000 Tonnen Kohle Planschulden. Ich bestellte den Produktionsleiter zu mir und wollte von ihm wissen, was los war mir der Planerfüllung, und welche Konzeption er hat, die Planschulden schnellstens abzubauen. Er erzählte mir ununterbrochen über alle möglichen Schwierigkeiten. Schier unerschöpflich scheinen die Probleme zu sein. Geduldig hörte ich ihm zu. Ich roch förmlich, daß er um den heißen Brei herum-

redete. Endlich schien er es aufzugeben, neue Argumente zum Beweis für die Planschulden zu finden. Vielleicht verunsicherte ihn auch, daß ich kein Wort sprach.

„Gut, Erich", begann ich, „es stimmt alles, was du sagst. Aber nun nenne mir den wirklichen Grund. Was ist wirklich los?"
Der Produktionsleiter räusperte sich, bevor er antwortete: „Wir haben zu wenig Hauer. Wir schaffen die Tonnen nicht."
„Was ist los?", ich schrie es fast.
„Es ist aber so. Um den Tagesplan zu schaffen, brauche ich 450 Hauer am Stoß", sagte Erich, „aber tageweise sind es nur 370 bis 380 Hauer." Er wischte sich den Schweiß von der Stirn. „Es läßt sich leicht überschlagen", fuhr er fort, „wenn 60 Hauer im Durchschnitt fehlen, und jeder hätte etwa zehn Tonnen gebracht, dann fördern wie täglich 600 Tonnen Kohle zu wenig. Daß wir noch nicht weiter abgesunken sind, liegt daran, daß die geologischen Verhältnisse zu Zeit sehr günstig sind. Aber das kann sich jeden Tag ändern." Er war still und hielt den Kopf gesenkt. Ich sah ihn genauer an. Seine Wangen sahen eingefallen aus. Ab und zu zuckten seine Gesichtsmuskeln nervös. Mich fröstelte es plötzlich. Ich stand auf und mache das Fenster zu. Komisch, dachte ich, er schwitzt und mich friert es, und das beim gleichen Problem. Aber die Zimmertemperatur hat damit nichts zu tun.
„Erich", sagte ich, „seit wann ist dir das Problem bewußt?"
„Als wir im vergangenen Jahr erfuhren, daß 1969 eine Million Tonnen Kohlen zu fördern sind, war mir klar, daß der Hauerstamm von 400 auf 450 bis 460 Hauer aufgestockt werden muß. Ich dachte mir, wenn wir die Reihe der Kumpel ansprechen, daß sie dann mit an den Stoß gehen. Aber das trifft nicht zu. Die sich bereit erklärt haben, kannst du an einer Hand abzählen. Insgesamt ist die Anzahl der Hauer weiter zurückgegangen. Als Hauptursache werden gesundheitliche Gründe angeführt."
„Und was ist der wahre Grund?" fragte ich weiter.
„Ich weiß es nicht, jeder nennt ein anderes Problem. Doch wer zum Arzt geht, erhält seinen Zettel zum Arbeitsplatzwechsel. Und damit ist er weg vom Stoß."
Wir sprachen noch über andere Probleme, die im Interesse der

Produktionssteigerung angepackt und vor allem gelöst werden müssen.
Die Situation mit den Hauern beschäftige mich unablässig. Wenn der Trend so anhält, dann kann jeder leicht ausrechnen, wann wir überhaupt keine Kohlen mehr machen, geschweige denn eine Million Tonnen fördern. Abends saß ich vor meinem Fernsehgerät, aber unablässig drehten sich meine Gedanken um ein und dasselbe Problem. Ohne Panik zu machen, überlegte ich, muß hier etwas Entscheidendes passieren, aber was? Ich werde mit den Kumpeln reden, mit denen aus meinem alten Revier, die sagen mir den Grund.

Am nächsten Früh schaute ich nur kurz in mein Sekretariat und sagte: „Ich fahre ein. Bitte versuche, meine Termine abzusagen oder noch besser, schicke den Zweiten Sekretär; mach das Beste daraus, du weißt schon." Meine Sekretärin, eine perfekte Kraft und standfeste Genossin nickte nur kurz. Ich war sicher, nachdem ich wieder aus dem Zimmer war, setzte sie ein Räderwerk mit Präzision in Bewegung und jeder Termin wurde an diesem Tag erledigt, auch ohne mich. Mir hat sie im Verein mit der Oberschwester Martha die Mandeln herausnehmen lassen, natürlich von einem Chirurgen. Aber davon erzähle ich vielleicht später.
Mit der letzten Fuhre fuhr ich ein und marschierte in Richtung erstes Revier. Einer alten Gewohnheit folgend, richtete ich es so ein, daß ich gegen die Förderrichtung, also von der Abförderseite her, in das Revier kam. An einer Umbaustelle traf ich zwei Kumpel beim Strossen. Wir begrüßten uns. Einen von ihnen kannte ich. Er hieß Max Steger. Max war Hauer bei mir im Revier gewesen. Nicht einer der Besten, was die Leistung betraf, aber immer zuverlässig und willig.
„Wie geht es, Max? Was macht der Garten?" „Ach, das hast du dir gemerkt, daß ich vernarrt in meinen Garten bin?" fragte er mich. „Du hast einmal erzählt, daß du deine Gartenlaube erneuern willst. Bist du fertig damit?" „Schon längst. Ein Rosenspalier habe ich im vergangenen Jahr angebaut, aber die Kletterrosen

hat mir die Kälte kaputtgemacht. Jetzt habe ich neue gepflanzt. Hoffentlich habe ich diese Mal mehr Glück." „Ich drücke dir die Daumen, Max." „Danke." „Max, sag mir mal, warum bist du nicht mehr mit im Abbau?" fragte ich gezielt. Er sah mich aufmerksam an. „Ich habe es mit dem Kreuz", beantwortete er meine Frage. „Aber dein Kreuz hat dir vor Jahren auch schon weh getan", hakte ich nach. „Ja. Und es ist von Jahr zu Jahr schlechter geworden." „Sage mir ehrlich, Max, wenn du keine Rückenschmerzen hättest, wärst du dann noch im Abbau?" „Du willst die Wahrheit wissen, stimmt's?"

„Ja, Max. Etwas anderes nützt mir nichts." „Also gut. Es lohnt sich nicht mehr, Hauer im Abbau zu machen. Die Schinderei ist die gleiche geblieben, aber es lohnt sich nicht mehr." „Lohnt sich nicht mehr?" wiederholte ich wie ein Echo seine Behauptung. Max nickte und machte das auf der ganzen Welt bekannte Zeichen zwischen Daumen und Zeigefinger. Irgendwie rutschte an diesem Morgen der berühmte Groschen schlecht bei mir. „Willst du mir weismachen, Max, daß du bei dieser Arbeit hier das Gleiche verdienst, wie als Hauer im Abbau?" fragte ich. „Ich will dir gar nichts weismachen, es ist so", entgegnete Max. „Und warum ist das so?" gab ich noch nicht auf. Max zuckte mit den Schultern: „Das mußt du schon andere fragen." Ich gab Max die Hand und sagte: „Vielen Dank und Glück auf." „Glück auf, Günter, und komm mal wieder vorbei, damit ich dir noch einiges Neue von meinem Garten erzählen kann." Ich nickte und ging weiter in Richtung Abbau. Ich freute mich sehr, daß ich so viele Bekannte wiedertraf. Die meisten wollten wissen, was ich so den ganzen Tag mache. Es wurde geflaxt, und mir tat die Stunde, die ich mich im Abbau aufhielt, richtig gut.

Einer sagte: „Es ist doch gut, einen Bekannten weiter oben zu haben, da geht alles viel schneller, wenn man ein Problem hat."
Ein anderer ergänzte mit einem alten Witz: „Beziehungen schaden nur dem, der keine hat." Natürlich erzählten sie mir auch ihre Sorgen, und ich versprach, mich um die Dinge zu kümmern.
Dem Brigadeleiter und dem Abbausteiger gab ich ein Zeichen, mit in die Kopfstrecke zu kommen. „Erzählt mir mal", fing ich

dort an, „warum ein Hauer im Nebenprozeß das Gleiche verdient, wie am Kohlenstoß, obwohl er sich im Abbau mehr anstrengen muß."

„Der Lohnunterschied beträgt nur noch etwa fünfzig Mark im Monat", präzisiert der Steiger.

„Beantwortet mir doch mal meine Frage. Du als Brigadeleiter mußt doch wissen, was die Hauer darüber denken." „Es ist so", begann der Brigadeleiter, „daß der Lohn der Hauer im Abbau in den letzten zwei Jahren die gleiche Höhe behalten hat. Aber die Zeitlohnprämie der Kumpel, die im Nebenprozeß beschäftigt sind, stieg in letzter Zeit besonders schnell an, so daß ein Fördermann, Schlosser, Elektriker annähernd den gleichen Stundenlohn hat, wie ein Hauer im Abbau." „Aber wer läßt einen solchen Unfug zu", rief ich. „Das kommt von oben", sagte der Steiger überzeugt. Ja, von oben, ging es mir durch den Kopf. „Diesem ‚Oben' komme ich auf die Spur, verlaßt euch darauf. Glück auf." „Glück auf!"

So schnell ich konnte, lief ich zum Hauptschacht, um wieder auszufahren. Vom Füllort aus rief ich in der Buchhaltung an und bestellte den Hauptbuchhalter in 30 Minuten zu mir.

Schnell duschte ich und ging in mein Arbeitszimmer. Wenig später kam der Hauptbuchhalter. Er hatte eine schwere Mappe unter den Arm geklemmt. Sicher hat er in der alle Zahlen mit, die gefragt werden können.

„Heinz, sag mir bitte, wohin der geplante Lohnfondszuwachs in den letzten drei Jahren geflossen ist."

Der Hauptbuchhalter dachte kurz nach und schüttelt dann den Kopf. „Das kann ich auf Anhieb nicht sagen, da muß ich erst in den alten Unterlagen nachsehen." „Wie hat sich der Lohn bei den Hauern im Abbau entwickelt und wie bei den Kumpeln im Nebenprozeß? Wie groß sind die Differenzen bezogen auf den Stundenlohn?" war meine nächste Frage. Etwas traurig schüttelte er wieder den Kopf und meinte, daß solche Gegenüberstellungen weder in der Statistik noch in der Analyse gemacht wurden. „Heinz, ich brauche das aber dringend", drängelte ich. „Wir sind gerade über dem Monatsabschluß, aber ich hänge ein paar Überstunden an, wenn es so wichtig ist." „Ist es, Heinz, ist es.

Und das Papier, das du mir gibst, muß einen, nun sagen wir, amtlichen Charakter haben. Die Zahlen müssen jede einzelne stimmen. Und deine Unterschrift muß darauf sein", ergänzte ich meine Bitte. „Die Zahlen, die ich unterschrieben habe, haben bis jetzt immer gestimmt. Und so bleibt es auch." Heinz war sich dessen ganz sicher. „Das freut mich und beruhigt", nickte ich ihm zu. „Bis Übermorgen mittag kann ich es schaffen", sagte Heinz. „Gut. Das geht. Vielen Dank."
Als der Hauptbuchhalter weg war, griff ich zum Telefon und rief unseren BGL-Vorsitzenden an: „Manfred, ich bin es, Günter, sag mal, wo hat denn die Gewerkschaft den Lohnfondszuwachs hin beschlossen in den letzten zwei Jahren?" „Lohnpolitik ist Parteipolitik", kam es aus dem Hörer. „Danke, Genosse. Trotzdem verrate es mir mal", gab ich zurück. „Weißt Du, Günter, ich komme gleich mal rüber, die Sache ist nicht ganz ohne." „Gut, komm." Ich legte den Hörer wieder auf.
Kurze Zeit später trat unser BGL-Vorsitzender in das Zimmer. Es wurde ein längeres Gespräch. Zusammengefaßt ergab sich folgendes Bild: Die Betriebsleitung in Abstimmung mit der Betriebsgewerkschaftsleitung hat ihren Vorschlag zur Aufteilung des geplanten Lohnfondszuwachses in der VVB eingereicht. Natürlich waren auch die Hauer in angemessener Weise bedacht worden. Aber Mitarbeiter der VVB entschieden, die Hauer verdienen genug. Der Nebenprozeß soll lohnmäßig angehoben werden. Und nachdem eine längere Streiterei an der Entscheidung der VVB auch nichts geändert hat, gaben wir auf. Und so erhielten die Kumpel im Nebenprozeß den gesamten Lohnfondszuwachs.
„Die Quittung dafür erhalten wir jetzt, Manfred, uns fehlen die Hauer, oder richtig gesagt, es werden immer weniger Hauer, die am Kohlenstoß arbeiten wollen." „Ich habe davon gehört. Es steht nicht allzugut", gab Manfred mir recht. „Und was machen wir nun?", ich stand auf und lief im Zimmer hin und her. „Wenn ich es mir genau überlege, dann muß hier der Generaldirektor eine Lösung schaffen. Schließlich waren es seine Mitarbeiter, die das mit verbrochen haben", Manfred überlegte laut, „ja, der Generaldirektor muß hier mit an die Rolle." „Gut, dann werde ich

mit ihm reden", sagte ich. „Es ist am besten so", meinte Manfred. Zur versprochenen Stunde brachte mir der Hauptbuchhalter die gewünschten Zahlen. Sie bewiesen, die von den Hauern erhobene Behauptung stimmt. Jetzt konnte mich nichts mehr aufhalten. Ich fuhr zum Generaldirektor und erzählte ihm detailliert, was sich da entwickelt hat und wie groß die Gefahr war, daß die eine Million Tonnen Steinkohle nicht gebracht werde und daß der negative Trend anhält und daß sofort etwas passieren muß.
Der Generaldirektor hörte mir aufmerksam zu. Er taxierte mich ganz genau. Sicherlich bin ich zu aufgeregt, ging es mir durch den Kopf, ich erkläre alles viel zu hektisch. Plötzlich brach ich ab, mitten im Satz, ich begann mich zu wiederholen. In dem großen Zimmer war es still. „Mein Lieber", begann der Generaldirektor, „es ist sicher eine Auszeichnung für dich, so jung und schon eine so verantwortungsvolle Aufgabe. Aber", er unterbrach seinen Satz und nahm einen tiefen Zug aus seiner Zigarette, inhaliert den Rauch noch einmal und stieß ihn dann aus. Der filtert das Letzte aus dem Zigarettenrauch heraus, fuhr es mir durch den Sinn. „Aber", begann er den Satz noch einmal, „der Verschleiß bei uns Funktionären ist viel zu hoch. Täglich stehen Genossen in der Zeitung, die plötzlich und unerwartet verstorben sind. Du mußt auf dich aufpassen, Günter, wie schnell ist einem was passiert, und dann kümmert sich niemand um dich." Unbehagen kroch in mir hoch, aber ich unterdrückte es schnell wieder, schließlich bin ich nicht gekommen, um mit dem Generaldirektor über meine Perspektive über einen Herzinfarkt zu diskutieren. „Es ist alles so traurig", platzte ich heraus. Der Generaldirektor sah mich mißtrauisch an. Unmutsfalten zogen sich auf seiner Stirn zusammen. Er zog wieder voller Genuß an seiner Zigarette. „Welche Entscheidung triffst du zu der von mir vorgebrachten Problematik?" fragte ich direkt. „Da muß erst einmal alles überprüft werden, da müssen Fachleute ran." Ich griff in die Aktentasche. „Hier ist es mit Zahlen bewiesen, was ich dir erzählt habe", und reichte dem Generaldirektor die vom Hauptbuchhalter erarbeitete Analyse.
Er sah sie an und sagte: „Das müssen sich meine Leute trotz-

dem erst einmal ansehen." „Ich brauche eine Entscheidung von dir und zwar schnell. Wir müssen die negative Entwicklung auf dem Martin-Hoop-Werk aufhalten. Diese Entwicklung ist nicht von selbst gekommen. Falsche Lohnpolitik hat dazu geführt, die du zu verantworten hast. Also treffe jetzt eine Entscheidung, die die Sache wieder in Ordnung bringt. Ich versichere dir, daß dich die Parteiorganisation mit unterstützen wird." Wieder kam nur eine ausweichende Antwort. „Leiten heißt aber entscheiden", sagte ich, „und du bist staatlicher Leiter." Mit meinen altklugen Weisheiten hatte ich seine Reizschwelle überschritten. Aufgebracht erklärte mir der Generaldirektor, daß in einem laufenden Planjahr überhaupt nichts mehr zu machen ginge. Den Lohnfonds hätte er restlos aufgeteilt und mehr Lohnfonds kann nur der Minister entscheiden, und wegen solcher Lappalien wird er den Minister nicht belästigen.

Nun ist es wenigstens raus und die Vertrösterei mit Überprüfungen und fundiert vorzubereitender Entscheidungen hat ein Ende. „Genosse Generaldirektor", sagte ich förmlich, „ich bitte dich, mir in zwei Tagen deine Entscheidung mitzuteilen. Danach führen wir eine Parteiaktivtagung durch. Es geht dabei um das Problem der Erfüllung unseres Staatsplanes. Ich werde die Parteiaktivisten über die falsche Lohnpolitik, die dem Leistungsprinzip entgegenwirkt, informieren; auch über unser heutiges Gespräch." Ich stand auf. „Das wagst du nicht, das werde ich zu verhindern wissen", zischte der Generaldirektor. „Es gibt keinen, der mir verbieten kann, den Kommunisten auf dem Martin-Hoop-Werk die Wahrheit zu sagen. Glück auf." Als ich die Doppeltür von außen geschlossen hatte, war ich für einen Moment stolz auf meinen Abgang. Aber dann wurde mir doch flau in der Magengegend. Bestimmt habe ich überzogen überlegte ich. Ach was, ich tue es doch nicht für mich; es geht um viel mehr.

Am nächsten Tag rief mich der Parteiorganisator des Zentralkomitees bei der VVB an.

„Günter, was hast du denn mit dem Generaldirektor gemacht? Er hat sich gestern fast zwei Stunden über dich ausgelassen. Unter anderem sagte er, daß du auf der nächsten Parteiaktivtagung

über ihn herziehen willst, und ich soll das verhindern." „Es geht gar nicht um ihn", knurrte ich in das Telefon. „Hättest du nicht vorher zu mir kommen können, bevor du zum Generaldirektor bist?" „Natürlich hätte ich das, aber was hat das jetzt noch für einen Sinn. Mensch, Lothar, es muß eine Lösung für das Problem geben, mit und ohne den Generaldirektor", sagte ich. „Nur mit, Genosse, nur mit", entgegnete Lothar. Ich schwieg und atmete tief durch.
„In 30 Minuten bin ich draußen bei dir. Sorge dafür, daß wir ungestört sprechen können." „Danke, Lothar", sagte ich. „Bis gleich", kam die Antwort. Lothar war ein erfahrener Genosse, der sich auszeichnete durch Sachlichkeit und Parteilichkeit, war bescheiden und verfügte über ein fundiertes Wissen. Wir konnten ihn alle gut leiden und schätzten seinen Rat. Als er bei mir am Tisch saß, kam er auch gleich zur Sache. „Erzähle mal, was los ist", forderte er mich auf. Ich holte tief Luft und legte los: „Die Republik muß die Kohlen bekommen, die sie braucht, eine Million in diesem Jahr." Lothar nickte ernst, ich also weiter: „Neben einer Reihe anderer Probleme, die auch gelöst werden müssen, ist Hauptvoraussetzung, daß täglich rund vierhundertsechzig Hauer am Stoß stehen und Kohlen machen. Aber wir bringen nicht einmal mehr dreihundertneunzig Hauer im Durchschnitt zusammen. Und von Monat zu Monat werden es weniger. Die älteren Kumpel gehen zum Arzt und für die jungen hat die Hauertätigkeit im Abbau keinen Anreiz mehr. Sie können im Nebenprozeß annähernd das Gleiche verdienen, ohne sich körperlich zu verausgaben. Wenn wir den Trend nicht umgehend stoppen und ins Gegenteil kehren, sehen wir alle alt aus. Und der Generaldirektor sagt, er kann in diesem Jahr nichts mehr machen. Und da habe ich geantwortet, daß ich übermorgen zur Parteiaktivtagung den Genossen die Wahrheit über die verkorkste Lohnpolitik sagen werde." „Und danach, denkst du, melden sich sofort achtzig Mann für den Abbau?" fragt Lothar. Ich ließ den Kopf sinken. „Lothar, ehrlich gesagt, war ich der Annahme, daß der Generaldirektor eine Lösung zur Stimulierung für die Kumpel, die Kohlen machen, findet. Überlege nur einmal. Über

6.000 Mann Belegschaft hat unser Werk. Nur 460 müssen Kohlen machen. Von diesen wenigen ernähren sich 5.500, wir mit, und da soll es nicht möglich sein, den Pferden Hafer zu geben, die ihn verdienen." Ich hatte mich wieder in Schwung gebracht. „Hör auf, mich zu agitieren", fuhr mir Lothar in die Parade. Er stand auf und sagte: „Die Sache ist ernster, als ich dachte. Ich werde in der VVB die verantwortlichen Genossen zusammennehmen. Wir werden eine Lösung finden. Und, Günter, lade den Generaldirektor und mich zur Parteiaktivtagung ein." „Mach ich gern, Lothar."
Als Lothar bereits in der Tür stand, sagte ich noch: „Es wäre eine feine Sache, wenn der Generaldirektor zur Aktivtagung den Genossen seinen neuen Vorschlag zur wirksamen Stimulierung der Hauertätigkeit selbst erläutert. Wetten, daß er da groß heraus kommt?" Statt einer Antwort knallte Lothar die Tür zu. Und dann hörte ich ihn im Vorzimmer laut lachen, ziemlich lange sogar. Die Sekretärin sah zu mir in das Zimmer: „Hast du Lothar zum Schluß noch einen Witz erzählt?" „Einen Witz? Eigentlich nicht", sagte ich.

Die Parteiaktivtagung wurde gründlich vorbereitet. In mehreren Arbeitsgruppen wirkten Genossen der Zentralen Parteileitung, der Werkleitung, Betriebsgewerkschaftsleitung und der Freien Deutschen Jugend, um Produktionsengpässe überwinden zu helfen. Über 300 Parteiaktivisten berieten, wie die Zielstellung, eine Million Tonnen Kohle zu fördern, geschafft werden kann. Viele Kollektive und Einzelverpflichtungen wurden abgegeben. Alle Kräfte unseres großen Kollektivs wurden auf dieses wichtige Ziel gerichtet. Eine Reihe Genossen Brigadeleiter traten auf und erklärten die Bereitschaft ihrer Kollektive, Sonderschichten zu fahren. Auch Genossen aus der Verwaltung gaben ihre Bereitschaft ab, sich an Sonderschichten zu beteiligen.
Die Parteiaktivtagung faßte einen Beschluß, der von allen einmütig gebilligt wurde und der von den Genossen in die Kollektive getragen wurde. Im Beschluß wurde unter anderem festgelegt, daß täglich 460 Hauer am Stoß einzusetzen waren.

Keine Kohlenverluste im Versatz dürfen zugelassen werden. Die Versatzwirtschaft war so zu organisieren, daß täglich 2.400 Hunte mit Berge in den Versatz kamen. Die Arbeitszeit war restlos auszulasten. Der Unfallstand war drastisch zu senken. Die Prämienmittel waren gezielt auf höchste Leistungen in der Kohlengewinnung einzusetzen. Um die Planschulden bis Mitte des Jahres abzubauen, waren in den Monaten Mai und Juni je zwei Sonderschichten zu planen.
Auch der Generaldirektor sprach zur Diskussion. Er würdigte die großen Leistungen der Bergarbeiter, insbesondere ging er auf die schwere körperliche und verantwortungsvolle Arbeit der Hauer vor Ort ein. Gerade die Leistungen der Hauer müßten besondere Anerkennung finden. Und so gab der Generaldirektor bekannt, ab sofort eine Hauerprämie einzuführen, die Lohnbestandteil werden soll. Für jede verfahrene Schicht am Kohlenstoß gab es einen festen Betrag, ganz gleich, ob es ein Hauer war oder ein Kumpel aus dem Nebenprozeß. Jeder, der Kohle macht, bekam für seine Hauerschicht diesen Betrag aufgestockt. Unser Generaldirektor bekam stürmischen Beifall von den Genossen; er kam groß heraus. Mir fiel ein Stein vom Herzen, und ich klatschte munter mit in die Hände. Was soll ich sagen – am Jahresende standen eine Million und zehntausend Tonnen Steinkohle zu Buche. Die Kumpel des Steinkohlewerkes Martin Hoop hatten ihren Auftrag in Ehren erfüllt. Es war eine große kollektive Leistung unter Führung der Betriebsparteiorganisation. Es blieb auch die größte Förderleistung, die je erreicht wurde von den Kumpeln des Steinkohlewerkes Martin Hoop.

Natürlich wurden auch die siebziger Jahre keine leichten Jahre, wie sollten sie auch. Die alte Klassenfrage Wer-Wen stand noch immer an, und wenn der Weltfrieden auch sicherer wurde, sicher war er deshalb noch lange nicht.
Nach wie vor hielt ich streng daran fest, mindestens zweimal wöchentlich einzufahren. Die vielen persönlichen Kontakte mit den Kumpeln halfen mir, meine Arbeit sinnvoll und praxisnah durchzuführen. Ich registrierte genau, was ankam und was nicht.

Schneller als man denkt, wird an den Menschen vorbeigesprochen und dann wird sich gewundert, wenn die Resonanz recht bescheiden oder gar nicht kommt. Die Menschen wollen mit jemandem sprechen, zu dem sie Vertrauen haben, der sie versteht, ihre Sorgen teilt oder auch helfen kann. Viele Kumpel haben mir ihre persönlichen Sorgen und Probleme erzählt. Oft konnte ich helfen, aber noch öfter konnte ich es nicht. Es waren mitunter auch viele persönliche, vertrauliche Dinge dabei. Aber allein die Tatsache, daß ich zuhörte, daß ich ein kameradschaftliches Wort fand, mitunter auch einen gutgemeinten Rat geben konnte, das half dem einen und anderen ein wenig, schuf Vertrauen. Ich weiß, daß das sehr anstrengend war, daß es Zeit kostete, die keiner von uns hatte und trotzdem, wir waren für die Menschen da und nicht die Menschen für uns. Die Kumpel, die mir ihr Vertrauen schenkten, wußten doch genau, daß sie mit einem Parteifunktionär sprachen und nicht im Beichtstuhl sitzen. Hier lag ein großes ideologisches Feld brach. Die Menschen hatten auch nach Arbeitsschluß das Bedürfnis, mit jemandem, zu dem sie Vertrauen haben, zu sprechen, auch an Sonntagen und Feiertagen, da besonders. Aber wer ist da schon ansprechbar für die Sorgen anderer zu dieser Zeit. Wir tun so, als ob sich alles an Wochentagen regeln ließe. Es gibt Institutionen, keine staatlichen, die machen ihre Türen an den Wochenenden weit auf, für jung und alt. Die Disko allein ist hierfür kein Ersatz.

Die Zeit verging wie im Flug. Wieder einmal war es Frühling geworden. Sonnenschein und Regen wechselten einander ab. Reni und ich gingen nach dem Abendbrot spazieren.
Reni sagte: „Versuche doch, in diesem Jahr einen Ferienplatz zu bekommen." „Warum? Ist es nicht schön in Klingenthal?" „Natürlich ist es dort schön, das weißt du doch. Und deine und meine Mutter freuen sich, wenn wir mit den Kindern kommen. Aber auch einmal woanders hinzufahren, das wünschen wir uns." Aha. Reni und die Kinder sind sich einig, und da wird heute der große Angriff auf den Vater gestartet. „Deine große Tochter ist dreizehn Jahre und die kleine zwölf Jahre alt. Die Jahre vergehen

schnell, und es kommt die Zeit, da werden sie nicht mehr mit uns mitfahren wollen." „Warum nicht?" frag ich naiv. „Vielleicht wollen sie dann nicht mehr mit dem Sandmann ins Bett", antwortete Reni darauf. Reni hatte recht. Die Jahre vergingen unwahrscheinlich schnell. Im nächsten Jahr hatte unsere Große bereits Jugendweihe. Das ist doch nicht zu glauben. „Gut, Reni, ich gehe morgen mal in die Betriebsgewerkschaftsleitung."
Am nächsten Morgen, nachdem sich der erste Sturm gelegt hatte, ging ich in die Betriebsgewerkschaftsleitung zu unserem Vorsitzenden. „Glück auf, Manfred." „Glück auf, Günter." „Kannst du mir für die Monate Juli/August einen Ferienplatz für zwei Erwachsene und zwei Kinder geben, oder sind die Plätze bereits alle vergeben?"
„Moment mal, ich rufe an und frage", sagte Manfred. Er rief den Feriendienst an und sprach mit der Kollegin. „Ist gut, komme rüber", sagte er, bevor er den Telefonhörer wieder auflegte. Wenige Minuten später kam die Kollegin. Sie sagte, daß vom Genossen Herold keine Karteikarte vorhanden war. „Hattest du noch nie einen Ferienplatz?" wollte Manfred wissen. „Doch", gab ich bereitwillig Auskunft, „im Rahmen des Berufswettbewerbes als Auszeichnung, vor zwanzig Jahren mindestens." Manfred schüttelte den Kopf. „Du weißt doch, daß meine Mutter und die Schwiegermutter in Klingenthal wohnen. Unseren Urlaub haben wir immer dort verbracht. Berge, Wald, frische Luft und Pilze, und Holz gehackt werden mußte für die langen Winter dort und Briketts mußten in die Keller. Es gab immer viel zu tun, und da hat der Urlaub herhalten müssen. Dieses Jahr will Reni den Kreislauf unbedingt unterbrechen." „In der nächsten Woche hat die Ferienkommission der BGL ihre Beratung, ich werde deinen Antrag dort vortragen", sagte Manfred.
Nach 14 Tagen bekam ich Bescheid, daß wir einen Ferienplatz im Urlauberdorf Röbel an der Müritz bekamen. Die Vorfreude war groß. Da mußte noch ein Schwimmring her, ein neuer Bikini. Der Großen war der Bademantel zu klein geworden und die Kleine wollte auch nicht nur Sachen anziehen, die der Großen nicht mehr paßten. Reni wollte mir eine neue Badehose kaufen, eine

schicke, ganz eng und glänzend. „Danke", sagte ich, „die Leute sollen wohl denken, daß ich meinen Schlüsselbund ständig mit mir herumtrage? Ich ziehe meine alte Badehose an und basta." Reni gab es auf.

Dann war es soweit. Unser Trabi rollte mit uns nach Norden an die Müritz. Das Urlauberdorf, das dort entstanden war, hatten sich die Kumpel selbst gebaut. Alle Reviere und Bereiche stellten besonders zuverlässige Leute ab zum Aufbau des Urlauberdorfes. So entstanden Doppelbungalow für zwei Familien mit gemeinsamer Küche und Toilette. Ein Sozialgebäude wurde errichtet mit Küche, Verkaufsstelle und Speisesaal, der auch der Durchführung kultureller Veranstaltungen diente. Ein herrlicher Strand, Ruder- und Paddelboote, Kegelbahn, Volleyballplatz für jeden gab es Möglichkeiten, sich zu beschäftigen und zu erholen. Die Attraktion war der ‚Keller'. Hier hatten die Kumpel einen Stollen in den Steilhang getrieben und bergmännisch verbaut. Zünftig waren auch das Mobiliar und die Beleuchtung. Im Keller wurde so manche feuchtfröhliche Runde abgehalten. Wir hatten wunderschönes Wetter und waren rundherum zufrieden.
Jede Familie hatte ihren eigenen Strandkorb und wir machten es uns so richtig gemütlich und bequem. Sonnenöl wurde aufgetragen, die unterschiedlichsten Wohlgerüche umgaben die Strandkörbe, die Kofferradios begannen zu spielen. Wir machten Urlaub; zusammen mit 40 weiteren Familien. Das war die Kapazität des Bungalowdorfes.
Reni und ich lagen im Strandkorb. Die Kinder spielten zusammen mit einer Meute Gleichaltriger. Wir genossen, wie schön es hier war und ich nickte ein. Die Hektik vor Urlaubsbeginn und die Fahrt hierher, das Gefühl, daß jetzt wunderschöne Tage begonnen haben, ließen mich einschlafen. „Genosse Herold", hörte ich aus der Ferne jemand sagen. Das sind nur meine Nerven, es war etwas viel in der letzten Zeit. „Genosse Herold!" Nein, ich täuschte mich nicht. Der Ruf kam aus dem Diesseits. Langsam, unendlich langsam öffnete ich die Augen. „Lassen Sie meinen Mann in Ruhe, sie sehen doch, daß er schläft!" hörte ich Reni zi-

schen. Sofort war ich hellwach und sah einen Mann in Badehose vor unserem Strandkorb stehen. „Um was geht es denn?" fragte ich und war sofort einsatzbereit. „Ich hätte da mal ein Anliegen", sagte der Mann, „aber wenn es jetzt nicht paßt, dann eben später. Wir sind ja alle zwei Wochen hier." „Nein, nein", sagte ich, „es paßt schon", und dachte: Dann schon lieber gleich. Der Kollege stellte sich vor und sagte, daß er Fördermaschinist am Blindschacht war. Er erzählte mir ganz ausführlich sein Wohnungsproblem und fragte, ob ich ihm nicht helfen könne. Natürlich vergab ich keine Wohnungen, und das erklärte ich ihm auch. Trotzdem wäre er froh, wenn ich mich seines Problems einmal annehmen könnte. „Gut", sagte ich, „wenn unser Urlaub vorbei ist, dann melde dich mal bei mir, wir sehen uns dann die Sache zusammen an; einverstanden?" Der Kollege nickte, bedankte sich und ging zu seinem Strandkorb, wo er seiner Frau sicher von unserem Gespräch berichtete. Damit wir uns in Ruhe unterhalten konnten, waren wir etwas abseits vom Trubel gegangen. Jetzt ging ich zu Reni zurück.
„Hör mal", sagte sie, „ob deine Kumpel begreifen, daß du auch deinen Urlaub brauchst, wenigstens einmal im Jahr ein paar Tage Ruhe?" „Natürlich, jeder braucht seinen Urlaub, Reni. Aber wenn jemand mit mir etwas besprechen will, dann kann ich ihn nicht wegschicken, ganz gleich, wo das ist." „So", sagte Reni, „dann schlag ich vor, du malst dir ein Schild mit täglichen Sprechzeiten darauf und hängst es an den Strandkorb." Reni war verärgert. Aber lange hielt das nicht an, es war so schön hier.
Unter den Urlaubern war auch Axel Lembke mit seiner Familie. Axel war Lehrausbilder, später ging er in das Obersteigerbereich Gestein. Wir kannten uns also viele Jahre. Axel Lembke bekleidete ständig ehrenamtliche Parteifunktionen, war viele Jahre Parteigruppenorganisator, vertrat zeitweise den APO-Sekretär. Er war und ist das, was man im besten Sinne des Wortes eine Arbeiterpersönlichkeit nannte. Er hat zwei Jungen großgezogen. Einer ist Lehrer geworden und der andere Offizier bei der Nationalen Volksarmee. Axel und seine Frau hatten einen Enkel mit hier im Urlaub. Wir freuten uns, als wir uns sahen. „Günter,

gehen wir heute Abend angeln?" „Ja", sagte ich begeistert. „Darf er?" zwinkerte Axel Reni zu. „Mit Ihnen, Genosse Lembke, ausnahmsweise."

Wir nicken uns zu. „Also bis heute abend!" Angeln konnte man sich ausleihen, nur Würmer nicht. Also versuchte ich, Regenwürmer zu finden. „Was suchst du denn unentwegt, hast du etwas verloren?" Reni sah mich an. „Regenwürmer zum Angeln suche ich."

„Ach du meine Güte", war Renis ganzer Kommentar. Dann kam mir der rettende Gedanke: Die Kinder können suchen.

„Ich zahle pro Regenwurm fünfzig Pfennig", sagte ich zu ihnen.

Für meine Große war das kein Anreiz. Immerhin, mit dreizehn Jahren machte man nicht mehr jeden Quatsch mit dem Vater mit. Aber die Kleine rannte los. Resultat: An der ganzen Müritz gab es keine Regenwürmer. Na, dann mußte es eben mit Brot gehen.

Als ich abends mit der Angel loszog, fragte Reni: „Soll ich die Pfanne schon heiß machen?" „Ein ganz neuer Witz ist das", knurrte ich.

Am Bootsanlegesteg traf ich mich mit Axel. „Wir bleiben am besten auf dem Steg." „Ist mir auch recht." Axel hatte seine Angel bereits ausgelegt. Er schielte ab und zu nach der Pose, die ganz ruhig auf dem Wasser schwamm. Ich knetete ein bißchen Brot bis es teigig war und drückte den Angelhaken hinein. Dann warf ich die Angel aus, etwa fünf Meter weit. Das Senkblei zog den Haken nach unten, die Pose richtet sich auf und kam zur Ruhe. Nun hieß es sich in Geduld fassen und warten.

Axel hatte es sich bequem gemacht, saß auf dem Bootsanlegesteg, ließ die Beine herabbaumeln und stützte die Arme am Geländer auf. Ich tat es ihm nach. Neben mir hatte ich meinen kleinen Gummieimer gestellt, den ich sonst zum Autowaschen nahm. Irgendwo mußte man ja die gefangenen Fische hintun. Axel und ich saßen still nebeneinander. Wir stierten auf die Posen, die nur leicht vom Wasser bewegt wurden. Die letzten Strahlen der untergehenden Sonne spiegelten sich auf der glatten Wasserfläche. Da sprang ein Fisch. Es klatschte richtig im nahen Schilf. Unsere

Posen lagen weiter ganz ruhig im Wasser.

Der Wind war kühl. Gänsehaut kroch an mir hoch. Ich hatte Renis Rat nicht befolgt und nichts zum Überziehen mitgenommen.
„Komm, wir gehen zu den Frauen", sagte Axel.
Wir holten die Angeln ein. Das Brot hatten die Fische schon lange von den Haken gefressen.
„Gott sei Dank haben wir nichts gefangen", sagte ich. „Was? Warum?" wollte Axel wissen. „Ich esse die Plötzen und Rotfedern nicht, sie haben zu viele Gräten. Eine Fischkonserve ist mir da lieber, da sind die Gräten schon raus." Axel lachte und sagte: „Mit dir gehe ich nie wieder angeln."

Wie es jedem geht, so ging es auch uns: Die schönsten Tage verfliegen am schnellsten. Es war ein schöner Urlaub. Der Alltag hatte uns wieder.

Ich schreckte aus dem Schlaf. Zum zweiten Mal klingelte das Telefon. Es war mitten in der Nacht. Ich sprang aus dem Bett und lief zum Telefon. „Hallo?" „Hier ist der Dispatcher. Genosse Parteisekretär wir haben Havarie auf Schacht Vier. Der Turbokompressor ist wahrscheinlich hochgegangen." „Ich komme." So schnell es ging anziehen, runter in die Garage. In 35 Minuten war ich auf dem Schacht. Die Einsatzleitung trat zusammen. Der Produktionsdirektor leitete bereits gemeinsam mit dem Dispatcher alles ein, um die Belegschaft, die sich in der Grube befand, sicher nach Übertage zu bringen. Im Moment konnte noch niemand sagen, inwieweit sich die Havarie am Turbokompressor auch auf die Grube auswirken konnte. Trotzdem wurde alles getan, damit nichts dem Zufall überlassen blieb.
Der Turbokompressor samt Gebäude stand in hellen Flammen. Sechs Tonnen Öl brannten und wurden durch den austretenden Dampf als gewaltige Feuersäule in den Himmel gejagt. Die Feuerwehren kämpften mit vollem Einsatz darum, daß die Nebengebäude und der Lagerplatz, wo das Grubenholz la-

gerte, nicht auch noch zu brennen begannen. Das Dach vom Turbogebäude war längst weggebrannt. Die Stahlträger, die das Dach trugen, wanden sich unter der gewaltigen Hitze, bogen sich durch, stürzten ab.
Langsam ging der Dampfdruck zurück. Die Feuersäule wurde kleiner. Das gewaltige donnernde Geräusch ebbte etwas ab. Eine neue Gefahr tat sich auf. Wenn der Druck der Druckluft in der Hauptleitung fällt, konnten Brandgase in die Grube gelangen. Die Rückschlagventile würden wirkungslos werden, wenn der Druck gegen Null ginge.
Ständig wurde der CO-Gehalt der Wetter gemessen. Für alle Fälle wurden Vorbereitungen getroffen, die Wetterführung in der Grube umzukehren, was naturgemäß neue Gefahren, wie z.B. Methanaustritt, zur Folge haben konnte. Die Grubenwehr war seit längerem einsatzbereit und wartete mit voller Ausrüstung auf den Befehl zum Einfahren.
Da eine Reihe Betriebspunkte unter Tage mittels Druckluft direkt oder indirekt bewettert wurden, mußten diese Betriebspunkte aus Sicherheitsgründen abgesperrt werden.
Das Leitungskollektiv, das diese Prozesse leitete, war eingespielt. Jeder einzelne wußte um seine Verantwortung für Leben und Gesundheit der Kumpel. Alle atmeten wir auf, als die Meldung kam, daß auch der letzte Mann aus dem gefährdeten Bereich der Grube heraus und außer Gefahr war.
Auch das Feuer war unter Kontrolle. Schäden an den Nebengebäuden konnten verhindert werden. Spezialisten versuchten, die Ursache der Havarie zu klären. Und während in dem einen Zimmer der Einsatzleitung noch diskutiert und nach Erklärungen gesucht wurde, arbeiteten in einem anderen Zimmer Genossen der Produktionsleitung daran, nach Möglichkeiten zu suchen, auch unter der Bedingung des Ausfalls des Turbokompressors, den Grubenbetrieb aufrecht zu erhalten und, wo es ging, Kohlen zu fördern.
Druckluft war eine entscheidende Energieart für den Grubenbetrieb. Ohne Druckluft ging kein Drucklufthammer, keine Bohrturbine, kein Bohrhammer und so weiter. Die sich

entspannende Druckluft hatte dabei noch den wichtigen Nebeneffekt, daß verbrauchte Wetter mit Sauerstoff aufgefrischt und gekühlt wurden.
Auf den Nebenschachtanlagen wurden die Dieselkompressoren angelassen und speisten ihre Druckluftmengen in das große Rohrsystem der Grube ein. Es würde Stunden dauern, bis der Druckluftdruck in der Grube wieder ansteigen würde. Vier Atmosphären vor Ort wurden mindestens benötigt, damit die Aggregate einigermaßen funktionierten.
Inzwischen war es fünf Uhr früh vorbei. Verantwortliche Genossen erhielten den Auftrag, die eintreffenden Kollegen der Frühschicht erst einmal in den Speisesaal und in den Kultursaal zu schicken, bis weitere Anweisungen erfolgten.
Um sechs Uhr gingen der Werkleiter in den Speisesaal und ich in den Kultursaal. Wir sprachen zu den Kumpeln, informierten sie über die entstandene Situation und vor allem darüber, daß kein Kumpel verletzt wurde, und daß der Grube keine Gefahr drohte. Aufatmen ging durch die Reihen der Kumpel und die vielen ernsten Gesichter nahmen wieder die alltäglichen Züge an. Bis sieben Uhr wurde entschieden, wie die Frühschicht zum Einsatz kam.
Die Einsatzleitung machte folgenden Vorschlag: Das Rohrleitungssystem für die Druckluft ist so abzuschieben, daß unnötige Leitungsverluste vermieden werden und die geringen Mengen an Druckluft, welche die Dieselkompressoren auf den Nebenschachtanlagen erzeugen, den Kohlegewinnungsrevieren zur Verfügung stehen. Die Brandwachen sind zu verdoppeln, so daß die Zeit zwischen den Befahrungen der Betriebs- und Kontrollpunkte auf die Hälfte reduziert wird. Grubenbaue, die mittels Druckluft bewettert werden, sind abzusperren. Die Gewinnung der Kohle ist in allen drei Schichten durchzuführen. Und das Schichtsystem ist in rollender Woche durchzusetzen. Beim Letzteren geht es darum, daß sich der Druck zwar auf vier Atmosphären stabilisiert hat, daß aber die Druckluftmenge, die aus dem Leitungsnetz entnommen werden kann, sehr begrenzt ist, so daß nur etwa die Hälfte der Hauer am Kohlenstoß ar-

beiten kann. Würde das nicht beachtet werden, dann fällt der Druck spürbar ab und kein Druckluftgerät könnte mehr arbeiten. Also bleibt nur ein Ausweg, die Gewinnungsarbeit auf alle drei Schichten, sowie Sonnabend und sonntags aufzuteilen. Das bedeutet einen völligen Umbruch der eingespielten technologischen Disziplin. Aber es ist die einzige Chance, unter den momentanen Gegebenheiten die Wirtschaft weiter stabil mit Steinkohle zu versorgen.
Der Vorschlag wurde von der Einsatzleitung bestätigt. Die Obersteiger, Reviersteiger sowie Partei- und Gewerkschaftsfunktionäre erhielten den Auftrag, die Aufteilung ihrer Brigaden und Spezialisten entsprechend vorzunehmen. Noch in dieser Frühschicht wurde auf das neue Kohlegewinnungssystem umgestellt. Ein Großteil der Frühschichtbelegschaft ging wieder nach Hause und kam am gleichen Tag zur Nachtschicht wieder. Die Brigaden organisierten ihre Leute selbst für die einzelnen Schichten. Noch im Laufe der Vormittagsstunden wurden die Kumpel, die normalerweise Mittag- oder Nachtschicht hätten, in ihrer Wohnung aufgesucht, über die entstandene Situation informiert und bekamen ihren Einsatz genannt. Wenn ich an dieser Stelle zurückdenke, so ist mir nicht ein Fall bekannt geworden, wo ein Kumpel gemurrt oder sich gar geweigert hätte, mitzumachen. Alle, aber auch wirklich alle waren sich einig in dem Willen, diese schwierige Situation zu meistern und dabei täglich stabile Förderleistung zu bringen. Und das hatte das große Kollektiv des Steinkohlenwerkes Martin Hoop auch über mehrere Monate praktiziert, bis der Turbokompressor wieder lief.

Parallel zu diesen Maßnahmen wurde alles getan, um die Havarie so schnell wie möglich zu beheben. Was war eigentlich passiert? Das technische System bestand aus einer Dampfturbine als Antriebsmaschine, die mit einem Turbokompressor zur Drucklufterzeugung zusammengekoppelt war. Ein Lager am Turboverdichter war heißgelaufen. Das Öl, das sich im Kreislauf befand, hatte sich entzündet, und dann gab es kein Halten

mehr.
Knapp drei Monate dauerte die Reparatur der technischen Anlage. Danach lief die Drucklufterzeugung wieder an.
Gerade während dieser harten Zeit für unsere Kumpel unter Tage wurden hohe persönliche Leistungen erreicht und hervorragende Initiativen geboren. Viele persönliche Belange traten zurück hinter der Pflicht eines Bergmannes. Schwierige Situationen schweißten unser Kollektiv immer fester zusammen. Vielleicht ist das keine schlüssige Logik, vielleicht trifft das anderswo nicht zu, aber bei uns Kumpel war es so.
Ab und zu, wenn sich die Gelegenheit dazu bot, und keiner soll sagen, er hätte sie nie, die Gelegenheit, fuhr ich eine Nachtschicht. Da sich das Gros der staatlichen Leiter und gesellschaftlichen Funktionäre in der Frühschicht aufhielt, fiel das natürlich aus dem Rahmen. An jedem Arbeitspunkt gab es ein Hallo, und es wurde auch ein wenig gestichelt, was nie böse gemeint war. Viele Kumpel in der Nachtschicht waren ja ständige Nachtschichtarbeiter, und sie freuten sich ehrlichen Herzens, wenn sich mal ein Funktionär der Werkleitung, aber auch der Parteileitung und Betriebsgewerkschaftsleitung ‚in die Nachtschicht verirrte', wie sie es nannten.
„Na, wie denn, Günter, findest wohl keinen Schlaf heut nacht?" stichelten ein paar Kumpel. „Merkt euch eines, Gesellen, und das ein für allemal, die Partei schläft nie", sagte ich und alle lachten mit. Die Kumpel in der Nachtschicht wußten viel zu erzählen, und ohne daß wir es so gestellt hatten, diskutierten wir über aktuelle Tagesfragen. Krieg oder Frieden, die Kardinalfrage, deren Beantwortung über Weiterbestehen oder Untergang der Menschheit entscheidet, war auch unser Diskussionsthema. Wir sprachen darüber als ein Problem, das wir lösen mußten, so wie wir schon viele gelöst hatten. Es wurde auch nicht abstrakt darüber gesprochen, sondern sehr konkret. Was können und müssen wir tun, um den Frieden sicherer zu machen? Wir waren uns einig. Die Erfüllung der täglichen Aufgaben war das Minimum unseres Beitrages zur Sicherung des Friedens. Unsere tägliche Arbeit konnte nicht getrennt werden vom Kampf um die Sicherung des

Friedens und keiner konnte sich vor der Verantwortung drücken.
Die Diskussion mit den Kumpeln gab mir immer neue Impulse für meine Arbeit. Mir war klar, daß ich in unserem Betrieb, wie auch in allen Bereichen der Volkswirtschaft, noch große Reserven hatte, die erschlossen werden mußten. Wenn ich die Dokumente und Beschlüsse unserer Parteiführung studierte, dann war es mir oft, als wären sie eigens für unseren Betrieb erarbeitet worden, so lebensnah waren die Dokumente, und so stark drängten sie auf Veränderungen bestehender, überholter Tatsachen. Und mit Begeisterung gingen wir ans Werk und merkten doch immer wieder, daß sich notwendige Änderungen nur schwer durchsetzen ließen; nicht bei den Kumpeln, nein dort nicht. Dort gab es immer Aufgeschlossenheit für Neues, für alles Fortschrittliche. Nein, die Bremse war unsere Bürokratie. Sie kam auf uns zugekrochen und wurde, wenn du etwas verändern wolltest, zum schier unüberwindlichen Hindernis.
Anfangs dachte ich, es liegt nur an den Leuten, die dort beschäftigt sind. Aber es war nicht ganz so. Für jedes Hindernis lieferten sie den Beweis, daß dafür ein Stück Papier existierte, das galt, schwarz auf weiß. Nein, sie waren es nicht, die Bremsen. Dann gab es Dinge, die verstanden sie einfach nicht. Es kann auch nicht jeder alles verstehen. Aber waren deshalb die Dinge nicht doch wichtig für uns alle? Aber Dinge, die sie nicht verstanden, waren für sie auch nicht existent. Was nicht existent war, wurde erst gar nicht bearbeitet. Und wenn es doch zu langweilig wurde, dann wurde selbst etwas erfunden. Bürokratie brauchte nicht unbedingt andere, um sich zu beschäftigen. Bürokratie konnte sich mit sich selbst beschäftigen und das ganz schön. Selbst da wurde auf Verschleiß gefahren. Doch unerschöpfliche Reproduktionskraft kennzeichnete die Bürokratie, extensiv erweiterte. Und wenn es noch gar so weit kommen sollte, daß zwei Ressorts an der gleichen Sache stricken mußten, dann ist es ganz aus. Kompetenzen, Kompetenzen; Ressorts trennten Welten.
Es gab Leute, die behaupteten, wenn in den Amtsstuben nur ‚Dienst nach Vorschrift' gemacht wurde, dann war das der

Wirkung einer äußerst schweren Naturkatastrophe über der DDR gleichzusetzen (die DDR hatte Gott sei Dank noch keine solche Naturkatastrophe zu überstehen). Ich weiß, das ist sehr übertrieben. Aber auch kleine und mittlere Katastrophen sind nicht angenehm.
Aber nun ist es genug des Lamentierens. Wie ging es weiter?
Die Planzahlen für die Förderleistung an Steinkohle gingen Jahr für Jahr zurück. Unsere Wirtschaft würde mehr Steinkohle benötigen, viel mehr. Aber die Vorräte, die wir abbauen konnten, wurden von Jahr zu Jahr weniger. Die Förderstrecken wurden ständig länger, und die effektive Arbeitszeit der Kumpel vor Ort betrug zum Teil nur noch fünf Stunden in jeder Schicht. Der Nebenprozeß, Arbeiten zur Aufrechterhaltung des großen Streckennetzes unter Tage mit all seinen technischen Systemen stieg in Größenordnungen an.
Natürlich entstanden aus diesen objektiven, von der Natur gesetzten Bedingungen zusätzliche Kostenbelastungen, die jährlich in die zig Millionen Mark gingen.
Wir Kumpel vom Steinkohlewerk Martin Hoop hatten das Schließen der Gruben des Steinkohlewerkes Oelsnitz/Erzgebirge und des Steinkohlewerkes Karl Marx sehr aufmerksam verfolgt. Es war kein ‚Zechensterben', wie wir es bei den bundesdeutschen und französischen Steinkohlengruben gesehen hatten. Nein – unter sozialistischen Produktionsverhältnissen werden objektiv notwendige Strukturveränderungen mit den Menschen und für sie durchgeführt. Kein Kumpel brauchte dabei Angst zu haben, daß er keine Arbeit finden und in soziale Not geraten würde. Das Erlernen eines neuen Berufes erfolgte während der Arbeitszeit bei vollen Bezügen des Grubenbetriebes.
Die Parteiführung wußte um die Leistungen der Steinkohlekumpel beim Aufbau unseres Landes. Und so wurden großzügige sozialpolitische Maßnahmen beschlossen. Auch deshalb würden wir, solange es notwendig war, zuverlässig Steinkohle fördern bei havariefreiem Betrieb, maximaler Sicherheit und Ordnung. Und wenn der Zeitpunkt kam, daß auch auf dem Steinkohlewerk Martin Hoop der Strukturprozeß begonnen werden muß, dann

wird die Betriebsparteiorganisation diesen Prozeß mit hoher politischer Verantwortung führen, und jedes Wort der Parteiführung wird konkrete Realität werden. Bis dahin gilt unser ‚Glück auf', und ich bin überzeugt, danach auch noch.

Gunter Weidlich, Diplomingenieur (FH) Bergbau-Tiefbau
Diplomwirtschaftsingenieur (FH)
Jahrgang 1939
verheiratet, zwei Töchter
Erlernter Beruf Steinkohlenhauer
17 Jahre im Steinkohlenbergbau in verschiedenen Tätigkeiten beschäftigt; Betriebsdirektor und Kombinatsdirektor in Nachfolgebetrieben des Steinkohlenbergbaus

www.ingramcontent.com/pod-product-compliance
Lightning Source LLC
Chambersburg PA
CBHW030240170426
43202CB00007B/69